信息系统工程项目管理指南

贾冰媛 编著

北京大学出版社
PEKING UNIVERSITY PRESS

图书在版编目(CIP)数据

信息系统工程项目管理指南/贾冰媛编著. —北京：北京大学出版社，2012.12
ISBN 978-7-301-21705-4

Ⅰ. ①信… Ⅱ. ①贾… Ⅲ. ①信息系统－系统工程－项目管理－指南 Ⅳ. ①C931.6-62

中国版本图书馆 CIP 数据核字(2012)第 294710 号

书　　　　名：	信息系统工程项目管理指南
著作责任者：	贾冰媛　编著
责 任 编 辑：	王　华
标 准 书 号：	ISBN 978-7-301-21705-4/TP · 1261
出 版 发 行：	北京大学出版社
地　　　　址：	北京市海淀区成府路 205 号　100871
网　　　　址：	http://www.pup.cn　新浪官方微博:@北京大学出版社
电 子 信 箱：	zpup@pup.cn
电　　　　话：	邮购部 62752015　发行部 62750672　编辑部 62765014　出版部 62754962
印 　刷　 者：	北京大学印刷厂
经 　销　 者：	新华书店
	720mm×1020mm　16 开本　16.75 印张　362 千字
	2012 年 12 月第 1 版　2012 年 12 月第 1 次印刷
定　　　　价：	42.00 元

未经许可，不得以任何方式复制或抄袭本书之部分或全部内容。
版权所有，侵权必究
举报电话: 010-62752024　电子信箱: fd@pup.pku.edu.cn

序

  加强信息系统工程项目管理，提高工程如期交付率和用户满意度是信息系统工程建设的关键和根本。实践证明，项目管理必须通过创新实现高效与精细的结合，才能实现项目建设预期目标。

  本书作者有多年从事信息系统项目开发和管理的经历，2002年以来全程参与了国家电子政务重点工程项目"宏观经济管理信息系统（简称金宏工程）"的建设管理工作。金宏工程由八个宏观经济部门联合共建，具有共建部门多、业务领域广、系统复杂、安全要求高、建设周期长、协调难度大等特点。通过共建部门的协同配合和共同努力，目前金宏工程已经全面完成各项建设任务，初步实现了共建部门间的互联互通和信息共享，同时各业务应用系统也在各自领域发挥积极作用。

  作者作为金宏工程项目协调领导小组办公室的核心成员，在金宏工程建设中得到了良好的锻炼和提升，从一名软件工程的具体设计和组织者成长为一名跨部门大型项目的优秀管理者。作者善于学习，勇于探索、创新，在项目管理实践中能够将管理学和软件工程的理论、方法与金宏工程的具体特点、实践结合起来，针对工程建设的实际问题，提出具体的管理方法和操作建议，并努力付诸实施，为金宏工程建设目标的实现做出了积极的贡献。

  本书是大型信息系统工程项目管理实践的总结，较为全面、系统地介绍了项目管理的有关方面，例如综合管理、进度管理、质量管理、招标投标管理、档案管理、验收管理、运行维护管理等。同时针对各项管理，详细地描述了管理的目标、职责、方法步骤等，提供了多种具有实用价值的项目管理模板。希望本书能够对信息系统工程的建设管理提供参考，并起到一定的借鉴作用。

  谨此为序。

程建林

2012年10月于国家发展和改革委员会

前　言

　　项目管理的目标就是采取一系列有效的项目管理方法,确保工程项目能够如期、保质、合理地完成,因此,项目管理是工程项目取得预期成果的保证。项目管理的理论和方法很多,但一定要结合具体工程的实际情况,创建一整套符合工程需求的项目管理制度和管理方法,用于指引工程目标的实现。

　　信息系统工程的项目管理,较之其他项目管理,其不确定性更多,尤其是信息系统工程需求的不确定性和信息内容的动态性、复杂性,给项目管理带来了更大的挑战,使得每一个信息系统工程的项目管理都不可复制。

　　本书从信息系统工程项目管理的实战出发,全面介绍了综合管理、招标投标管理、合同管理、进度管理、质量管理、财务和资产管理、标准规范管理、信息资源管理、信息安全管理、档案管理、验收管理和运行维护管理等 12 个信息系统工程项目管理领域的管理依据、管理要求、管理机构设置与管理人员、管理过程和基本管理方法,并给出具有参考价值的管理模板。

　　本书作者从事信息系统建设和管理工作 25 年,对大型信息系统工程建设的项目设计、实施管理和运行维护具有丰富的实践经验,作者通过理论研究以及总结实际项目的组织管理经验,形成了本书的总体框架。

　　本书以国家财政投资的信息系统工程项目管理为背景,对于其他资金来源的信息系统工程项目,在财务管理方面,应依据相应投资管理办法进行财务收支管理和竣工决算管理。

　　由于我们水平有限,书中肯定会有许多不足和缺点,欢迎读者批评指正。

编者
2012 年 4 月

目 录

第1章 管理学 (1)
- 1.1 管理学基础 (1)
- 1.2 管理的基本职能 (2)

第2章 信息系统工程项目管理概述 (10)
- 2.1 项目管理组织机构设计 (10)
- 2.2 主要管理任务 (11)
- 2.3 管理要求 (13)

第3章 综合管理 (18)
- 3.1 综合管理的主要任务和基本要求 (18)
- 3.2 综合管理机构与主要职责 (19)
- 3.3 制度建设 (20)
- 3.4 界面管理(协调管理) (61)
- 3.5 项目前期管理 (63)

第4章 招标投标管理 (67)
- 4.1 招标投标管理的依据 (67)
- 4.2 招标投标管理的主要内容与基本要求 (68)
- 4.3 招标投标管理机构与主要职责 (71)
- 4.4 招标投标管理的基本方法和过程 (72)
- 4.5 信息系统工程招投标管理办法 (77)
- 4.6 信息系统工程招标文件编写指导意见 (79)

第5章 合同管理 (81)
- 5.1 合同管理的主要内容与基本要求 (81)
- 5.2 合同管理机构与主要职责 (81)
- 5.3 合同管理的基本方法 (82)
- 5.4 软件开发合同 (89)

第6章 进度管理 (100)
- 6.1 进度管理的主要内容与基本要求 (100)
- 6.2 进度管理机构与主要职责 (101)
- 6.3 进度管理的基本方法 (103)
- 6.4 基于P3E软件的信息系统工程计划管理框架模式 (107)
- 6.5 信息系统工程项目管理月报 (115)

第 7 章 质量管理 ································ (120)
- 7.1 质量管理的主要内容与途径 ························ (120)
- 7.2 质量管理机构与主要职责 ························· (128)
- 7.3 信息系统工程项目的质量 ························· (129)
- 7.4 质量管理的基本方法 ··························· (131)

第 8 章 财务和资产管理 ····························· (135)
- 8.1 财务和资产管理的主要依据 ······················· (135)
- 8.2 财务和资产管理的主要内容与基本要求 ·················· (135)
- 8.3 财务和资产管理机构与主要职责 ····················· (137)
- 8.4 财务和资产管理的基本方法 ······················· (137)
- 8.5 信息系统工程竣工财务决算报告 ····················· (142)

第 9 章 标准规范管理 ····························· (145)
- 9.1 标准规范管理的主要内容与基本要求 ··················· (146)
- 9.2 标准规范管理机构与主要职责 ······················ (147)
- 9.3 标准规范管理的基本方法 ························ (147)

第 10 章 信息资源管理 ···························· (154)
- 10.1 信息资源管理的主要内容与基本要求 ·················· (154)
- 10.2 信息资源管理机构与主要职责 ····················· (154)
- 10.3 信息资源管理的基本方法 ······················· (155)

第 11 章 信息安全管理 ···························· (166)
- 11.1 信息安全管理的主要内容与基本要求 ·················· (166)
- 11.2 信息安全管理组织机构的主要职责 ··················· (168)
- 11.3 信息安全管理的基本方法 ······················· (168)

第 12 章 档案管理 ······························ (171)
- 12.1 档案管理的依据 ··························· (171)
- 12.2 档案管理的主要内容和基本要求 ···················· (172)
- 12.3 归档文件分类编码规则的设计方法 ··················· (175)
- 12.4 项目档案的组卷方法 ························· (178)
- 12.5 各类信息系统工程项目主要文档清单 ·················· (182)
- 12.6 档案专项验收工作报告 ························ (188)

第 13 章 验收管理 ······························ (191)
- 13.1 验收管理的主要内容与基本要求 ···················· (191)
- 13.2 验收管理机构与主要职责 ······················· (193)
- 13.3 验收管理的基本方法 ························· (196)

第 14 章 运行维护管理 ···························· (206)
- 14.1 运行维护管理的主要内容与基本要求 ·················· (206)

目　录

　14.2　运行维护机构与主要职责 ·· (209)
　14.3　信息系统运行维护的工作模式 ··· (209)
　14.4　基于 ITIL 的运行维护模型 ·· (217)
　14.5　基于 ITIL 的运行维护的主要流程 ··· (218)
　14.6　运行维护管理的基本方法 ··· (222)
　14.7　基于 ITIL 的运行维护工作的量化管理 ·· (225)

第 15 章　应急预案管理 ·· (231)
　15.1　基本情况分析 ·· (231)
　15.2　故障点分析 ·· (233)
　15.3　应急预案的目标和实施机制 ·· (237)
　15.4　应急措施 ·· (243)

参考文献 ·· (257)

第1章 管 理 学

1.1 管理学基础

广义的管理概念是指应用科学的手段,安排组织社会活动,使其有序的进行。狭义的管理概念是指为保证一个组织目标的实现而实施的一系列计划、组织、协调和控制活动。因此,从协调作用方面讲,管理是协调人力、物力、财力以及信息以达到组织的目标,即管理是有目的的一个过程;从职能方面讲,管理是计划、组织、领导、控制的总和,即管理是由一系列相互关联、连续进行的活动所构成。

工程管理就是把管理学的基本方法应用于具体的工程建设中,通过一系列科学的制订计划、组织实施、检查指导和改进提高等活动,推动工程目标的实现。工程管理一般可划分为三个层次:顶层管理(高层管理),主要任务是确定工程项目的目标、实施战略、大政方针以及评估工程的绩效;中层管理,主要任务是贯彻执行高层管理制订的重大决策,监督和协调基层管理的工作,重点工作是项目的日常控制;基层管理,主要任务是现场指挥和监督工程实施,保证各项任务的有效完成。

管理的基本职能包括计划、组织、领导、控制和协调。其中,组织是基础,包括组织结构的设计、人员的配备、组织的运行和监督等;计划是依据,包括研究制订各个阶段的工作目标、内容和行动方案等;领导、控制和协调是手段,领导是利用组织赋予的权力和自身的能力去指挥和影响下属努力工作的过程,控制是为了保证工程按预定要求实施而进行的一系列调节和操作,协调是正确处理所有相关单位之间以及项目管理组织内部之间的相互关系,为工程的实施创造良好的条件和环境。

管理总是伴随着决策的过程,即通过分析比较,在若干种可供选择的方案中选定最满意的一组方案的过程;决策是决定管理工作成败的关键。决策应分层次,战略决策解决"干什么"的问题,用于选择和调整工程建设的目标和内容;战术决策解决"如何干"的问题,用于选择和调整工程建设的方式方法。在工程管理中,决策不是一次性的,而是一个不断改进的动态过程,即每一次决策都包括发现问题、确定决策目标、比较与选择方案、执行方案、跟踪评估方案执行效果、发现新的问题以及新的目标决策和方案选择等,是一个动态往复的过程。

1.2 管理的基本职能

1. 计划

计划是决策的组织落实过程,是对未来一定时期内各项具体任务的时间和资源安排。计划用于明确工程实施的方向和方式,为落实和协调工程建设活动提供保证,为工程建设所需资源的筹措和整合提供依据,为检查和控制工程建设活动奠定基础。计划必须有明确的目标、必须要对完成计划所需的资源进行优化配置、必须要制订完成计划相应的政策、规则和流程。

计划的基本特征包括:目的性,计划必须要确立目标,并尽量使计划目标可度量、可评价;主导性,计划是用来指导其他各项管理行为的;高效性,计划应充分考虑经济效益和社会效益。计划可以按照内容、时间长短、作用范围等进行分类。对于一个信息系统工程项目,需要综合控制性计划、各种专项计划、年度计划、月度计划等形成一个完整的计划体系。

按照计划的主题分类,包括综合性计划和专项计划。综合性计划包括了目标实现的方方面面;专项计划是针对某一个特定的专题,例如,资金使用、设备到货与集成、系统联调测试、工程验收等制订的工作计划。

按照计划的时间长度分类,包括控制性计划、年度计划、季度计划、月度计划等。控制性计划用来划分工程项目整个生命周期的关键性里程碑点及其必须控制的时间范围;年度计划的编制周期为一年;季度计划的编制周期为一个季度;月度计划的编制周期为一个月。

计划编制必须经过科学的调查研究和分析论证,包括对工程现状的准确把握、合理确定计划期内的工程总目标并进行目标分解,形成合理的目标结构,对时间、任务、资源、能力等进行综合平衡,以形成最终的计划,组织计划的执行并进行监督检查和改进。

计划编制的基本步骤包括:

(1) 进行深入的调查研究。充分了解相关的政策法规、项目主管部门以及用户的各项要求、同类项目的经验教训、项目实施的资源条件和约束,包括经费条件、场地条件、人力资源条件等,以及项目的现状等,并对了解到的相关信息进行科学的分析论证,作为计划编制的依据。

(2) 确定计划期内要达到的目标。必须明确计划实现的目标,并给出目标实现的具体度量指标。

(3) 围绕着目标的实现,对各项任务进行认真的分解。各项任务的划分不仅要参照同类项目的成功经验,而且要与现有的资源状况,包括人力资源、财力资源、设备资源等进行协调一致。

（4）根据任务分解状况，编制计划草案，对时间和资源进行合理的分配。在计划草案的编制过程中，应自底向上地进行最充分的讨论，广泛征求所有计划执行主体的意见，一方面要充分借鉴其他同类项目的经验，另一方面要充分考虑本项目上期计划的完成情况。

（5）对计划草案进行综合平衡，形成正式工作计划。综合平衡就是在各部门间、各专项计划间进行相互协调、衔接和优化，一方面保证项目总体目标的实现，另一方面保证项目计划的高效性。

计划编制方法很多，包括目标管理法、专家会议法、头脑风暴法、德尔菲法、滚动计划法、甘特图法、网络计划法、运筹学法、投入产出法等，对于大型信息系统工程，滚动计划法比较合适，既可保证计划的严肃性，又增加了计划的适应性。滚动计划的编制方法是：

（1）将整个项目的工期划分为几个时间段，如整个项目的工期为3年，1年做为一个时间段；

（2）将第1个时间段的计划定义为执行计划，第2和第3个时间段的计划定义为预计计划，显然，执行计划需要做得具体、可操作性强，预计计划可以做得相对粗略一些；

（3）编制执行计划和预计计划，并执行；

（4）每经过一个时间段，执行计划执行完毕，第1个预计计划将细化成为执行计划，其他预计计划也应该做出相应的调整。将预计计划细化为执行计划的方法是：根据上一个执行计划的完成情况和项目当前执行的内、外部环境的变化，对原来的预计计划进行细化和调整，如此循环，直到项目执行完成。

2. 组织

组织是管理职能实施的载体，是由分工与合作及不同层次的权利与责任的人和制度等构成的集合。组织工作包括组织的结构设计与人员配备，例如组织机构的构成、职责、岗位等，以及组织的运行与监督管理，例如管理制度的建立、运行流程的确定、绩效考核等。组织结构的设计要依据工程项目的规模、目标和特点，明确组织内部责、权、利的划分以及协作关系。组织中的每个人都必须明确自己的岗位、任务、职责和权限，以及自己在整个组织中的位置和自己的工作流程和规范、信息获取/提交渠道等。组织设计的目标是保证管理的高效性和全覆盖，没有管理上的真空，也不存在相互推诿扯皮等多头管理地带。

组织设计的基本原则是：

（1）进行合理的专业化分工，按照专业化的特点，合理划分管理部门，例如工程部、技术部、财务部、档案部等，同时，为了各管理部门之间的综合平衡，设立综合部等；

（2）职权与职责对称，也就是职位、职权和职责三位一体，相互对等，责权一致；

（3）合理的设置管理幅度和管理层次，在专业化分工的基础上，一般大中型信息系统工程项目的管理幅度在5～8人为宜，管理层次以3层为宜；

（4）统一指挥，杜绝政出多门、命令不统一现象的发生，不仅要加强沟通协调，而且要保证命令的统一出口，例如，在工作流程上，只有经过各管理部门的会签后才能由综合部发布文件；

（5）在不同的管理层次，合理分配决策权，以保证组织管理的高效率，以合理的管理成本达到较好的管理效果。

对于信息系统工程，管理制度建设的重点是保证工程建设的各个环节有法可依、有章可循。包括招标投标环节、验收环节、支付环节以及项目的质量管理、进度管理、档案管理、信息管理等都应建立相应的管理制度。

管理流程设计的关键点是：

（1）明确流程的启动条件和结束条件，即流程在什么条件下可以被触发，在什么条件下可以被关闭；

（2）明确流程各个环节的执行人和执行条件，对于执行条件以及当有多个执行条件时，执行条件之间的关系应在流程说明中一一列出；

（3）明确流程各个环节的执行顺序，当存在并行处理时，要明确并行结束的条件。

3. 领导

领导者的管理作用体现在决策、指挥、协调和激励。决策就是确定目标及目标的实现方式；指挥就是指明达到目标的途径；协调就是保证人们的关系和行动的和谐；激励就是鼓励和支持每个人实现个人目标。激励的方式多种多样，包括物质的和精神的，激励的效果不仅与报酬的绝对值有关，还与报酬的相对值有关，即激励应力求公平。

按照现代管理学的理论，"如果不能衡量，就无法管理"。因此，确定在一定的时间范围内，具体的、可实现的、可衡量的（量化的）目标，是领导者的首要任务。并且要对总体目标进行层层分解，以量化的形式描述各项分解的目标，如"时间、日期、金额、数量、百分比"等。

根据确定的目标，要建立公平的绩效考核机制。绩效考核是对工作完成情况进行的定量与定性评价的过程，是衡量工作成绩最常用的管理手段，也是实施各项激励的依据。

4. 控制

控制是完成计划任务，纠正工程实施中的偏差，实现工程目标的保证。在执行工程计划的过程中，由于各种各样的原因导致无法实现阶段性的计划目标，如果不采取适当的手段加以控制，最终的计划就会变成一纸空文。因此，工程管理必须对各项计划的执行情况进行跟踪和评估，对出现的问题及时采取适当的控制措施，纠正偏差，以便提高工程实施的效率，达到工程建设的目标。

(1) 控制工作的目标。

一是及时纠正偏差，限制偏差的积累，二是适应环境的变化，即按照计划的目标、任务和时间等要素来衡量计划的完成情况，及时纠正计划执行中的偏差，以确保计划目标的实现，或适当修正计划，使计划更加适合于实际情况。因此，控制是跟踪各项工程建设活动，采集工程信息，并与计划指标进行对比分析，督促和调整工程实施状况，保证计划与实际状况动态适应的管理职能，是一种动态的、适时的信息反馈过程。一般说来，在工程实施过程中，出现进度、质量、设计偏差是不可避免的，但小的偏差失误如果得不到纠正，在较长的时间里会积累放大并最终导致计划的无法实施。因此，管理工作必须及时获取项目的准确信息，发现偏差，及时纠正。同时，在信息系统工程实施过程中，各种内部环境和外部环境都会发生变化，例如，用户需求的细化、安全保密政策的加强、经济体制改革等，管理工作需要正确评估这些变化对工程计划的影响，适当修改计划以适应环境的变化。

控制工作具有整体性和动态性的特点，应从工程整体的角度控制每一个单项工程的进度、质量和资金使用，并且为保证控制的有效性，对控制的标准、方法等要做适应性变化。同时，在实际管理工作中，控制不仅仅是监督和指令，更重要的是指导和帮助。控制不仅仅要与工程的实施同步，更要重视事前的防范措施和充分细致的准备工作。

(2) 控制工作应遵循以下原则。

① 控制应与计划的内容、管理机构的规模相适应。计划是控制的依据，不同类型项目，其计划编制的内容不同，在计划中规定的里程碑控制点也不同，因此，应根据计划的里程碑控制点设计控制工作的具体内容和方法。同时，控制工作必须有健全的组织保障，包括控制工作层次的划分、每一层次管理人员的到位、信息渠道的畅通、责权利的分明等。

② 控制工作应突出重点。控制是项目管理层面上用时最长、耗费资源最多的日常管理工作，由于信息系统工程，尤其是大型信息系统工程具有建设内容复杂、规模庞大、参与单位众多等特点，在有限的管理资源的前提下，控制工作不可能面面俱到，必须找到关键性的控制因素，进行纲领性控制，集中精力解决重点问题。在工程管理中，应重点做好进度控制、质量控制和投资控制。并且，在工程实施的不同阶段，关键性的控制因素不同，应正确理解工程在各个阶段的主要目标和主要建设内容，找出各个阶段的关键性控制因素，有节奏的做好控制工作。例如，在招标投标阶段，关键是控制发标、评标的时间以及合同的内容及签订时间；在施工阶段，关键是控制需求理解的准确度和工程进度；在验收阶段，关键是控制工程质量和用户的满意程度；在工程的收尾阶段，关键是控制资产交付工作。

③ 控制工作应具有灵活性、及时性和经济性。灵活性是指控制的方式方法应多种多样,控制方案应有多个方案供选择,控制所需的资源应足够丰富,以适应工程的具体情况,有针对性地进行控制,保证控制工作能够有效、持续地发挥作用,具体的控制方式包括事前的计划、审核等,事中的监测、调整等,以及事后的审计、评估等;及时性是指控制所需项目信息的收集、传递、分析、控制指令的发布等都必须及时,避免时过境迁,才能保证有效的纠正偏差,同时,对工程实施中可能发生的变化进行预测分析,使纠偏措施具有一定的预见性;经济性是指控制所需的费用应与所产生的效果匹配,因为控制是一项需要投入大量人力、物力和财力的活动,行使控制职能时,在控制范围和关键控制点的选择以及控制的力度、频度等设计上必须考虑到管理费用开支的可能性。

④ 控制过程不能出现偏差。控制工作的信息采集和分析判断必须是客观的,控制对象和控制方法必须是精确的,控制措施必须是具体的,要有详细的控制方法的说明。

⑤ 应明确控制的标准和机构。如果工程实施过程中可能产生的偏差,都能够在产生之前被发现和识别,项目管理单位就可以预先采取必要的措施,避免实施过程中偏差的产生,这是最理想的控制方式。但是,在实际情况中,由于不确定因素非常多,大部分的问题都无法被预估出来,因此,实际工作中主要采取的控制方式是,在偏差产生后尽快采取纠偏行为。为做好工程实施的控制工作,首先应有一个科学、可行的工程实施计划,作为控制工作的基准;第二,对于关键里程碑点,应设计科学合理的控制标准,包括质量标准、用户满意度标准、工程量标准、形象进度标准等;第三,要明确项目管理的具体职能机构负责控制工作;第四,要建立畅通的信息渠道,保证项目信息的获取和控制信息的发送畅通无阻。

(3) 控制工作的主要步骤。

① 信息采集。通过调研、报告、报表、会议等形式及时准确的采集工程实施信息。

② 对采集的信息进行统计分析,并与关键里程碑点上的控制标准进行对比,以便发现是否存在偏差,哪些内容上出现了偏差,以及偏差的严重程度。

③ 找出产生偏差的原因,大部分的偏差是由于项目执行过程中对项目要求的理解不完全造成的,属于执行问题,应加强对项目的理解,加强与用户的沟通;另外,由于环境变化造成的计划本身需要调整的情况也时有发生,尤其是用户需求的不确定性导致的工期延长是比较普遍的。在分析偏差产生的原因后,对于一些偶然的、局部性的、暂时的因素造成的偏差,不一定对工程的最终执行产生影响,可以由承建单位自行调节的,不作为控制的对象。

④ 确定纠正措施实施的对象,根据偏差产生的原因,确定纠正措施实施的对象是工程实施的主体还是计划本身,或是相关的控制标准。

⑤ 选择适当的纠正措施,在选择纠正措施时,必须保证纠正方案的"双重优

化",既选择纠偏成本最小、效果最好的方案,同时考虑纠偏工作对原有计划实施的影响。

⑥ 跟踪纠偏措施的效果,确保工程按计划实施,并进行新一轮的控制工作。

控制标准的制订因控制对象的不同而异。在制订控制标准时,首先应参照工程实施计划,对计划书进行认真的阅读,提取出各项计划指标。但一般说来,计划以目标、任务、时间、方法和资源分配为主线,往往以定性的描述来约定任务完成的具体要求,不能直接用来作为定量的控制标准,需进行细化和量化来建立有效的控制标准。因此,应针对计划指标,制订适宜的评价数值和计算方法作为控制标准。例如,在计划中约定应在1年内完成信息资源的整合工作,基本满足用户的使用要求。但作为质量控制的标准,应具体化为信息资源的完整性(数据表格不能有空缺)应达到95%、准确性(电子数据应与原介质数据一致)应达到99%、及时性(及时更新到最近的月份)应达到100%。

控制和协调是项目管理中最基本的日常管理活动,为了保证控制和协调的有效性,应注意以下几点:

(1) 控制工作要有全局的观点,考虑全局的利益。即从整个工程建设的全局出发,围绕工程建设的目标,有计划、有步骤的开展控制和协调工作,任何控制措施或解决方案都不能只为解决一时的问题,而给下一步的工作或其他相关单位的工作增添过多的麻烦或造成工程的返工。

(2) 控制工作要有长远观点。既要协调解决当前工程实施中遇到的问题,又要为下一步的建设工作奠定基础,不能为解决一时的问题而给后续的工作带来不必要的麻烦。尤其是在设计方案的调整、技术架构和数据结构的调整上,一定要顾全大局,征求方方面面的意见,经过充分的科学论证后,选择一个最稳妥、最合适的解决方案。

(3) 控制工作要确立客观的评价标准。管理和控制工作中有许多主观的因素,但对工程项目的执行情况、是否存在问题或问题隐患、问题的严重程度等的判断,都必须建立在客观评价标准之上,不能仅靠主观判断。要选择符合实际的评价指标、采集及时准确的项目信息、采用客观的评价标准、全面分析项目的执行状况,保证问题判断的准确和公平。为了使控制所需的评判工作顺利,这些客观的评价标准建立起来后,应让所有的承建单位和管理人员充分理解并认真执行。

(4) 设计合理的控制层次。一般说来,控制的层次与管理的层次是一致的,即每一个管理层次都应该履行相应的控制职能,做到层层控制,各司其职。上层控制以工程总体目标的实现为基准,中层控制以年度计划、专项计划的实现为目标,现场控制主要用来解决具体事件和具体问题,是控制管理的基础,是实现计划目标、工程目标的前提。

(5) 控制工作的落脚点是及时采取有效的控制措施。针对具体的控制目标,必须找出切实可行的控制措施,并跟踪控制措施的执行效果。只有采取了有效的纠正偏差的措施,并得到认真执行,确保控制过程形成一个"闭环系统",控制工作的效果才能发挥出来。

5. 协调

协调就是保证工程项目的所有干系各方都和谐一致,配合得当,达成一种有序的状态来实现项目目标。协调管理也称界面管理。在项目管理中,协调的主要作用是能够进一步明确各相关单位、相关人员的职责和相互间的配合关系,保证各工作环节的衔接和各项工程实施活动的和谐,从而提高管理效率、加快工程进度。

在工程实施过程中,由于参与建设和管理的相关各方是不同的利益主体,产生冲突是不可避免的。一方面,冲突可以暴露问题,促进沟通和变革,另一方面,冲突必须得到及时的协调解决,才能保证工程的顺利实施。协调的具体作用主要体现在促进目标一致和解决冲突事件两个方面:

(1) 促进目标一致。通过协调,使得工程项目的所有干系单位(工程管理单位、业主单位、用户单位、承建单位、供货单位、监理单位、运行维护单位等)的工作目标与工程总体目标一致。例如,在进行工程建设年度工作计划协调时,要特别注重各相关单位年度工作目标与工程总体年度目标在任务、进度、质量等方面的一致性。

(2) 解决冲突事件。当工程建设过程中出现冲突和矛盾时,通过协调来解决冲突,促进协作。例如,当出现了工程进度问题、数据质量问题、资金支付问题、用户对功能不满意问题、综合技术问题等,往往单独一家参建单位无法解决时,需要进行多方协调,解决问题。

从协调的对象上讲,包括管理单位内部的协调和承建单位之间的协调。管理单位内部包括各个管理组之间的协调以及管理组与主管领导、项目审批部门等的协调。协调的主要任务是明确各个管理组的职责和工作范围、管理组之间信息沟通的渠道、管理人员之间协同工作的流程等,协调的主要工具,一是建立健全各项管理制度和工作流程;二是通过各个管理组工作计划的综合平衡来统一工作目标、协调工作步骤,并以工作报告、请示、汇报等形式,对重大事件、重要事项等向主管领导汇报。

承建单位之间的协调往往是以问题为主线,以相应的技术解决方案为主要协调手段,解决工程中遇到的问题。承建单位之间的协调包括承建单位与用户关系的协调和承建单位之间合作关系的协调等。工程建设的核心目标是满足用户的需要,因此,承建单位必须按照用户的需要进行设计和建设。但由于各种原因,工程总是或多或少的偏离用户的需求,当偏差太大,用户无法接受时,必须协调承建单位进行整改,达到用户的要求,这是协调工作的重中之重。同时,对于工程中出现的复杂问题,往往需要多个承建单位的相互配合才能解决,这也是协调起来比较复杂的问题,需要协调人员有深厚的技术功底,并对工程的总体技术方案和技术实现有深刻的理解。

为了保证协调工作的效率和效果，在进行协调管理时，应坚持如下原则：

（1）目标清晰一致。协调的目的是使工程相关各方充分理解工程的目标和任务，并使得工程相关各方的工作目标与工程的总目标一致，从而有利于工程目标的实现。为此，工程目标必须明确，并进行科学的分解，形成年度工作目标、专项工作目标等合理的目标体系。然后，要求所有相关单位确定与总目标一致的分目标，并且按照一定的时间周期或专项内容，不断明确各个阶段的工作目标。在进行具体事件协调时，也必须明确此事件的解决目标。

（2）责任明确高效。在协调过程中，务必使相关各方明确问题的来龙去脉、当前的状况、产生的原因、解决的方法、各自的任务和职责以及对解决问题的相关要求，从而提高工程实施的效率。

（3）沟通渠道顺畅。沟通是协调的杠杆，相关单位之间沟通越有效，彼此之间的理解、支持就越容易建立，产生摩擦、扯皮的可能性就越小，工程实施的效率就会越高。

6. 沟通

信息的沟通是支撑管理职能的重要手段。无论是计划的制订与发布、组织成员之间的联系和合作、领导的作用还是协调控制的实现，都离不开信息的准确传递和正确理解，为此，必须建立畅通的沟通渠道，建立信息采集、处理和发布的制度，提供灵活多样的沟通方式，对于工程控制所需的项目信息，一定要提出明确的上报要求，统一上报口径和上报时间，便于进行对比分析，并及时进行信息处理。

影响信息沟通的因素很多，例如，沟通双方的表达能力、工作态度、知识领域以及沟通渠道的选择、信息的过滤效应等都会影响沟通的效果，为此，必须采用促进有效沟通的相应措施，包括：

（1）选择合适的沟通方式。应根据沟通内容的特点和沟通双方的具体情况以及不同沟通方式的适用范围等，选择合适的沟通方式，例如书面沟通、会议沟通、电话沟通、面谈、电子邮件沟通等，并且为了加强沟通的效果，可以采用多种沟通方式的组合。

（2）善于运用反馈。在沟通过程中，要充分利用反馈环节，要求参与沟通的各方重复各自的任务、职责和要求，对沟通后的分工进行表态等，经过几个回合的反馈，对问题的阐述和理解就会准确许多。

（3）学会倾听。尤其在面对面或点对点的沟通过程中，应认真倾听沟通对象的叙述，在倾听过程中认真思考，也会更全面准确地了解对方的情况，沟通效果会更好。

（4）运用网络技术。建立 7×24 小时的沟通平台，通过网络聊天工具、电子邮件等进行无障碍、广播式沟通，使相关单位在第一时间得到一致的第一手信息。

第2章 信息系统工程项目管理概述

信息系统工程,往往具有参与部门多、涉及面广、业务复杂、信息安全要求高、建设周期长、协调难度大等特点,项目管理工作需要在制度建设、组织协调、监测控制等方面不断探索和创新。

2.1 项目管理组织机构设计

项目的组织管理对于信息系统工程建设目标的实现将起到决定性的作用。信息系统工程,尤其是大型信息系统工程应采用统一领导、分工负责、共同参与、协调配合的组织管理模式。图2-1为适合信息系统建设、高效的"项目型"管理组织机构构成图。

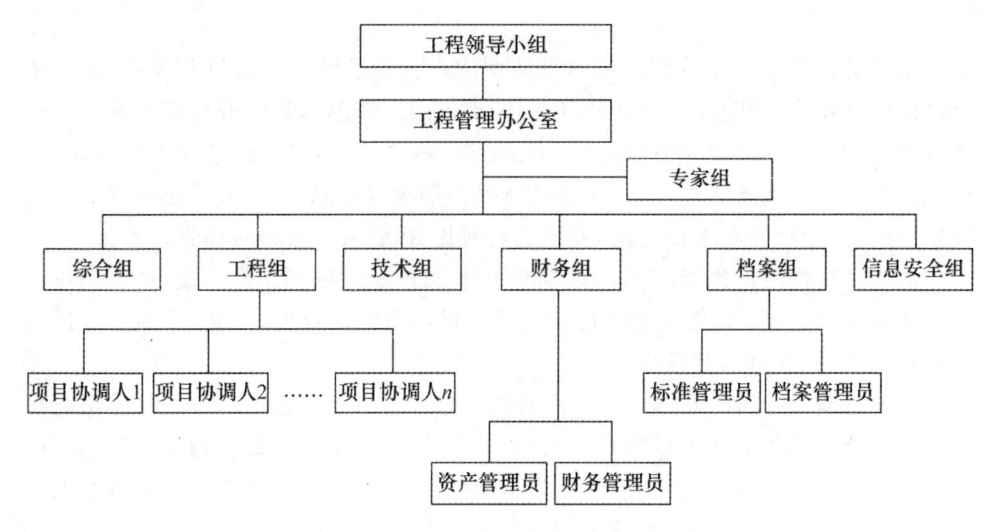

图 2-1 信息系统工程项目管理组织结构图

工程领导小组是信息系统工程建设的最高领导机构,决定工程建设的组织管理模式,审定工程项目管理办法、资金管理办法等项目管理的基本制度,协调解决工程设计和实施中的重大问题。

工程管理办公室是工程领导小组的办事机构,贯彻落实领导小组的决定,具体协调解决工程建设工作中的问题,负责项目建设计划的编制和资金使用管理,监督检查项目建设计划的执行情况,组织工程项目的验收和财务决算等。

专家组负责对工程项目建设方案和建设过程中的重大技术、应用、管理问题进行论证,提供咨询和建议。

综合组重点负责工程项目管理制度和管理流程的建设,包括起草项目管理文件;制定项目总体工作计划和专项管理计划;对招标文件、合同、标准规范、指标体系等对项目建设有重大影响的文档进行审核并提出意见;组织对项目实施进度的跟踪以及对工程质量的评估,督促项目按设计要求完成;对各单项工程的执行情况进行总体衔接,在保证质量的同时,控制好项目实施进度及投资概算,及时解决项目管理及实施过程中出现的问题;提出竣工验收程序、要求和标准,审核有关验收材料并组织验收;根据国家有关规定进行财务决算等。

工程组重点负责工程实施。包括根据工程的特点制订实施方案,并对实施计划、方案设计、需求调研、开发、测试、安装、集成、数据加载、试运行、验收、交付使用等工程实施各阶段进行日常的项目进度、质量等管理,如提出或组织提出项目需求;确认项目计划;组织方案评审;确认或组织用户确认需求规格说明书和各有关软件开发原型;跟踪项目实施情况,组织用户参与测试、提出修改意见,督促承建商修改;审核试运行、验收报告;组织验收,确认结果;组织移交、处理承建单位提出的需协调解决的问题等。

技术组重点负责工程技术方案设计,并及时解决工程实施中遇到的技术问题。包括根据工程的特点提出技术方案设计的基本原则;进行技术方案的概要设计和详细设计;对软硬件采购提出具体的技术指标要求;提出软件开发和系统集成过程管理的具体技术指标要求;跟踪测试过程,并对工程的技术符合性进行测试和确认等。

财务组重点负责项目的财务管理事项,包括年度财务预算、合同资金支付、资产登记管理、财务决算报告编制、财务审计以及财务专项验收等。

档案组重点负责项目的档案管理事项,包括档案管理规范和档案分类体系的建立、档案的收集、整理和归档、档案专项验收、档案移交以及工程建设所需的标准规范的发布与管理等。

信息安全组重点负责信息安全事项,包括提出信息安全等级保护原则、划定信息安全域、指导信息安全系统的建设、组织信息安全系统的验收、组织信息安全风险评估工作等。

此外,根据各个信息系统工程建设内容的特点,还可以专门成立标准规范组、信息资源组等专门负责某一类建设内容的项目管理组。

2.2 主要管理任务

信息系统工程项目的管理工作可以划分为综合管理和专项管理两类。

1. 综合管理的主要任务

(1) 进行项目的总体管理。提出项目管理的任务、要求及目标;把握项目总体进度、质量并对投资进行总体控制;组织项目管理培训;组织项目的整体竣工验收和财务决算等。

（2）起草项目管理相关文件。在项目管理的各个阶段,针对各管理领域的具体问题,制订相应的管理文件,用于指导项目管理行为,提高项目管理效率,统一项目管理流程和各项管理标准。

（3）制订项目总体工作计划。根据项目的工期要求,制订工程总体控制性计划,并组织相关单位,制订年度工作计划和专项工作计划,对相关工作计划进行综合平衡。

（4）为参建单位顺利开展项目建设提供或创造良好条件。为参建单位提供相关咨询、资料以及与参建单位进行沟通,提供沟通平台等。

（5）审查或审核参建单位涉及实现工程总体建设目标的相关建设内容文档。包括对招标文件、合同、项目建设标准规范、指标体系、项目设计方案、项目实施方案、工作计划等进行审核,并提出意见。

（6）组织对项目执行情况进行检查和抽查。组织对交付物和里程碑点进行评审;对项目实施的进度进行跟踪,对质量情况进行评估,督促项目按设计要求完成。

（7）解决参建单位提出的涉及多个组织机构界面协调的问题。建立沟通协调机制,明确不同层面（横向和纵向）、不同问题（管理和技术）的沟通流程和处理时限,及时解决项目管理及实施出现的问题。

（8）把握项目总体进度、质量并对投资进行总体控制。对各单项工程的执行情况进行总体衔接,在保证质量的同时,控制好项目实施进度及投资预算。

项目的综合管理任务主要由综合组承担。

2. 专项管理的主要任务

（1）按照管理内容划分,专项管理的主要任务包括财务管理、档案管理、培训管理、验收管理、信息安全管理等。

① 财务管理,根据国家有关基本建设财务管理规定进行财务管理和财务决算等。

② 档案管理,根据信息系统工程文档编制的相关国家标准,并参照国家电子政务工程项目档案管理暂行办法以及项目单位档案管理的相关规定,制定项目档案管理、保存和使用办法并实施,做好项目档案管理工作。

③ 标准规范管理,制订标准规范的管理办法,明确标准的编制流程和技术验证要求,明确标准的审核发布流程以及在标准执行过程中,标准编制单位提供的咨询服务要求等。

④ 培训管理,组织项目管理培训、技术培训和应用培训等,包括制定项目培训计划,根据需求组织多层面、多样化的培训。

⑤ 验收管理,提出项目验收的层次、程序、要求和标准,审核有关验收材料并组织验收。

⑥ 信息安全管理,根据相关主管部门的要求,组织信息安全系统的建设和信息安全风险评估工作,并协调工程信息安全系统建设与其他系统建设的衔接问题。

(2) 按照管理对象划分,专项管理的主要任务包括监理过程管理、开发过程管理、集成过程管理、网络建设管理、信息安全系统建设管理等。主要是对各单项工程的进度、质量、资金使用等进行管理,包括在工作计划、方案设计、需求调研、开发、测试、安装、集成、数据加载、试运行、验收、交付使用等工程实施各阶段进行日常的项目进度、质量等控制和沟通协调。如提出或组织提出项目具体需求;确认项目计划;组织方案评审;确认或组织确认需求规格说明书和各有关软件开发原型;跟踪项目实施情况,组织用户参与测试、提出修改意见,督促承建商修改;审核试运行、验收报告;组织验收;以及处理承建单位提出的需协调解决的问题等。

项目的专项管理任务主要由各专项管理组(工程组、技术组、财务组、档案组、信息安全组等)承担。

2.3 管理要求

1. 建立健全项目管理制度

要根据项目管理的需要,制定相应的项目管理制度和办法。在项目管理的各个阶段和各个领域,主要的项目管理制度如表 2-1 所示。

表 2-1 信息系统工程主要项目管理文件列表

项目管理领域/阶段	管理文件名称
基本管理制度	《项目管理办法》
招标投标管理	《招标投标管理办法》、《招标文件编写指导意见》、《合同条款模板》
计划管理	《工程计划管理办法》、《集成工作计划》、《验收工作计划》
财务管理	《资金支付与设备登记管理办法》
信息资源管理	《数据质量控制管理办法》、《信息资源管理办法》
验收管理	《验收管理办法》、《项目验收主要文档清单》、《竣工图编制指导意见》
标准规范管理	《标准规范管理办法》
档案管理	《项目档案管理办法》、《文件归档范围及保管期限表》、《归档文件分类编码表》、《档案整理规范》
网络安全保密管理	《安全保密管理办法》、《信息系统和信息设备安全保密规定》、《IP 地址和域名规范》
运行维护管理	《运行维护管理办法》、《运行维护操作规范》
工程组织协调管理	《项目管理月报编报要求》、《试运行月报编报要求》、《会议纪要》

表 2-1 所列管理文件的要求如下：

《项目管理办法》要明确项目管理的总体原则、管理机构与职责，提出项目进度管理、资金管理、设备采购与招标投标管理、档案管理、验收管理、信息资源管理等相关管理要求。

《招标投标管理办法》要明确招标工作的基本原则、招标范围、招标方式、招标阶段的主要工作步骤、招标工作的组织模式、招标顺序以及招标工作流程和招标文件、合同文件的审核要求、招标工作的进度安排等。

《资金支付与设备登记管理办法》要明确项目资金的支付方式、建设单位管理费的使用要求、用款计划的编制与上报周期、未按用款计划执行的处罚措施、支付合同款项的相关凭证要求以及支付审核流程等，同时要求在办理资金支付时，做好资产登记管理工作，对竣工财务决算提出原则要求。

《标准规范管理办法》要明确标准规范管理单位和编制单位的职责、标准的编制、审核、发布和修订流程、标准的服务机构以及标准咨询服务的要求、各项标准的具体适用范围和执行要求等。

《工程计划管理办法》要明确计划管理的范围，包括年度工作计划和专项工作计划、年度工作计划的主要内容（可以根据各年度的主要工作内容下发模板）及编制和上报时间、专项工作计划的主要内容，例如集成工作计划、验收工作计划等，以及各项计划执行的监督检查要求。

《数据质量控制管理办法》要明确数据质量的具体要求，包括正确性、完整性和及时性的具体指标要求等；按照数据源单位负责本部门数据质量的分工，建立数据质量管理体系，包括数据加载、审核、数据质量检查与修改等；分别针对数据录入、数据转换、数据传输等环节制订详细的数据质量控制措施，包括加强数据审核、数据转换规则需经业务人员检查并通过严格的程序测试，在数据传输完成后，保证数据源与汇之间数据的完全一致性等；定期组织数据质量检查和邀请专业机构进行数据质量保障等。

《项目档案管理办法》要明确文件归档的范围；制订科学合理的归档文件分类体系；明确档案整理的相关要求，包括档案的完整性要求、准确性要求、安全性要求、规范性要求等；提出保证项目档案质量的具体措施，包括明确责任、建立档案质量审核流程、专家检查指导等；以及具体的档案整理规范，包括如何组卷、如何编号、案卷如何排列、卷内文件如何排列、如何通过档案管理软件进行电子化的档案管理、案卷的脊背、卷内文件目录、备考表的具体内容等。

《验收管理办法》要明确验收的过程、依据、条件和内容；明确合同验收和工程验收不同的验收主体；明确设备采购、软件开发、系统集成、信息资源整合、网络与安全系统建设、标准规范建设等不同类型项目的具体验收条件及验收流程；明确验收时的文档要求，包括竣工图的编制要求等；明确验收结论的具体条件等。

《运行维护管理办法》要明确运行维护的组织机构及职责、明确运行维护的范围，包括IT运行的基础环境、IT基础设施、应用系统、信息资源等；明确各项运行维护的具体要求；明确运行维护人员的管理要求，以及运行维护经费的使用等。

通过这些管理文件,对项目建设各个阶段的管理工作做出具体的规定,逐步建立起招标文件及合同审核制度、项目计划管理制度、项目管理月度报告制度、资金使用审核流程制度、项目验收审查制度、标准规范发布与咨询服务制度、信息资源质量控制与更新制度、运行维护管理制度等各项管理制度。

2. 依法组织招标投标工作

信息系统工程招标投标工作涉及的国家法律法规主要包括:《中华人民共和国招标投标法》(主席令 第 21 号)、《中华人民共和国政府采购法》(主席令 第 68 号)、《工程建设项目货物招标投标办法》(7 部委令 第 27 号)、《中央投资项目招标代理机构资格认定管理办法》(发改委令 第 3 号)、《国家重大建设项目招标投标监督暂行办法》(国家计委令 第 18 号)、《招标代理服务收费管理暂行办法》(计价格[2002]1980号)、《涉及国家秘密的计算机信息系统集成资质管理办法》(国保函[2005]240 号)等。

对于信息系统工程的招标要求,在可行性研究报告批复时,项目审批机构将提出招标投标事项核准意见。招标工作必须按照国家对信息系统工程招标投标事项核准意见规定的招标范围、组织方式进行招标或政府采购。

在招标投标阶段的主要工作文件《信息系统工程招标投标管理办法》中应明确招标阶段的主要工作及要求,包括成立招标组织机构、确定招标方案、制订招标工作程序、向招标代理机构提出招标文件编制的基本要求和招标文件的有关内容、组织招标文件的编制及审定招标文件、实施招标方案,完成发标、开标、评标工作、确定中标人、组织合同谈判及签订合同等。

3. 实行全过程计划管理和质量管理

信息系统工程往往划分为若干个单项或子项来执行,一个合同对应一个单项,若干个相互关联的合同组成一个子项。为了按期完成信息系统的建设任务,妥善使用项目资金,实现建设目标,对项目进度和资金使用等应加强计划管理。在信息系统工程总体进度计划和资金计划的框架下,分别制定年度工作计划和专项工作计划,并持续督促各承建单位按计划推进项目建设。同时,为保证工程质量,对所有工程项目的过程管理和验收条件应提出明确要求。所有开发项目都须采用原型迭代方法进行过程控制,验收必须通过功能性、可靠性、易用性、可维护性、可移植性以及效率等方面进行质量检查和验收测试,有条件的单项或子项要组织第三方测试,没有条件的要组织监理、集成、开发三方技术测试,同时,还要组织用户在真实环境下的使用测试等。

4. 进行严格的财务管理和资产管理

信息系统工程应严格遵守国家关于基本建设项目财务管理的各项规定,并建立相应的财务管理制度,包括:严格概算管理,要求合同的任务应与国家批复的初步设计中的任务相符,合同金额应控制在概算之内;严格合同管理,建立合同动态管理台账,跟踪每一笔合同的执行情况,对未按规定工期执行的合同进行督促指导;严格资金支付管理,要求各单项严把项目质量关和支付手续关,达到合同约定的支付条件并且手续齐全后才能付款;严格资产管理,要求项目管理单位均须指定资产管理员,具体负责设备的登记和管理,建立资产管理台账等。

5. 发布并监督执行标准规范

应确定信息系统工程标准规范的建设、管理和执行模式,通过制订《信息系统工程标准规范管理办法》,明确标准规范主要内容、适用范围、编制、审核与发布流程、宣传贯彻方式、使用要求、修订办法等。一方面,应执行国家信息技术的相关标准,目前正在执行的有关国家标准如表2-2所示。

表2-2 与信息系统工程建设相关的部分国家标准

序号	主要领域	标准编号	标准名称
	管理		
1		GB/T 8566-2007	信息技术软件生存周期过程
2		GB/T 20158-2006	信息技术软件生存周期过程配置管理
3		GB/T 20917-2007	软件工程软件测量过程
	设计		
4		GB/T 9385-2008	计算机软件需求规格说明规范
5		GB/Z 18219-2008	信息技术数据管理参考模型
6		GB/T 21064-2007	电子政务系统总体设计要求
7		GB/T 1526-1989	信息处理、数据流程图、程序流程图、系统流程图、程序网络图和系统资源图的文件编制符号及约定
8		GB/T 18391—2001	信息技术数据元的规范与标准化
9		GB/T 19478-2004	电子政务业务流程设计方法通用规范
10		GB/T 2887-2000	电子计算机场地通用规范
	质量		
11		GB/T 18905-2002	软件工程产品评价
12		GB/T 14394-2008	计算机软件可靠性和可维护性管理
13		GB/T 16260-2006	软件工程产品质量
14		GB/T 15532-2008	计算机软件测试规范
	文档		
15		GB/T 8567-2006	计算机软件文档编制规范

续表

序号	主要领域	标准编号	标准名称
16		GB/T 9386-2008	计算机软件测试文档编制规范
17		GB/T 16680-1996	软件文档管理指南
18		GB/T 11457-2006	信息技术软件工程术语
	服务		
19		GB/T 20157-2006	信息技术软件维护
20		GB/T 21061-2007	国家电子政务网络技术和运行管理规范
21		GB/T 18903-2002	信息技术服务质量：框架

另一方面，应根据信息系统工程的实际需要，制订专门应用于本项工程建设、运行维护和管理工作急需的管理规范和技术标准，例如指标体系分类编码标准、数据结构标准、信息资源目录体系、运行维护管理规范、信息资源管理规范等。

6. 严格信息安全和保密管理

根据国家相关主管部门对信息系统工程建设安全保密的要求，注重安全保密制度建设、安全管理和技术保障三者的有机结合，制定信息安全保密方案和安全保密管理相关制度，从网络、信息安全、保密等方面对工程建设进行统筹管理和协调，组织部署安全策略、开展安全保密测评以及安全加固工作。

7. 与工程同步进行项目档案管理

遵照国家有关信息系统（电子政务）工程建设项目档案管理的相关规定，制定统一的工程档案管理办法和制度，针对工程特点，明确文件归档范围、保管期限、分类编码、审核流程等档案整理规范，提出项目档案完整性、真实性和规范性的质量要求，应把档案审核作为项目资金支付时的前提条件，并组织专家对项目档案工作进行检查，保证项目档案工作与工程建设同步。

8. 高度重视沟通与协调管理

一方面是内部的沟通协调问题，在工程管理办公室内部，通过实行项目例会制度，加强信息交流，研究解决问题的具体办法。另一方面是外部的沟通协调问题，在各承建单位之间，应加强对各承建单位的工作指导和进度督促，发挥总集成对各子项或单项建设在工程、技术方面的指导把关作用，发挥总监理在项目总体进度、质量等方面的监督管理作用，以及对各子项管理的业务发挥指导作用，推进工程的顺利实施。沟通协调的方式包括召开协调会、通气会、专题研讨会，下发文件，印发通知，分送工程简报等多种形式。

第3章 综合管理

对于信息系统工程的项目管理,在进行专业化分工的基础上,必须加强综合管理,把握工程建设的大方向,建立健全项目管理规章制度,协调解决相关参建单位之间、工序之间的衔接问题,提高工程建设的效率。

3.1 综合管理的主要任务和基本要求

1. 综合管理的主要任务

信息系统工程建设项目综合管理的主要任务包括制度建设、总体控制、界面管理和项目前期管理四部分。制度建设贯穿于项目执行的全过程,包括建立项目管理基本制度(基本原则)以及各专项、各阶段的管理制度,并监督指导制度的执行,对制度执行的效果进行评估,以此来改进制度等。总体控制的目标是把握项目建设的大方向,通过制订总体控制性计划、对项目执行情况进行检查评价、对涉及项目全局的相关文件进行审核、对总体进度和项目质量进行控制,确保项目总体目标的实现。项目界面管理(协调管理)主要是对信息系统工程各参建单位之间的联系状况(横向界面)、各工序和流程之间的衔接状况(纵向界面)等进行监测和协调,理顺界面上的工作关系,提高效率。项目前期管理主要是组织完成项目建议书、可行性研究报告和初步设计的编制和报批工作。

2. 综合管理的基本要求

项目综合管理决定了项目执行的方向和效率,是信息系统工程项目管理的重中之重,综合管理的基本要求包括:

(1)充分认识综合管理的重要性和复杂性。从综合管理的广度上讲,既包括所有参建单位的界面管理,例如建设单位、集成单位、开发单位、供货单位、监理单位、终端用户、运行维护单位之间的沟通协调,也包括各项建设内容之间的界面管理,例如标准化建设、设备安装部署、软件开发、系统集成、网络连接、安全策略之间的接口与联合;从综合管理的深度上讲,不仅要从总体上把握方向,制订各项规章制度,而且要对关键问题进行调查研究,提出解决方案,同时,还要建立畅通的信息沟通平台,使项目参与各方充分共享项目信息,自觉的相互协调配合。

(2)准确掌握项目执行的状态信息。不仅要对上级领导的要求以及初步设计批复的建设内容和工期、国家电子政务项目管理相关政策法规、基本建设项目财务管理制度等有准确的理解和把握,而且要对项目执行的实际情况和项目承建单位遇到的问题和困难有清晰的了解和分析,建立畅通的信息渠道,掌握全局的、一致的、有参考价值的项目动态信息,保证综合管理的针对性和有效性。

(3) 严格执行综合管理的工作程序。例如,在重大问题的决策上要执行联席会议制度,经过所有相关各方的充分讨论协商后作出决定并坚决执行;在规章制度发布和相关信息上报等方面要执行会签制度,在相关方知晓并同意的基础上发布规章制度并严格执行;在日常沟通方面要执行信息通报制度,通过例会、简报等方式及时沟通工作信息。

(4) 树立精细化管理的理念。在管理方式上,综合管理应作到"急事急办"、"特事特办"、"常事快办",有针对性地解决工程建设中的突出矛盾和问题,并且应特别注重对细节的处理。精细化管理主要体现在四个方面,一是主动性,不能让问题摆在那里得不到解决;二是公正性,善于从大局出发,寻找问题各方的平衡点,使得协商的解决方案为各方所接受;三是原则性,在原则问题上不迁就,不让步,所有问题的解决方案必须在统一的政策法规支持下;四是有效性,对于问题的产生过程要进行充分的调查研究,对于问题的解决方案要事先争取主管领导的支持,并将原则性与灵活性结合,加强督办,促进问题的解决。

高水平的综合管理主要体现在四个方面:一是执行能力强,通过检查督办等手段,保证各项管理制度和工作计划落实到位;二是指导协调水平高,通过解读、培训、指导等手段,保证项目的所有参与单位和参与人员正确理解项目的各项制度和要求,并自觉执行;三是分析判断准确,及时总结工程建设的好经验、分析工程问题的产生原因等,组织工程经验和亮点的推广交流,避免相同工程问题的出现;四是积极创新,深入研究工程实施过程中遇到的综合性问题,以全新的思维、从综合统筹的角度提出合理的解决方案,并组织专家论证后实施。

3.2 综合管理机构与主要职责

1. 综合管理机构

鉴于综合管理的复杂性和重要性,必须成立专门的管理机构(对应第 2 章信息系统工程项目管理概述中图 2-1 信息系统工程项目管理组织结构图中的综合组)来执行综合协调管理任务,同时承担项目的日常管理工作。综合管理人员应具有专业水平高、项目管理经验丰富、对各项规章制度理解深刻、综合分析判断能力强等业务素质。考虑到综合管理工作中界面管理的工作量大、涉及的组织机构多等特点,在成立的综合管理机构中,应要求所有参与信息系统工程项目建设的相关单位都指派一名协调员,参与界面管理的相关事务。

2. 综合管理机构的主要职责

综合管理机构的主要职责是:

（1）制订项目管理文件，建立健全项目管理制度；

（2）监督检查项目执行情况，收集汇总项目信息，分析项目存在的问题，提出解决方案；

（3）协调解决项目出现的界面问题；

（4）建立畅通的信息沟通平台；

（5）承担项目的日常管理工作；

（6）负责联系项目的设计、标准、总集成和总监理等单位；

（7）负责项目的竣工验收、移交、财务决算等工作。

3.3 制度建设

建立健全电子政务管理的规章制度，主要应包括综合管理制度、专项管理制度和日常工作制度等。综合管理制度(亦称项目管理办法)是信息系统工程项目管理的基本原则，应对项目管理总则、项目管理机构与职责、资金管理、招标采购管理、进度管理、质量管理、档案管理、信息资源管理、验收管理、项目监理、考核与奖惩等工作提出指导性意见。专项管理制度对应于信息系统工程的各项建设内容或各个管理领域提出具体的指导意见和工作要求，例如招标投标工作指导意见、资金支付管理实施细则、年度工作计划编制要求、标准规范试行管理办法、数据质量控制管理意见、档案管理办法、验收管理指导意见、竣工图编制指导意见、试运行管理工作要求、信息资源管理办法等。日常工作制度包括工作流程(例如审核流程、会签流程、备案流程等)、例会制度、信息通报制度等。

制度建设必须在充分理解和运用国家电子政务管理相关政策法规的基础上，通过认真的调查研究，有针对性的切实按照信息系统工程项目的实际需求来制订和执行相关管理制度，并对制度执行的效果进行评估，不断改进和完善管理制度。

信息系统工程主要管理制度的模板如下所述。

1. 项目管理办法

［总则］描述项目管理办法制订的目的和原则。

［组织机构与职责］描述项目管理组织机构框架，给出组织机构结构图，明确组织机构内各管理组的职责和具体工作任务，描述组织机构内部的工作流程和协调机制。

［进度管理］明确工程建设过程中主要里程碑点，提出项目的总工期和各个里程碑点的时间要求，提出项目进度计划的编制、平衡、执行和监督办法，提出工程进度问题的解决途径。

［资金管理］按照项目审批单位的批复要求，提出资金管理的原则，明确工程项目的财务管理部门，提出用款计划编报的时间要求，根据财政要求明确资金支付的方式(财政直接支付和财政授权支付)，以及相应的支付流程，明确监理机构在资

金支付中的审核监督作用,明确完成资金使用计划的工作要求,对未完成资金使用计划的要提出相应的督办措施,按照基本建设项目财务决算的相关要求,设计相关表格,进行日常填报和汇总,为竣工财务决算做准备。

［招标采购管理］严格执行招标投标法和政府采购法。原则上,对于大型设备和软件开发的采购,比较适合采用公开招标的方式,对于终端设备和零散设备的采购,比较适合采用政府采购的方式。按照项目审批单位核准的招标投标事项,分别明确公开招标、邀请招标、政府采购等各种采购方式的采购范围。明确招标的组织机构及招标方案的设计原则,明确招标文件的编制、审核、发布流程,明确评标办法的基本原则以及评标委员会的组成原则,明确评标结果的备案和公布方式。

［档案管理］按照国家档案局建设项目档案管理的有关要求,制订信息系统工程项目档案的具体管理办法,明确档案管理的机构、人员、归档文件的范围、归档文件的整理规范,归档文件的使用办法等。信息系统工程的项目档案一般可分为六类,包括项目管理档案、标准规范档案、技术档案、财务档案、监理档案和验收档案,应明确各类档案的基本范围,并按照真实、齐全、完整的要求进行归档保存。

［项目监理］应明确要求信息系统工程项目实行监理制,明确监理机构的主要工作任务和要求。

［项目验收］应按照项目主管部门建设项目管理的相关要求,明确项目验收阶段(包括初步验收和最终验收),以及各阶段的验收主体、验收条件和验收方式等。对于信息系统工程项目,往往划分为多个合同执行,因此,验收应划分为合同验收和工程验收两个层次,对每个合同都要执行初步验收和最终验收,然后才能对集成合同进行相应的验收,在所有合同完成验收后,才能进行工程验收。在验收流程方面,应明确测试要求(包括技术性能测试和用户使用性能测试等),监理在验收工作中的质量认可作用,总集成在验收工作中的技术认可作用,以及验收专家的相关检查检验要求等。

［推广应用］为保证信息系统工程项目建设目标的实现,应设计精细化的项目推广应用方案,在试运行期间,一方面要切实落实如何保障系统的正常运行,如何保障信息的正确性、及时性和完整性;另一方面,要切实落实不断改进系统的功能性能和提供高质量的技术支持服务工作,要建立定期征询用户意见的机制。

［考核与奖惩］明确项目奖惩的内容和形式,以及奖惩的主体。

2. 招标投标管理办法

［招标工作的基本原则］明确招标投标工作的法律依据,指出在采购过程中,需要进行招标投标的采购范围以及招标投标的形式。

［招标投标工作步骤］包括成立招标组织机构、确定本部门的招标方案、制订招标工作程序、向招标代理机构提出招标文件编制的基本要求和招标文件的有关内容、组织招标文件的编制及审定招标文件、实施招标方案、确定中标人、组织合同

谈判、签订合同等。

[招标工作的组织模式] 将招标工作落实到具体的组织机构中、明确招标方式及招标代理机构的资质要求。

[招标范围与招标方案] 按照项目审批单位明确的招标投标事项核准意见,将工程建设过程中涉及到的全部采购内容一一明确其招标方式,并形成完整的项目招标方案。项目招标方案的格式如表3-1所示。

表3-1 招标方案格式

招标对象	建设内容	招标文件名称及编号	投资上限	招标方式	组织机构
××集成	××集成(具体到工作内容)	编号规则：dz(项目标识)-05(年份)-cz(任务标识)-001(顺序号)	初步设计中的概算额度	公开招标	××招标代理公司
××开发	××系统开发(或软件购置)			邀请招标	××招标代理公司
××设备购置	(具体到设备名称、规格、型号或模块等)			政府采购	政府采购网

[招标顺序] 应按照监理先行、标准先行、总体先行的原则确定招标顺序,即首先招标确定监理和标准规范编制单位,然后进行关系全局或覆盖总体的建设任务的招标,例如总集成商、应用支撑平台等,最后进行具体开发项目或设备采购项目的招标。

[招标文件的基本要求] 应符合招标投标法的相关要求,并与初步设计的相关建设内容一致,对投标人的各种资质要求应符合相关政策法规,应清晰准确的描述招标任务和相关要求,应明确评标的各项考虑因素等。

[招标文件的审核] 招标文件审核的要点,一是招标内容是否与招标方案以及初步设计的相关内容一致,二是招标文件中是否明确了相关工作要求,包括任务、目标、功能和性能、与其他项目的关联关系、交付物清单、交付物的质量要求、工程进度要求、验收要求、人员要求以及违约处罚办法等,三是与招标投标法的符合性检查。

[合同谈判的基本要求] 应认真阅读中标候选人的投标文件,发现其中存在的理解和表述上的误区,通过交流,使中标候选人进一步理解招标人的要求,形成完整的工作思路,作为工程实施的基础。

[合同文件的审核] 合同文件审核的要点,一是合同任务是否与初步设计中相应的建设内容一致;二是合同中是否明确了交付物的工期、质量、验收、服务等相关要求;三是合同内容是否符合工程总体建设目标以及总工期等相关要求;四是合同金额是否与中标金额及投资概算相符。

[招标工作进度要求] 为了保证工期,工程的集中招标工作应在规定时间内完成,并尽可能细化各项招标工作的时间要求,例如,根据经验,可要求：招标准备工

作,包括成立招标组织机构、研究确定招标方案等,应在一个月的时间内完成;委托招标代理机构、编制招标文件等,应在两个月的时间内完成;发标和评标,应在一个月的时间内完成;合同谈判与签订,应在两个月的时间内完成等。

3. 资金支付与设备登记管理办法

［资金支付原则］除建设单位管理费之外的其他费用,必须全部直接支付到设备或服务供应商。

［建设单位管理费的使用］建设单位管理费只能用于工程从筹建之日起至办理竣工财务决算之日止发生的管理性质开支。

［用款计划的编制］用款计划按季度进行编制和上报,每季度末上报下一季度的用款计划。用款计划的编制模板如表3-2所示。

［资产管理］在资金支付的同时,应做好资产管理。资产管理员的职责是负责对采购设备进行登记,设备登记表作为资金支付的前置条件,设备登记表的模板如表3-3所示。

［支付流程］支付合同款项时,承建单位需将有关支付凭证等送监理单位审核后,向甲方提出支付申请,同时附上相关支付凭证及监理支付证书,甲方审核申请及支付凭证后,填写工程资金支付申请表如表3-4所示,并将设备登记表附后,主管领导审核签字后提交财务管理部门,财务部门审核后,按照财政部有关规定开具支票。具体流程如图3-1所示。

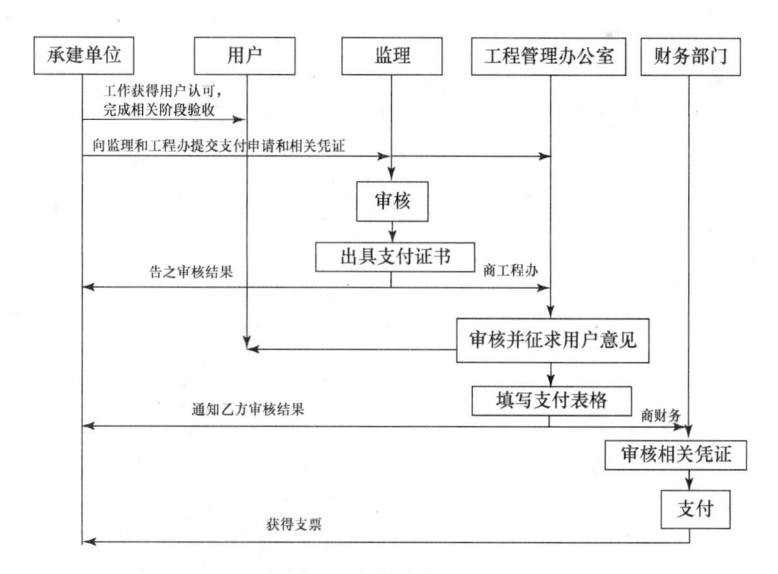

图3-1 资金支付流程图

［分期付款］原则上,应采用分期付款的形式支付工程款,支付应依赖于工程的阶段性验收或检查结果,因此,根据每单合同建设内容的复杂程度,可以分两次

或多次付款。

［用款计划的执行］应严格执行用款计划，做到工程进度与用款计划同步执行，一方面要提高计划的科学性，另一方面，要严格工程进度和质量管理，坚决按照计划进度实施。

［竣工财务决算］项目管理单位应积极配合财务管理部门完成竣工财务决算。

表3-2 用款计划编制表

项目名称 \ 月份（月） 用款计划（万元）	1月	2月	3月	4月	5月	6月	7月	8月	9月	10月	11月	12月	合计
××集成					100		150					300	550
××设备采购							130				100		230
××应用系统开发				120				200					320
××数据库建设			30	30							100		160
…													
总计			100	150	30	280	200				200	300	1260

计划编制人： 用款单位负责人： 计划编制时间： 年 月 日

表3-3 设备登记表

序号	设备名称	设备类型（网络、服务器、基础软件、应用软件等）	规格型号	规格（详细配置）	购置日期	生产厂家（包括国别）	出厂标识	单价	领用单位	存放地	领用人
1											
2											
…											

资产管理员： 工程负责人： 登记时间： 年 月 日

表3-4 工程资金支付申请表

用款单位：_____
项目名称：_____
合同编号：_____   年 月 日

用途说明	金额										附单张
	亿	千	百	十	万	千	百	十	元	角	分
金额（大写）											
用款单位负责人批示					经手人						
工程管理办公室领导批示					工程管理办公室经手人						

4. 年度工作计划编制要求

［计划编制目的］计划是工程组织实施的参照系，也是工程执行情况监督检查

的标准,应根据工程的总体要求,科学地编制年度工作计划。

〔工作目标〕应明确本年度内各项工作的完成程度以及具体的考核指标。

〔招标工作进度计划〕对于招标投标工作,可以按照招标准备(包括成立招标工作组、设计招标方案等)、编写招标文件、发标、评标、合同谈判、签订合同、开工准备等划分工作阶段,工作计划必须明确招标投标工作年内可达到的工作阶段。

〔工程实施进度计划〕包括软件开发、系统集成、网络搭建、安全系统部署等工程实施项目。实施阶段按照需求分析、详细设计、系统开发、联调与集成测试、安装部署与用户测试、初步验收、试运行、最终验收等划分,工作计划必须明确工程实施工作年内可达到的工作阶段。

〔设备采购与到货安装计划〕包括服务器、存储系统、数据库软件、应用中间件等大中型设备,也包括终端设备。实施阶段按照签订合同、到货验收、系统安装、联调测试、集成测试、初步验收、试运行、最终验收等划分,工作计划必须明确设备采购与安装工作年内可达到的工作阶段。

〔系统集成工作计划〕一个大型的信息系统项目,其集成工作可以按照网络集成、网络安全系统集成、应用支撑平台集成、基础数据库集成、应用系统集成、数据库与应用系统的初始化和数据加载、电子钥匙的申请与发放(如果有 CA 系统)、运行环境下的整体集成测试、整体初步验收、整体试运行、使用培训与应用推广、整体最终验收等划分,工作计划必须明确系统集成工作年内可达到的工作阶段。

〔培训计划〕明确年度内应完成的培训内容、时间、地点、人数、费用等。

〔资金使用计划〕根据项目进度计划和合同约定的支付条件,按季度估算出资金使用数量。

各项工作计划的模板如表3-5至表3-9所示。

表 3-5 项目进度计划表

项目名称	1月	2月	3月	4月	5月	6月	7月	8月	9月	10月	11月	12月
××集成												
××数据库开发												
××应用系统开发												

填表说明:1. 将每个具体项目的实施工作内容填入对应的月份下。
    2. 项目实施阶段的主要工作内容有需求分析、系统开发、联调与集成测试、安装部署与用户测试、初验、试运行、终验等。

表 3-6 招标工作进度计划表

项目名称	1月	2月	3月	4月	5月	6月	7月	8月	9月	10月	11月	12月
××集成												
××数据库开发												
××应用系统开发												

填表说明：1. 将每个具体项目的招标工作内容填入对应的月份下。
2. 招标阶段的主要工作内容有编制招标文件、发标、评标、合同谈判、签订合同、开工准备等。
3. 招标阶段结束后即进入实施阶段（如果年度内完成招标，接下去的月份按实施内容填写）。项目实施阶段的主要工作内容有需求分析、系统开发、联调与集成测试、安装部署与用户测试、初验、试运行、终验等。

表 3-7　设备采购与到货安装计划表

货物类型	到货时间	开箱验收时间	系统安装时间	联调测试时间	集成测试时间	初步验收时间	试运行时间	最终验收时间
高中端服务器								
低端服务器								
数据库管理软件								
ETL 软件								
存储备份系统								
...								

填表说明：时间最好具体到旬或日，至少具体到月。

表 3-8　培训计划表

序号	培训需求说明	计划培训批次	计划培训内容	地点	时间	预算说明	单次费用(万元)	总费用(万元)
1								
2								

填表说明：1. 时间要具体到月，说明计划在几月份组织培训。
2. 预算说明应包括计划参加人数、培训天数、人均费用（包括餐费、会议室费、交通费等）等。
3. 单次费用＝预算说明中的人均费用×参加人数。
4. 总费用＝单次费用×计划培训批次。

表 3-9　资金使用计划表

单位：万元

项目名称	合计	第1季度	第2季度	第3季度	第4季度
××集成					
××数据库开发					
××应用系统开发					
...					
总计					

填表说明：按项目进度计划和支付条件进行估算。

5. 标准规范管理办法

[总则]明确标准规范管理办法制订的目的,一方面要保证工程建设的标准化,另一方面要保证标准实施的规范化,从而提高工程建设、运行维护和使用的效率。

[明确责任主体]标准规范管理单位的职责是组织标准规范的审定、发布和监督执行,标准规范编制单位的职责是根据工程建设的需求研究起草标准规范、提供标准规范的培训、咨询和现场服务、负责标准规范的修订和完善。

[标准发布流程]标准发布之前需进行试点试用。标准规范编制完成并通过审核后,首先组织试点试用,并密切跟踪和评估试点试用情况,通过座谈会等多种形式征求试点单位意见,进行修改完善工作。经试点评估和修改完善后,可以推广应用的标准规范,由标准管理单位发布执行。

[标准服务机构]标准编制单位应成立专门的咨询服务小组,在工程建设期间,为标准使用单位提供标准分发、培训、咨询、现场指导、热线电话等服务,并全面记录标准使用单位在使用标准过程中遇到的问题和标准编制单位提出的解决方案,以便对标准进行修订和完善。

[标准咨询服务]咨询服务至少应包括以下几种方式:培训、咨询会、热线电话、专用电子邮箱、现场解答等,应安排专门的值班人员负责提供咨询服务,咨询服务的有效响应时间应在 2 小时之内,如涉及标准修订,时间应控制在 5 个工作日内。

[标准修订流程]标准修订的发起者可以是标准编制单位,也可以是标准使用单位。

标准使用单位发起的标准修订。处理流程是:标准使用单位在项目建设过程中发现需要对标准内容进行修改时,要以书面文件的形式向标准编制单位提出修改建议,同时将此书面文件报送标准管理单位;标准编制单位收到修订建议后,应及时了解情况,形成对相关标准的具体修改意见,并将修改后的标准和修改说明报标准管理单位备案,同时分送给所有标准使用单位。

标准编制单位发起的标准修订。处理流程是:标准编制单位认为需要修订某些标准时,应以书面文件的形式报告标准管理单位,提出修改建议,并说明提出修订的内容和原因。标准管理单位会同有关单位研究审核修改建议后,答复标准编制单位。标准编制单位根据答复的内容,完成相关工作并分发相关修订的内容。

标准修订的有效响应时间视修订的内容而定,一般修订工作从提出修改到完成修改,并分发到使用单位,原则上不超过 5 个工作日。

对于强制性标准,如果其修订的内容影响面较广,在修订前标准编制单位应广泛征求所有相关使用单位的意见,确定不会产生不良影响时再进行修订。

[版本控制]标准编制单位必须建立有效的版本控制制度,所有发布的版本必须置于统一的版本控制系统中,并且要经过编制负责人的签字确认;对于需要修订的标准,应从统一的版本控制系统中取出,由相关人员按要求修订完成,在分发前

必须置于统一的版本控制系统中,以保证各标准使用单位使用的标准是同一的,也是最新的版本。

［标准应用的原则］每一项标准都有明确的规范对象,在工程建设过程中,应根据建设内容,严格执行相应的标准规范。

［各项标准的应用范围］一般的信息系统工程,可以包含如下几类标准：① 信息资源类标准,例如指标体系分类编码标准、数据元标准、信息资源目录标准、数据集标准、元数据标准等；② 数据服务类标准,例如数据注册规范、数据访问规范、服务注册规范、服务访问规范、数据交换格式标准等；③ 网络标准,根据工程中网络建设的内容对相关国家标准进行适当的剪裁；④ 信息安全标准,根据工程的信息安全级别选择相应的国家标准；⑤ 应用标准,根据工程中涉及到的相关软件工程内容选择相应的国家标准；⑥ 工程总体技术要求,要对各项工程建设内容的基本功能、性能、用户界面和技术策略等提出基本要求,是工程设计和实施过程中应遵循的基本原则,也是工程验收时对技术水平的基本要求；⑦ 管理类标准,项目管理规范、信息资源管理办法、运行维护管理规范和信息安全管理规范等属于管理类标准,用于指导项目管理过程和建成后的运行维护。

［附则］说明本管理办法的执行日期和解释单位。

6. 数据质量控制管理办法

［数据质量］明确数据质量的含义和控制数据质量的意义。数据质量是指数据的准确性、完整性、及时性和可理解性。准确性是指数据本身反映现实事物的客观程度；完整性是指每个指标时间序列的连续性,在统计口径发生变化时,要有详细的说明；及时性是指数据能够按时更新,尤其是月度数据,应在数据发布后立即更新；可理解性是指对于信息资源的描述和展示符合用户的专业习惯,易于理解,方便使用。数据质量是保证数据可用的重要因素,是数据权威性的体现。

［明确职责］明确相关各方在数据质量控制过程中的职责,按照谁的数据谁负责的原则,在源头上控制住数据质量。在技术上,由监理负责,对数据结构设计的合理性,如数据类型、小数位数等进行评估,确保数据结构与实际数据的一致性,并对所有的数据录入、转换和传输程序进行严格的测试,确保程序处理过程中不造成数据错误。还应设置一个高层次的数据质量检控中心,在源头数据质量控制的基础上,进行二次质量检查和控制,确保最终入库的数据质量。

［数据的不完整性表现］数据的不完整性主要体现在两个方面,一是没有提供完整的时间序列数据,出现有些年份数据的缺失；二是没有提供规定粒度(或分组)的详细数据,如没有分行业数据、没有分国别数据、没有分产品数据等。

［数据完整性控制］为了保证数据的完整性,首先应明确相关的标准规范,例如,在指标体系分类编码标准中详细描述指标的粒度(或分组)及其组合关系,以及指标的属性和计量单位；在数据入库时,应通过程序检查数据的完整性,对于缺少的粒度(或分组)或属性应提示操作人员补齐；对于已入库的数据,应进行定期数据

入库情况统计,对照指标体系规定的粒度(或分组)和属性进行数据自动检查,对于不完整的数据提出警示。

[数据的不正确性表现]数据与具体业务的符合程度说明了数据是否体现了一项业务内容的实际情况,是数据正确与否的标志。造成数据错误的原因可能包括:数据录入错误、数据转换错误、数据传输错误等。数据录入错误主要是由于手工录入数据时的误操作或其他原因,造成录入的数据与实际的数据有差别;数据转换错误主要是数据从一个系统到另一个系统进行数据格式、计量单位等的转换时,定义了错误的转换规则或者程序存在缺陷,造成转换后的数据与转换前的数据不一致;数据传输错误主要是在数据传输过程中,由于网络或者设备问题,造成数据错误。

[数据的准确性控制]加强数据审核是保证数据准确性的重要手段,在数据入库后,应安排专门的业务人员进行审核,发现错误数据立刻纠正。数据审核应包括对数据的逻辑检查和抽样检查。逻辑检查是指判断数据序列的变动或数据之间的关系是否符合逻辑(例如:单个指标的时间序列波动是否符合逻辑、数据指标间的数量关系是否符合逻辑、数值的大小与计量单位是否匹配等),逻辑检查的合格率要求达到100%。抽样检查是指对比数据库数据与数据源数据(纸介质数据或其他业务系统中数据)的一致性,样本量为总数据量的5%以上,抽样检查的合格率要求达到100%。同时,在技术上也可以采用一定的手段进行数据的准确性控制,例如,保证数据为实际数据而非测试数据,数据的0值和空值在统计上要严格区分。另外,通过程序进行数据对比和校验,也可以发现一些数据转换或传输过程中产生的错误,即逐项对比数据源数据与入库数据的数值大小,发现问题后,及时查找程序缺陷。包括数据的横向对比和纵向对比,横向对比用于检查数据传输、入库过程中由于程序缺陷造成的数据错误,纵向对比用于检查数据抽取、转换、加载过程中由于程序缺陷造成的数据错误。或者建立数据之间的校验关系,通过数据之间必须满足一定的数量关系来查找数据错误。

[数据的不及时更新]原则上讲,数据产生后应及时入库,但由于各种原因,从数据产生、到数据发布、再到数据入库总是有一定的滞后期,以至于数据无法反映最新的情况。

[数据及时性控制]数据的及时更新主要靠加强管理,提高数据加载人员的认识,并通过适当的经济手段,表彰和鼓励数据更新及时的单位。

7. 档案管理办法

[制订档案管理办法的依据]根据信息系统工程文档编制的相关国家标准,以及《国家重大建设项目文件归档要求与档案整理规范》(DA/T28—2002)、《科学技术档案案卷构成的一般要求》(GB/T11822—2000)等相关行业标准,结合信息系统工程的具体特点,制订档案管理办法。

[归档范围]根据《国家重大建设项目文件归档要求与档案整理规范》,并结合信息系统工程项目自身提出的验收主要文档清单的要求,按照分类科学、组卷成

套、方便检索和使用的原则，确定工程项目的文件归档范围和保管期限。

[档案分类体系]信息系统工程的规模和内容不同，其档案分类体系的复杂程度也会不同。一般地说，信息系统工程的归档文件可以采用三级分类体系，第一级分类（大类）可以包括立项阶段文件、项目管理文件、项目实施文件、财务管理文件、监理文件和验收文件六个大类。第二级分类（中类）可以按具体项目（合同）等进行划分，例如，立项阶段文件可以分为项目建议书阶段、可行性研究报告阶段和初步设计阶段等三个中类；项目管理文件分为综合管理文件、招标投标文件和合同文件等三个中类；项目实施文件和财务管理文件按照项目（合同）进行分类；验收文件可以分为工程初步验收和工程竣工验收两个中类等。第三级分类（小类）一般只对文件类型多样的中类，例如综合管理文件、项目文件等进行细分，基本上是按照项目阶段进行划分。每一阶段的文件按照时间顺序进行排列。归档文件分类体系模板见表3-10。

[档案质量要求]档案的质量包括完整性、准确性、安全性、规范性等。档案的完整性要求归档文件要齐全成套，应包括该工程全过程中形成的所有具有保存价值的工程文件；档案的准确性要求归档文件必须是真实的历史记录，在内容上始终与所反映的实际状况相一致；档案的安全性要求要保证档案实体的安全以及档案信息的安全，保守科技秘密，保护知识产权；档案的规范性要求包括 ① 归档的文件应为原件。② 工程文件的内容和深度必须符合国家或行业有关信息系统工程或电子政务工程的标准规范。③ 工程文件的签字盖章手续要完备。④ 对于电子文件要求是最后版本，与纸介质的版本一致。⑤ 备考表中立卷人、审核人都要手工签字。

[保证档案质量的措施]明确档案管理责任、建立档案管理制度、提出档案整理要求、用经济手段进行控制、在技术上进行指导、形成档案质量审核流程、组织专项检查、邀请档案专家进行业务指导等。

[档案整理要求]按类别进行整理。把所有在本项目执行过程中形成的归档文件，按照合同和工程阶段进行整理，并根据文件的内容对照表3-10归档文件分类体系模板进行归类和排序，对于缺少的文件，应及时组织相关单位进行补充，对于没有页码或页码不全的文件要手工填写页码。

[档案组卷（装盒）要求]按照项目文件成套性的特点进行组卷（装盒）。卷是由有联系的若干文件组合而成的档案保管单位。为简单起见，信息系统工程可以以"档案盒"为单位进行档案保管，即一盒为一卷。每一卷有一个唯一的标识号（即档号），档号由全宗号、分类号和案卷号组合而成，其中，全宗号是固定的，分类号由表3-10的归档文件分类体系表中各级分类的编码组成，案卷号是指档案按一定顺序排列后的流水号。

[组卷注意事项]为方便查阅，应对每一小类（没有小类的，按中类）下的文件进行组卷，最好不要跨类组卷。此外，同一个保管期限的文件可以组成一卷，不同保管期限的文件不能组成一卷；同一小类下的文件很多时，可以按照主题、阶段等进行组卷，如果同一主题下的文件仍然不能装入一个档案盒，例如××投标文件，可以设成××投标文件一、××投标文件二等不同的卷。

组卷的顺序应按表3-10归档文件分类体系模板中列出的文件名称顺序依次

排下去；对于带有附件的文件,应按先原稿后附件的顺序排下去。

[案卷的排列] 案卷应按照表 3-10 归档文件分类体系模板的顺序排列；对于项目实施文件,应按集成项目、软件开发项目(数据库开发在前,业务系统开发在后)、设备采购项目(统一采购在前,零散采购在后)、其他项目的顺序排列；在同一个小类或主题下,可以按照阶段、重要程度或时间先后排列。

[卷内文件的排列] 综合管理文件、财务管理文件和监理文件卷内应按照问题、时间或重要程度排列；其他文件卷内应按归档文件列表中文件名称列出的顺序排列。

[电子档案管理] 利用档案管理软件可以提高档案管理的效率,利用档案管理软件进行文件著录时一定要按照前面整理出来的文件顺序,并且一定要保证电子文件与纸介质文件版本的一致性。在完成单个文件著录的基础上,可利用档案管理软件打印卷内文件目录、案卷脊背和备考表等信息。

要把卷内文件目录排列在卷内文件首页之前,案卷脊背贴在档案盒上。备考表排列在卷内文件之后,备考表有固定的印刷体格式,部分内容需手工填写,如立卷人、检查人等。

[案卷装订] 为便于查找和借阅,要采用单份文件装订的形式。

[档案的验收] 工程办公室负责对归档的文件进行汇总整理,包括检查档案整理的质量；对全部项目档案进行清点、编目,形成工程项目档案案卷目录；编制档案整理情况报告等。全部工作完成后,应组织档案管理专项验收。

[档案的归属与流向] 工程竣工后,向档案管理机构移交项目档案。

表 3-10 归档文件分类体系

第一级分类 (大类)	第二级分类 (中类)	第三级分类(小类)	文件名称(仅仅是举例)
立项阶段文件 (LX)		(1) 项目建议书阶段	
			关于报送×××项目建议书的请示
			关于×××项目建议书的批复
			×××项目建议书
		(2) 可行性研究报告阶段	
			关于报送×××项目可行性研究报告的请示
			关于×××项目可行性研究报告的批复
			×××项目可行性研究报告—总册
			……
		(3) 初步设计阶段	
			关于报送×××项目初步设计方案和投资概算报告的请示
			关于×××项目初步设计方案和投资概算报告的批复
			×××项目初步设计

续表

第一级分类（大类）	第二级分类（中类）	第三级分类（小类）	文件名称（仅仅是举例）
项目管理文件(GL)	综合管理文件(ZH)		
		(1)建立项目领导和实施机构文件	
		(2)项目管理办法、制度、要求	
		(3)项目管理计划与年度总结	
		(4)会议文件	
		(5)简报	
		(6)项目管理月报	
		(7)日常管理的往来函件	
		(8)日常管理的内部函件	
		(9)项目管理工作照片、音像	
	招标投标文件(ZB)		
		(1)监理招标投标文件	××委托招标文件
			××招标文件
			××评标文件
			××评标报告
			××中标通知
			××中标的投标文件
			……
			××未中标的投标文件
		(2)集成招标投标文件	××委托招标文件
			××招标文件
			××评标文件
			××评标报告
			××中标通知
			××中标的投标文件
			××未中标的投标文件
		……（按组织招标投标的时间顺序,一个项目一个项目的排下去）	
	合同文件(HT)		
		(1)监理合同	
			合同谈判纪要

续表

第一级分类（大类）	第二级分类（中类）	第三级分类（小类）	文件名称（仅仅是举例）
			关于签订监理合同的请示及领导批示
			监理合同
			监理工作思路
			合同补充协议
			……
		（2）集成合同	
			合同谈判纪要
			关于签订集成合同的请示及领导批示
			集成合同
			集成工作思路
			合同补充协议
			……
		……（按合同编号中最后几位自然数的顺序，一个合同一个合同的排下去）	
项目实施文件（SS）	系统集成项目（ZJ）	（1）设计文档	
			《×××项目技术总体方案》、技术方案评审
			《×××项目总体实施方案》、实施方案评审
			《×××项目总体集成环境及详细集成方案》
			《×××项目总体网络与信息安全保障系统设计方案》
			《×××项目总体接口设计说明书》
			《×××项目总体测试方案、测试用例和测试报告》
			……
		（2）技术管理文档	
			《×××项目集成配置管理方案》

续表

第一级分类（大类）	第二级分类（中类）	第三级分类（小类）	文件名称（仅仅是举例）
			《×××项目集成质量控制计划》
			《×××项目集成质量保证计划》
			《×××项目集成移交清单》
			……
		（3）日常管理文档	
			《×××项目详细实施计划》
			《×××项目周报》
			《×××项目月报》
			《×××项目会议纪要》
			《×××项目阶段性评审报告》
			《×××项目设计变更文件》
			《×××项目阶段性评审报告》
			《×××项目设计变更文件》
			……
		（4）初步验收文档	
			《×××项目用户使用报告》
			《×××项目用户对系统满意度综合评价》
			《×××项目用户对服务满意度综合评价》
			《×××项目工作总结报告》（验收报告）
			《×××项目全部软硬件安装调试、配置、集成工作报告》
			《×××项目初验验收计划》
			《×××项目初验验收申请》
			《×××项目验收测试报告及其他相关证明文件》
			《×××项目初验监理意见》
			《×××项目初验专家验收意见》
			《×××项目专家意见汇总表及修改工作计划》
			……
		（5）最终验收文档	
			《×××项目试运行报告》
			《×××项目试运行期间各类故障和系统错误记录》
			《×××项目试运行期间系统改进报告》

续表

第一级分类（大类）	第二级分类（中类）	第三级分类（小类）	文件名称（仅仅是举例）
			《×××项目试运行期间软件改进要求/缺陷记录》
			《×××项目试运行期间软件修改完善报告》
			《×××项目开发商对运行维护的建议报告》
			《×××项目终验验收申请》
			《×××项目工程完成情况自查报告》
			《×××项目终验验收报告》
			《×××项目应用案例及应用效果评估》
			《×××项目终验监理意见》
			《×××项目终验专家验收意见》
			……
		(6) 用户手册	
			《×××项目用户使用手册》
			《×××项目运行维护手册》
			《×××项目程序员开发手册》
			……
		(7) 培训文档	
			《×××项目培训计划》
			《×××项目培训材料》
			……
	软件开发项目(KF)	(1) 设计开发文档	
			《×××项目系统需求分析报告及需求规格说明书》、评审
			《×××项目系统总体技术方案》、评审
			《×××项目系统实施方案》、评审
			《×××项目系统详细设计说明书》、评审
			《×××项目系统数据库结构设计说明书》
			《×××项目系统接口设计说明书》
			《×××项目系统软件开发规程》

续表

第一级分类（大类）	第二级分类（中类）	第三级分类（小类）	文件名称（仅仅是举例）
			《×××项目系统测试方案与测试报告》
			《×××项目系统原代码》
			……
		（2）技术管理文档	
			《×××项目系统配置管理方案》
			《×××项目系统质量控制计划》
			《×××项目系统质量保证计划》
			《×××项目系统移交清单》
			……
		（3）日常管理文档	
			《×××项目系统详细实施计划》
			《×××项目系统周报》
			《×××项目系统月报》
			《×××项目系统会议纪要》
			《×××项目系统阶段性评审报告》
			《×××项目系统设计变更文件》
			《×××项目系统阶段性评审报告》
			《×××项目系统设计变更文件》
			……
		（4）初步验收文档	
			《×××项目用户试用测试报告》
			《×××项目用户对系统满意度综合评价》
			《×××项目用户对服务满意度综合评价》
			《×××项目系统开发工作总结报告》（验收报告）
			《×××项目系统初步验收计划》
			《×××项目初步验收申请》
			《×××项目验收测试报告及其他相关证明文件》
			《×××项目初验监理意见》
			《×××项目初验专家验收意见》
			《×××项目初验专家意见汇总表及修改工作计划》
			……

续表

第一级分类（大类）	第二级分类（中类）	第三级分类（小类）	文件名称（仅仅是举例）
		（5）最终验收文档	
			《×××项目系统试运行报告》
			《×××项目系统试运行期间错误记录》
			《×××项目系统试运行期间系统改进报告》
			《×××项目系统试运行期间软件改进要求/缺陷记录》
			《×××项目系统试运行期间软件修改完善报告》
			《×××项目开发商对运行维护的建议报告》
			《×××项目最终验收申请》
			《×××项目最终验收报告》
			《×××项目应用案例及应用效果评估》
			《×××项目终验监理意见》
			《×××项目终验专家验收意见》
			……
		（6）用户手册	
			《×××项目用户使用手册》
			《×××项目运行维护手册》
			《×××项目程序员开发手册》
			……
		（7）培训文档	
			《×××项目培训计划》
			《×××项目培训材料》
			……
	设备采购项目（A1）	（1）设计与实施方案	
			《××设备到货和安装调试计划》
			《××设备配置、使用策略等建议》
		（2）到货验收文档	
			《××设备到货验收申请》
			《××设备到货清点记录》
			……
		（3）初步验收文档	

37

续表

第一级分类（大类）	第二级分类（中类）	第三级分类（小类）	文件名称（仅仅是举例）
			《××设备用户使用报告》
			《××设备集成商联调测试报告》
			《××设备集成商证明文件》
			《××设备用户满意度评价》
			《××设备初步验收申请》
			《××设备供应及伴随服务工作总结》
			《××设备初步验收计划》
			……
		(4)最终验收文档	
			《××设备试运行报告》
			《××设备试运行期间问题记录》
			《××设备试运行期间改进报告》
			《供货商对运行维护的建议报告》
			《××设备最终验收申请》
			《××设备最终验收报告》
			《××设备专家终验意见》
			……
		(5)设备维护记录	
			《××设备维修/更换记录》
			……
		(6)随机文件	
			《××设备测试/检测报告》
			《××设备技术文件》
			《××设备质量文件》
			《××设备安装指南》
			《××设备配置计划》
			《××设备用户手册》
			……
		(7)培训文档	
			《××设备培训计划》
			《××设备培训材料》
			……
	标准规范项目(BZ)	(1)设计报告	
			《×××项目标准规范框架》
			《×××项目标准化建设总体实施方案》

第一级分类（大类）	第二级分类（中类）	第三级分类(小类)	文件名称(仅仅是举例)
		（2）标准规范编制过程说明	
			《××标准编制过程说明》
			《××标准专家意见汇总处理表》
			……
		（3）试点工作报告	
			《××项目标准应用试点报告》
		（4）标准文本及实施指南	
			《××标准》(正文)
			《××标准实施指南》
		（5）验收文档	
			《×××标准规范项目验收申请》
			……
		（6）日常管理文档	
			《标准规范项目详细实施计划》
			《标准规范项目周报》
			《标准规范项目月报》
			《标准规范项目会议纪要》
			《标准规范项目阶段性专家评审报告》
		（7）培训文档	
			《标准规范项目培训计划》
			《标准规范项目培训材料》
			……
财务管理文件(CW)	合同支付手续(ZF)		
		（1）×××合同	××合同支付记录1
			××合同支付记录2
		…	
	财务报告(JS)		
	审计报告(SJ)		
	交付资产清册(ZC)		

续表

第一级分类（大类）	第二级分类（中类）	第三级分类（小类）	文件名称（仅仅是举例）
监理文件(JL)		(1) 监理大纲	
			《××项目监理规划》
			《××项目监理实施细则》
		(2) 开(停、复、返)工令	
			××项目开工令
		(3) 审核文件	
			××项目招标文件审核意见
			××项目合同审核意见
			××项目报告(方案)审核意见
			××项目测试审核意见
			××项目验收审核意见
			……
		(4) 支付证书	
			××项目(第××次支付)支付证书
			……
		(5) 监理报告	
			《监理周报》
			《监理月报》
			《监理专题监理报告》
			……
		(6) 会议纪要	
			《××会议监理会议纪要》
			……
		(7) 验收文档	
			《监理验收申请》
			《监理工作总结报告》
			……
验收文件(YS)	初步验收文件(CB)	(1) 工程专项初步验收(GC)	工程专项初步验收工作大纲
			工程专项初步验收会议议程(手册)
			××项目初步验收报告—工程分册
			工程情况汇报PPT
			工程专项测试报告
			工程专项用户报告

续表

第一级分类（大类）	第二级分类（中类）	第三级分类（小类）	文件名称（仅仅是举例）
			工程专项监理报告
			……
			工程专项初步验收专家验收意见
		(2) 技术专项初步验收（JS）	技术专项初步验收工作大纲
			技术专项初步验收会议议程（手册）
			××项目初步验收报告—技术分册
			技术设计与实现汇报PPT
			技术专项测试报告
			技术专项用户报告
			技术专项监理报告
			……
			技术专项初步验收专家验收意见
		(3) 档案专项初步验收（DA）	档案专项初步验收工作大纲
			档案专项初步验收会议议程（手册）
			××项目初步验收报告—档案分册
			档案管理情况汇报PPT
			档案专项监理报告
			……
			档案专项初步验收专家验收意见
		(4) 财务专项初步验收（CW）	财务专项初步验收工作大纲
			财务专项初步验收会议议程（手册）
			××项目初步验收报告—财务分册
			财务管理情况汇报PPT
			财务审计报告
			财务专项监理报告
			……
			财务专项初步验收专家验收意见
		(5) 整体初步验收文件（CY）	整体初步验收会议议程（手册）
			××项目建设总结报告
			项目执行情况汇报PPT
			用户报告
			测试报告

续表

第一级分类（大类）	第二级分类（中类）	第三级分类（小类）	文件名称（仅仅是举例）
			审计报告
			监理报告
			……
			整体初步验收专家验收意见
	信息安全风险评估(PG)		
			信息安全风险评估报告
			……
	竣工验收文件(JG)		竣工验收申请
			竣工验收申请所付相关材料
		(1) 工程专项竣工验收(GC)	工程专项竣工验收工作大纲
			工程专项竣工验收会议议程（手册）
			××项目竣工验收报告—工程分册
			工程情况汇报PPT
			试运行报告
			应用案例与用户报告
			工程专项监理报告
			……
			工程专项竣工验收专家验收意见
		(2) 技术专项竣工验收(JS)	技术专项竣工验收工作大纲
			技术专项竣工验收会议议程（手册）
			××项目竣工验收报告—技术分册
			技术设计与实现汇报PPT
			技术专项用户报告
			试运行报告
			技术专项监理报告
			……
			技术专项竣工验收专家验收意见
		(3) 档案专项竣工验收(DA)	档案专项竣工验收工作大纲
			档案专项竣工验收会议议程（手册）
			××项目竣工验收报告—档案分册

续表

第一级分类（大类）	第二级分类（中类）	第三级分类（小类）	文件名称（仅仅是举例）
			档案管理情况汇报PPT
			档案专项监理报告
			……
			档案专项竣工验收专家验收意见
		(4) 财务专项竣工验收（CW）	财务专项竣工验收工作大纲
			财务专项竣工验收会议议程（手册）
			××项目竣工验收报告—财务分册
			财务管理情况汇报PPT
			财务审计报告
			财务专项监理报告
			……
			财务专项竣工验收专家验收意见
		(5) 整体竣工验收文件（CY）	整体竣工验收会议议程（手册）
			××项目建设总结报告
			项目执行情况汇报PPT
			应用案例与用户报告
			试运行报告
			审计报告
			监理报告
			……
			整体竣工验收专家验收意见

8. 验收管理指导意见

［制订验收指导意见的目的］为保证项目建设质量，规范并做好项目验收工作，按照工程建设项目管理办法的相关要求，制订项目验收管理指导意见。

［验收阶段］考虑到软件开发的探索性、创新性的特点，信息系统工程项目比较适宜采用二阶段验收法，即初步验收和最终验收。初步验收（简称初验）是指当乙方完成了合同规定的服务内容，并满足了合同规定的初步验收条件后，甲方组织的验收活动，初验通过是项目进入试运行的条件。最终验收（简称终验）是指项目试运行期满，并满足了合同规定的最终验收条件后由甲方组织的验收活动，终验通过是项目进入质量保证期的条件。

［验收的依据］信息系统工程验收的依据包括国家相关的法律法规、国家或行业相关标准规范、工程的初步设计文件及相关变更文件、项目合同及补充文件、工程自定义的标准规范、测试（或使用）报告及评价报告、技术认证或工程质量监理报

告,以及其他相关文件等。

[验收的主要内容] 项目验收一般包括交付物验收和服务验收两部分。交付物验收包括系统验收(设备采购、软件开发、网络及安全系统建设、系统集成等项目需进行系统验收)和文档验收。其中,系统验收包括功能验收和性能验收,一般要通过技术测试(指监理、集成商、开发商或供货商在场的验收测试以及由业主单位根据具体情况要求的第三方测试)、用户测试(试用)和系统试运行等方式来完成,衡量软件品质的主要指标包括效率、功能性、可靠性、易用性、可维护性和可移植性等;文档验收包括检查文档的完备性、内容的充分性、一致性和易读性等。服务验收主要通过检查把握乙方完成合同或协议规定服务内容的情况,通过用户满意度调查反映用户对乙方服务工作数量和质量等的满意程度。

[验收条件] 不同类型的项目在不同验收阶段,其验收的内容和条件有所不同。以下列举了设备采购、软件开发、信息资源整理、网络建设、安全系统建设、标准规范建设、系统集成等类型项目的验收条件。

[设备采购项目到货验收的基本条件] ① 乙方提供设备原产地检验、出厂、进口设备离岸、进口设备入关等证明文件;② 开箱后,目测产品外观无损伤;③ 货物数量、型号、配件等与合同及货物装箱单一致;④ 加电测试,确定产品能正常工作。

[设备采购项目初步验收的基本条件] ① 乙方完成所供货物的安装调试;② 在集成商的组织下,配合相关厂商完成了与所供货物相关的其他设备或软件的安装调试;③ 提交了相关文档资料;④ 取得了集成商出具的所供货物可支持应用系统安装、运行的证明文件。

[设备采购项目最终验收的基本条件] ① 乙方已提供合同规定的全部货物和文档资料;② 从第一个应用系统上线之日起,进行了6个月的连续试运行,效果良好;③ 如所供设备需要支撑多个应用系统的运行,乙方需承诺若终验后陆续上线的应用系统在运行时出现与乙方提供货物有关的问题,乙方必须更换货物或按甲方同意的方式处理货物;④ 性能测试和试运行时出现的问题已被解决;⑤ 取得了集成商和运行维护机构出具的系统可正常运转的证明文件。

[软件开发项目初步验收的基本条件] ① 乙方全面完成应用系统的设计、开发、测试和系统集成、调试等工作,达到合同规定的要求;② 完成与其他相关软件的接口测试;③ 应用系统运行所需的基础数据全部入库,入库数据量达到了用户使用的要求;④ 系统已进行安全性测试,并经甲方相关管理部门认可;⑤ 系统运行稳定,乙方承诺在试运行期间及时解决初验中甲方、监理、集成商等提出的问题,同时承诺,试运行期间出现的新问题能够得到及时有效的解决;⑥ 相关文档资料已经提交;⑦ 用户完成在真实使用环境中的试用测试(用户试用期应不少于1个月),对系统的使用满意。

[软件开发项目最终验收的基本条件] ① 乙方已提供合同规定的全部交付物,并达到合同规定的要求;② 完成按照合同规定时间的连续上线试运行,试运行时

间不短于 6 个月,系统运行稳定;③ 乙方及时解决了试运行期间的用户、监理、集成商等提出的问题;④ 该软件系统已置于上一级系统的配置管理之下;⑤ 培训任务全部完成;⑥ 取得了集成商出具的该项目与相关系统或平台实现了稳定集成的证明文件、运行维护机构出具的系统可正常运转的证明文件、用户出具的对交付物和服务满意的证明文件。

［信息资源整理项目初步验收的基本条件］① 乙方整理出的数据文件内容和时间序列符合合同规定的数量、质量要求;② 从专业的角度,完成协助开发商进行各种数据入库、编辑、效验方式和查询、展示方式的设计、测试等相关工作,相关处理逻辑和设计风格满足专业信息资源用户的需要;③ 信息资源顺利入库并满足了初步设计或用户使用要求;④ 已提交相关文档资料。

［信息资源整理项目最终验收的基本条件］① 相关的信息资源库通过终验;② 按照初步设计或用户使用要求,乙方完成了试运行以来符合数据更新周期的数据更新入库任务;③ 已提交合同规定的全部文档资料;④ 取得了用户出具的对交付物和服务满意的证明文件。

［网络及安全项目初步验收的基本条件］① 乙方全面完成网络与安全系统的建设任务,达到合同中规定的要求,形成了互联互通的网络环境和安全保障环境,能有效支持信息传输和业务系统运行;② 完成网络与服务器等相关设备的集成和安全系统与其他应用系统的集成,并且集成后的系统稳定、高效;③ 系统已进行安全性测试,并经甲方安全主管部门认可;④ 系统运行稳定;⑤ 乙方承诺在试运行期间及时解决初验中用户、监理、集成商等提出的问题,同时承诺,试运行期间出现的新问题能够得到及时有效的解决;⑥ 已提交相关文档资料。

［网络及安全项目最终验收的基本条件］① 乙方已提供合同规定的全部交付物;② 完成合同规定时间的连续试运行,试运行时间不短于 6 个月,系统运行稳定;③ 乙方及时解决了试运行期间用户、监理、集成商、开发商等提出的问题;④ 培训任务全部完成;⑤ 取得了集成商出具的该项目与相关系统或平台稳定实现集成的证明文件、运行维护机构出具的该项目可正常运转的证明文件、信息安全保密主管部门出具的验收意见。

［标准规范项目初步验收的基本条件］① 乙方完成合同规定的标准规范研制任务;② 专家对标准草案审查后出具了标准可行的论证报告;③ 相关的标准实施指南等通过专家审核,具备试点试用的条件。

［标准规范项目最终验收的基本条件］① 标准规范试点试用后,试点项目单位出具了试点进展顺利,标准基本可行的证明文件;② 试点过程中发现的问题得到及时处理;③ 工程项目全面试行各项标准并完成了主体工程的建设和集成,进入试运行;④ 全部标准培训、咨询、推广任务完成;⑤ 合同规定的全部文档资料已经提交;⑥ 用户出具了对交付物和服务满意的证明文件。

［系统集成项目初步验收的基本条件］① 乙方已完成合同中规定的全部硬件、

基础软件、应用软件的集成；② 完成与其他相关子项（如网络、安全系统等）的集成；③ 集成后的系统整体能够在项目实际运行环境中上线,实现有效、安全、稳定运行；④ 乙方承诺在试运行期间及时解决初验中用户、监理等提出的问题,同时承诺,试运行期间出现的新问题能够得到及时有效的解决；⑤ 相关文档资料已经提交；⑥ 用户完成集成后的试用测试（用户试用期应不少于 1 个月）,对集成后的系统使用满意。

[系统集成项目最终验收的基本条件] ① 乙方已完成合同规定的全部任务,完成合同规定时间的连续试运行,试运行时间不短于 6 个月,试运行期间集成后的系统稳定,未发生系统性重大故障或多次连续性错误；② 试运行中出现的问题已被解决；③ 培训任务全部完成；④ 具有用户出具的对交付物和服务满意的证明文件、运行维护机构出具的系统可正常运转的证明文件；⑤ 已提交合同规定的全部文档资料。

[验收的质量标准] 各类信息系统工程项目的验收标准如表 3-11 所示。

表 3-11 信息系统工程项目的验收标准（参考）

项目类型	验收标准
信息资源开发（数据库建设）	完成信息资源库建设并达到以下主要要求： (1) 数据库的设计和部署满足工程总体技术要求； (2) 数据的应用功能至少包括数据查询、汇总计算、统计分析、图表制作、数据输出等功能； (3) 数据库的维护功能至少包括用户管理、访问控制与授权、元数据管理、入库数据量统计、数据备份与恢复等功能； (4) 能够按照一定的规则从业务系统中抽取相关的数据,初步实现业务流与信息流的一致； (5) 数据库能够顺利地向信息交换平台提交数据； (6) 数据库系统运行稳定,通过各种验收测试（技术测试、安全测试、用户测试、与平台集成测试等）； (7) 数据库的指标体系满足初步设计的要求,并能够根据新的统计体系对指标进行适当调整,满足数据整理入库的要求； (8) 数据时间序列的长度能够满足用户使用的要求； (9) 用户对数据库系统试用评价合格,对开发商的服务满意
应用系统开发	完成业务应用系统建设并达到以下主要要求： (1) 满足管理业务的流程处理要求,保证流程处理各个环节的信息传递完整、准确、流畅,功能操作简单、友好、方便； (2) 业务处理的各项功能至少包括信息接收、运行监测、流程办理、辅助决策、效果评估等； (3) 系统维护功能至少包括用户管理、访问控制与授权、用户使用日志、数据备份与恢复等； (4) 初步实现业务流与信息流的统一,在利用业务应用系统办理业务过程中形成的业务信息,要能够进行分类、汇总、查询和分析； (5) 符合用户业务处理的习惯,界面友好,用词规范；

续表

项目类型	验收标准
	(6) 实现与相关信息资源库的接口,能够提供信息或从信息交换平台获取所需信息; (7) 业务应用系统运行稳定,通过各种验收测试(技术测试、安全测试、用户测试、接口测试等); (8) 用户对业务应用系统试用评价合格,对开发商的服务满意
信息交换平台开发	完成信息交换平台建设并达到以下主要要求: (1) 信息交换平台的总体架构设计满足信息共享的要求,技术先进、稳定可靠、可扩展; (2) 数据库的结构设计符合数据的特点,适应数据在统计口径、统计指标等方面的变化,实现数据结构与应用程序的松耦合; (3) 信息交换平台实现自动的数据抽取和更新机制,满足用户对数据的正确性、及时性和完整性的使用要求; (4) 数据应用的各项功能至少包括门户、数据查询、报表生成、计算分析、图形制作、个性化数据定制、数据下载以及与数据分析软件的接口、文献导航、全文检索、基于知识组织的文献关联性分析、数据与文献信息的联动等功能; (5) 平台维护功能至少包括用户管理、访问控制与授权、信息资源目录维护、信息使用日志、数据备份与恢复等; (6) 运行稳定,用户可以正常登录访问; (7) 通过各种验收测试(技术测试、安全测试、用户测试、集成测试等); (8) 用户对平台试用评价合格,对开发商的服务满意
网络建设	完成网络建设并达到以下主要要求: (1) 主干网络正常运行; (2) 各节点的接入网络安全接入; (3) 网络范围与用户范围一致; (4) 网络终端数满足用户的使用要求; (5) 网管系统能够实现全网监控
安全系统	完成安全系统的建设并达到以下主要要求: (1) CA证书能够正常发放和使用; (2) 网络防护设施部署合理,防护策略有效,满足网络安全等级的相关要求; (3) 完成信息安全风险评估工作,评估结果符合网络安全等级的相关要求
标准规范	完成标准规范建设并达到以下主要要求: (1) 通过了可行性论证,标准发布后进行了培训,在系统建设中发挥了作用; (2) 标准规范的咨询服务工作获得用户的满意
机房改造	完成机房的环境改造并达到以下主要要求: (1) 经相关专业检测部门(电磁辐射、消防、电力等)检测合格; (2) 能够承载工程基础软硬件设备的正常运行

续表

项目类型	验收标准
整体工程建设	(1) 工程建设的管理机构和项目管理制度健全、合理； (2) 按照《中华人民共和国招标投标法》和《中华人民共和国政府采购法》等有关规定进行招标投标工作，工程采购程序合法、规范； (3) 工程建设过程中，遵照国家信息系统工程建设相关标准规范； (4) 工程施工内容符合合同约定，质量达到工程预期目标； (5) 按照国家主管部门提出的信息系统工程项目监理的有关要求，实行工程监理制等； (6) 竣工图编制完成
技术设计	(1) 符合国家信息系统工程建设的相关技术标准； (2) 符合项目建议书、可行性研究报告、初步设计等批复文件提出的总体技术要求； (3) 工程设计科学、先进、合理等
工程档案	(1) 符合国家主管部门工程建设项目档案管理的相关要求； (2) 工程档案完整齐全； (3) 档案文件内容真实，格式统一，可读性强等
财务管理	(1) 符合国家相关财务管理规定； (2) 建立健全财务管理制度； (3) 资金使用符合初步设计批复的投资概算； (4) 各项支出符合有关管理规定； (5) 财务决算报表和决算说明书内容真实、准确； (6) 建设项目形成的固定资产清晰，管理规范等

[项目验收的层次] 信息系统工程的验收工作一般可分成两个层次，即合同验收和工程验收。合同验收由合同甲方组织，以合同的执行情况作为主要的验收依据；工程验收由工程办公室或项目审批机构组织，按照工程建设项目验收工作大纲的相关规定开展各种测试、检查、检验工作，并给出验收结论。合同验收是工程验收的基础，在工程初步验收之前，各单项合同应通过初验；在工程竣工验收之前，各单项合同应通过终验。工程验收首先应进行工程、技术、档案和财务4个专项验收，然后进行工程整体验收。

[验收的基本方法] 在验收工作开始之前，项目验收单位分别组织成立验收专家组和验收工作组。通过采取验收会前精心准备、验收会上专家检查、验收会后整改完善的方法开展项目验收工作。

验收会前精心准备，包括承建单位对照合同自查自测、监理组织三方(监理方、集成方、开发方)进行功能和性能测试、总集成进行技术符合性测试和评价、监理审核文档、用户试用测试、安全保密单位进行安全性测试以及验收专家组现场检查指导等工作。

验收会上专家检查，包括验收专家组听取项目建设过程和建设成果的汇报、观看系统功能演示、检查系统运行状况、听取监理意见和用户意见、检查文档内容、审核验收测试报告、现场咨询等环节，并最终形成专家验收意见。

验收会后整改完善，主要是根据专家在验收会上提出的意见和建议，进行系统的完善工作。

[验收的基本流程] ① 承建单位按照合同规定的验收条件进行自查，达到验收条件后向合同甲方和监理提出验收申请；② 甲方组织用户试用，在真实环境下检查系统的功能和易用程度，并要求承建单位进行修改完善，用户填写试用评价意见；③ 监理单位对照合同对建设内容和完成质量进行检查，并对用户进行满意度调查，发现问题及时要求承建单位进行整改，出具监理意见；④ 集成商进行技术认定测试，发现问题及时要求承建单位进行整改，并出具技术认可证书；⑤ 乙方向安全管理部门申请进行安全性测试，合格后出具证书；⑥ 甲方组织验收专家组对项目进行验收，并形成专家验收意见。由于大型信息系统工程，其验收的层次可能比较多，包括单个合同的验收、若干相关联合同组成的子项的验收以及总体集成的验收等，各层次验收的流程分别为：

[合同初步验收流程] ① 乙方根据合同中规定的初步验收条件进行自查；② 确认满足条件后，向甲方和监理机构提交初步验收申请，并提交合同规定的初验所需的文档资料；③ 监理审查乙方的工作成果和文档，发现问题，及时通知乙方整改，如审查合格，及时向甲方出具监理报告；④ 甲方组织用户试用，确认项目达到使用满意的要求；⑤ 在甲方收到与工程总体相关联的单项合同的初验申请时，应先委托总集成商对该单项合同的执行情况进行技术把关，并由总集成商向甲方出具书面意见；⑥ 甲方组织初验。

[合同最终验收流程] ① 试运行期满，乙方根据合同中规定的最终验收条件进行自查；② 确认满足条件后，向甲方和监理机构提交最终验收申请，并提交合同规定的全部文档资料；③ 监理机构审查乙方的工作成果和文档，并对试运行效果进行评估，如审查合格，及时向甲方出具监理报告；④ 在甲方收到与工程总体相关联的单项合同的终验申请时，应先征求总集成商的意见；⑤ 甲方在确认试运行过程满意后组织终验。

[子项初步验收流程] ① 承担集成任务的乙方根据合同中规定的初步验收条件进行自查；② 确认满足条件后，总集成商提供技术认可的证明文件；③ 向甲方和监理机构提交初步验收申请，并提交合同规定的初验所需的文档资料；④ 监理审查乙方的工作成果和文档，如审查合格，及时向甲方出具监理报告；⑤ 甲方组织用户试用，确认项目达到使用满意要求；⑥ 组织初验。

[子项最终验收流程] ① 试运行期满，承担集成任务的乙方根据合同中规定的最终验收条件进行自查；② 确认满足终验条件后，总集成商出具本子项与工程整体的集成达到了项目建设目标要求的证明文件；③ 向甲方和监理机构提交最终验收申请，并提交合同规定的全部文档资料；④ 监理机构审查乙方的工作

成果和文档,并对试运行效果进行评估,如审查合格,及时向甲方出具监理报告;⑤ 甲方在确认试运行过程满意后,审核乙方的最终验收申请等;⑥ 审核通过后组织验收。

[总集成初步验收流程] ① 承担信息系统工程总集成任务的乙方根据合同中规定的初步验收条件进行自查;② 确认满足条件后,向甲方和监理机构提交初步验收申请和合同规定的初验所需的文档资料;③ 监理审查乙方的工作成果和文档后,如审查合格,及时向甲方出具监理报告;④ 甲方组织用户在真实环境下全面试用系统,确认项目达到使用满意要求;⑤ 审核通过后组织初验。

[总集成最终验收流程] ① 试运行期满,承担信息系统工程总集成任务的乙方根据合同中规定的最终验收条件进行自查;② 确认满足条件后,向甲方和监理机构提交最终验收申请,并提交合同规定的全部文档资料;③ 监理机构审查乙方的工作成果和文档,并对试运行效果进行评估,如审查合格,及时向甲方出具监理报告;④ 甲方确认试运行过程满意,并审核乙方的最终验收申请,审核通过后组织项目终验。

[验收结论] 验收结论一般分为验收合格、验收基本合格和验收不合格三种。

验收合格的项目为全面完成合同规定的建设任务,符合工程相关标准规范,系统运行安全可靠,用户使用满意,达到了系统建设的目标,且经费使用合理的项目。

验收基本合格的项目为项目建设效果近于合格项目,但还存在少量遗留问题需要限期整改的项目。对验收基本合格的项目,甲方要提出整改的要求和时限,并对乙方整改验收遗留问题的进度进行严格的督促和检查,直至全部问题逐一得到妥善解决。

验收不合格的项目为有下列情况之一的项目,即未全部完成合同规定的任务;未达到合同所规定的功能、性能要求;未得到业主单位认可就对项目的内容、目标或技术路线等进行了较大的调整;项目试运行期间发生了由于乙方原因引发的重大故障,或多次重复发生错误一直查不出缘由;建设过程中出现的重大问题或纠纷尚未解决;试用或试运行效果用户不满意;所提供的验收材料不齐全或不真实;项目经费使用经审计发现问题;存在其他违反法律、法规的行为。

9. 竣工图编制指导意见

[竣工图编制的目的] 竣工图能够完整、准确、清晰地反映项目最终验收时的实际情况,真实地反映工程建设的成果。竣工图不仅是重要的工程档案,而且对信息系统的运行维护工作有重要的参考价值和指导作用。

[竣工图编制的基本要求] 按照《国家重大建设项目文件归档要求与档案整理规范》(DA/T28—2002),竣工图至少应能反映下列内容:所有软硬件设备当前的物理位置、网络连接、安装配置情况、运行环境和相关参数以及当前的运行

状态等。

［竣工图的构成］竣工图由四图一表构成,包括网络物理结构图(网络拓扑图)、设备部署图(机柜图)、系统部署图(运行环境图)、安全系统结构图(系统安全图)、竣工表(设备参数汇总表)。竣工表由一组相关的表格构成,包括服务器信息表、网络设备信息表、安全设备信息表、存储设备信息表、光纤交换机信息表、软件信息表、网络区域划分信息表等。

［竣工图编制签章要求］为了保证竣工图的质量,需要严格控制其编制和审核流程,并且要求相关单位签字盖章,具体签章格式和内容如表3-12所示。

表3-12 竣工图签章表

编制单位					
编制人		审核人		编制日期	
监理单位					
总监理工程师		监理工程师		审核日期	

［竣工图编号要求］为了保证竣工图表之间的一致性和可读性,需要进行设备统一编码等基础工作。为此,应首先研究确定设备统一编码的规则,编码应能够反映设备的位置、所属网络、设备类型及顺序号等,例如,采用分段编码方式,首段表示设备的物理位置,第2段表示设备所属网络,第3段表示设备类型,第4段表示设备的顺序号等,然后由具体的竣工图编制单位对其设备进行编码。

［网络拓扑图］反映设备的物理连接情况,根据信息系统工程的复杂程度,可以分层、分区、分幅绘制网络物理结构图,最小绘制单元为网段及该网段里的所有设备。分层和分区绘制时,要表明本层次(或本区域)的所有设备及上下层(或分区)的边界设备。边界设备要在两个层次(区域)中都表示出来,以便看出各层次(区域)的衔接。分层(分区)图要有图号,并标明各层(区域)图的连接关系。图中设备要标注出设备的名称和编号。设备必须与项目中真实采购的设备一一对应。

［设备部署图］反映设备的具体放置位置以及设备端口的使用情况。设备部署图划分为四个层次:第一层为总图,反映设备存放机房的地理位置;第二层为机房平面图,反映机房内所有机柜的位置(机柜要编号);第三层为单个机柜图,反映设备在某编号机柜上的具体位置;第四层为设备端口连接图(表),反映该设备与其他设备的连接情况,设备要标出设备名称和设备编号,以及端口和连接线的编号,图、表要一一对应。

［运行环境图］完整反映各应用系统和应用支撑系统的运行环境,包括网络,服务器、存储等硬件环境,以及服务器等设备上安装的操作系统、工具软件、中间件、平台软件、应用软件等软件环境,用户认证及访问控制等安全环境,与其他系统和外部程序的接口关系等。

51

[系统安全部署图]全面反映安全设备的部署情况和安全防护的边界，包括用户认证系统、网络防护系统等。安全设备要标明设备名称和设备编号，安全系统或安全软件要说明载体设备和软件（或系统）名称及设备编号等。

[服务器信息表]包括服务器所在网络区域及网络物理结构图号、设备编号、设备名称、设备型号、部署系统及软件和 IP 地址等。

[网络设备信息表]包括网络设备编号、设备名称、设备型号、设备接口、连接对象和连接对象的端口等。

[安全设备信息表]包括安全设备所在安全区域、设备编号、设备名称和设备型号等。

[存储设备信息表]包括存储设备所在安全区域、设备编号、设备名称和设备型号等。

[光纤交换机信息表]包括光纤交换机端口、连接设备和连接设备端口等。

[软件信息表]包括所有购置和定制的软件的详细说明性信息。

[网络区域划分信息表]描述网段划分的情况。

10. 试运行管理工作要求

[试运行的目的]验证和完善系统功能，形成规范的系统运行管理流程，为系统的正式运行奠定基础。

[试运行的主要工作内容]一是检查系统工作的可靠性和稳定性，对系统进行修补和完善；二是积极推进系统的应用，通过应用，检查项目建设目标的实现程度和系统功能的符合程度；三是逐渐形成规范化的运行流程和运行管理制度，为系统的正式运行做准备；四是积累保障系统稳定运行、提供优质运行维护服务、协助业务人员顺利使用系统功能的经验，形成常见问题解决方法；五是形成系统应急预案等。

[检验系统的可靠性和稳定性]要对系统的运行状态进行监测，对运行中出现的系统故障及时解决，并分析故障原因，改进系统结构和运行监测方法。

[推进系统应用]要通过及时完善系统在功能方面的缺陷，提高信息的及时性和完整性，加大培训力度，改善终端用户的使用环境、扩大用户范围、及时更新印发用户使用手册等途径，积极组织推广应用。

[形成规范化的运行管理制度]要通过试运行的实践检验，逐渐形成并完善运行管理制度和运行管理流程，包括服务级别协议、运行维护管理办法、运行维护规范、日常维护与信息报告制度、事故处理流程、变更管理流程、配置管理流程、问题处理流程、容量管理流程等。

[积累运行维护经验]在试运行过程中，要逐渐建立运行维护的知识库，一方面要准确全面地记录系统的现状，包括网络连接、服务器配置、磁盘阵列划分、基础软件和应用软件的安装部署等，以及要记录设备供应商、集成商和开发商的

技术支持人员联系方式等基础信息,另一方面要详细记录试运行过程中出现的事故和问题的现象、解决办法、成因分析等,通过信息技术进行归类整理,方便运行维护人员查询使用。

[形成系统应急预案]对于突发事件或严重的系统故障,要形成有效的应急处理机制,从组织机构、管理人员、处理流程等方面明确应急处理预案。

[具体各项建设内容在试运行期间的重点工作]根据信息系统工程建设内容的不同,明确各项建设内容试运行期间的重点工作。例如,对于信息资源建设内容,要及时补充和更新信息,并按照用户使用要求完善系统功能;对于业务处理系统,要不断完善业务处理流程,满足实际业务需要,并加大培训力度,使用户充分了解信息系统对原有业务模式的整合;对于集成项目,要监测系统运行的稳定性和资源使用效率,不断提升系统的性能;对于网络等基础设施项目,要做好日常的网络管理、安全管理工作,根据需求扩大网络接入范围和电子钥匙的发放范围;对于标准规范建设,要根据实际情况,及时修订相关标准规范的内容。

[试运行月报]实行试运行状况月度报告制度,试运行月报应能够全面反映试运行工作的实际情况,包括总体试运行情况;各项具体建设内容,例如信息资源库、业务应用系统、网络系统、安全系统的运行情况;保障安全稳定运行的措施;试运行期间的应用成果等。如下为试运行月报模板,可以根据具体情况对其进行调整。

试运行月报模板如下:

试 运 行 月 报 模 板

报告单位:_____

报告日期:××××年××月――××××年××月

1. 总体试运行情况

总体试运行情况记录和评估信息系统运行状况的基础指标,包括事态个数指标、故障个数及相关系统的可用性、可靠性和可维护性指标、用户请求响应个数及用户满意度指标、问题解决及知识库更新情况等。总体试运行情况可参照表3-13的模板样式进行设计。

表3-13 总体试运行情况

试运行总体状况	○正常	○基本正常	○不正常	
(一)系统监控情况				
被捕捉到的事态个数		需要关注的事态个数		
需要人工干预的事态个数		已完成人工干预的事态个数		
导致故障的事态个数		预示性能问题的事态个数		
预示可用性问题的事态个数		事态个数与事故个数的比例		

续表

预示性能问题的事态描述：

预示潜在可用性问题的事态描述：

（二）故障管理情况

故障个数	已记录故障个数	正在处理故障个数	已关闭故障个数	累积故障总数

故障解决时间	

故障的简单描述：

未解决故障原因及预期解决时限：

截至本月，系统的可用性：×××%
系统的可靠性：×××小时
系统的可维护性：×××小时

（三）响应用户服务请求情况

请求个数	已记录请求个数	正在处理请求个数	已关闭请求个数	累积请求总数

未完成服务请求服务的个数及说明：

服务请求的平均响应时间		用户满意度	

续表

(四)问题管理情况				
问题个数		处理时间控制在 SLA 响应时间内的问题个数		
累积问题个数		累积未解决问题个数		平稳 上升 下降
主要问题说明：				
知识库新增记录数			知识库修改记录数	

说明：事故是指影响用户正常使用信息系统的事件，本月未发生任何重大的影响用户使用的信息系统故障，即为正常运行；发生故障但得到了及时解决，即为基本正常；目前事故仍没有解决，即为不正常。

2．信息库试运行情况

记录并报告信息系统工程建设的各类信息资源库（例如数据库、文献库、地理信息库、多媒体信息库等）的运行状况、信息更新情况以及故障发生与解决情况等。信息库试运行情况可参照表 3-14 的模板样式进行设计。

表 3-14　信息库试运行情况

信息库运行状况		○正常　　　　○不正常	
至上月末信息库累计信息量(笔)		本月更新信息量(笔)	
更新信息质量审核情况	○未发现问题 ○发现问题后修改	审核人	
本月信息库发生故障次数(次)		已解决故障次数(次)	
故障遗留问题			
故障原因分析及防范措施			

说明：信息库运行状况"正常"的条件，一是软件运行正常，二是数据正确并及时更新。

3．业务系统试运行情况

记录并报告信息系统工程建设的各类业务应用系统（例如投资项目管理信息系统、环境影响评价信息系统等）的运行状况、软件更新与功能完善情况以及故障发生与解决情况等。业务系统试运行情况可参照表 3-15 的模板样式进行设计。

表 3-15　业务系统试运行情况

业务应用系统运行状况	○正常		○不正常	
本月业务应用系统的版本更新情况		完善或扩充的主要功能点		
本月使用该系统处理相关业务情况				
本月业务应用系统故障次数(次)		已解决故障次数(次)		
故障遗留问题				
故障原因分析及防范措施				

说明：业务应用系统运行状况"正常"的条件，一是软件运行正常，二是能够支撑相应的业务在系统上处理。

4. 网络试运行情况

记录并报告信息系统工程运行所依托的网络系统的运行状况、网络流量以及故障发生与解决情况等。网络系统试运行情况可参照表 3-16 的模板样式进行设计。

表 3-16　网络系统试运行情况

网络运行状况	○正常	○不正常	
本月总流量(G)		与上月环比(%)	
本月平均流量(G)		与上月环比(%)	
本月峰值流量(G)		与上月环比(%)	
本月发生网络故障的次数(次)		已解决的次数(次)	
网络故障遗留问题			
网络故障分析			

续表

网络运行状况	○正常　　　　　○不正常
网络运行状况分析	
日流量曲线图	

说明：网络运行状况"正常"的条件是，网络连接正常，信息传输安全畅通。

5. 安全系统试运行情况

记录并报告信息系统工程建设的安全系统（例如CA系统、加密传输系统、安全防护系统等）的运行状况、CA证书发放情况以及安全事件的发生与解决情况等。安全系统试运行情况可参照表3-17的模板样式进行设计。

表3-17　安全系统试运行情况

安全保障系统运行状况		○正常		○不正常	
至上月末CA系统累计发放证书总数（件）		本月发放数（件）		发放对象	
本月处理其他证书服务申请（件）		主要服务内容			
本月发生的安全事件次数（次）		已解决的次数（次）			
安全事件遗留问题					
对病毒、受攻击及其他安全威胁事件及处理情况进行分析					
工程整体安全状况评估					

说明：安全保障系统运行状况"正常"的条件是，安全保障设施运行正常，未发生严重安全事件。

6. 保证系统正常运行采取的措施及建议

记录保证系统正常运行所采取的具体措施及效果,例如制度建设、规程规范制定、岗位边界明晰、应急处理预案的完善等。保证系统正常运行采取的措施及建议可参照表3-18的模板样式进行设计。

表3-18 保证系统正常运行采取的措施及建议

运行中出现的具体问题描述:
采取的具体措施描述:
效果及建议:

7. 建设成果使用情况

报告信息系统工程各项建设成果的用户规模、使用情况及使用效果等。建设成果使用情况可参照表3-19的模板样式进行设计。

表 3-19　建设成果使用情况

××应用系统用户总数（人）			与上月环比（%）	
至上月末累计××数据库访问量（次）		本月××数据库访问量（次）		与上月环比（%）
至上月末累计××业务系统访问量（次）		本月××业务系统访问量（次）		与上月环比（%）
至上月末累计××业务系统处理的业务量（笔）		本月××业务系统处理的业务量（笔）		与上月环比（%）
典型应用案例介绍：				

说明：应用系统包括数据库型应用和业务办理型应用，用户总数为已注册的用户人数。

8. 承建单位服务情况

记录并评价承建单位，包括软件开发、设备供应、网络与安全系统建设、系统集成、监理等单位的服务情况，包括为用户提供技术支持、对软件进行功能完善、提供操作培训等。承建单位服务情况可参照表 3-20 的模板样式进行设计。

表 3-20　承建单位服务情况

承建单位名称：	
项目名称：	
本月解答用户使用中遇到问题的数量及问题描述	
本月对应用软件（或其他交付物）的完善功能点（包括新增或扩展、改进功能等）	
本月进行培训情况（包括培训地点、培训人数、培训内容等）	
本月其他为用户服务的项目	

说明：按承建单位分别填写，一个单位一张表。

11. 信息资源管理办法

［信息共享的目标和原则］根据信息系统建设的背景和目标，提出具体的信息共享的目标和原则。信息共享的目标必须服务于信息系统建设的业务目标。

［共享的信息内容］通过指标体系、文献列表等形式明确共享的信息内容。

［共享信息的更新］明确指标体系中各指标数据的更新时间，可以指定具体日期，也可以指定相关于发布时间的延后更新时间（发布当天或延后一天等）。

［信息内容审核与质量保证］明确审核人员要求、审核内容和审核流程，以确保信息的正确性和安全性。

［信息提供方式］根据信息系统工程的技术架构，明确共享信息的提交方式。根据实际情况，可以采用多种提交方式。针对每一种提交方式，应明确规定提交成功的标志。

［指标体系的动态维护］由于统计制度、管理需求等原因，常常会导致共享指标体系发生变化，应明确变化的报告和审批流程。

［信息安全保密］按照相关主管部门信息安全保密的法律法规和管理办法来保管和使用信息资源，建立健全信息安全保密的规章制度，并采取有效的技术措施来确保信息安全。

［信息资源分级］按照使用范围对信息资源进行分级，包括全局使用的、局部使用的、零散使用的等，并可对局部使用的信息资源进行细分。

［用户范围与用户类型］明确共享信息的使用对象(用户范围)；明确用户分类的原则和标准，并对用户范围内的所有用户进行分类。

［用户使用权限控制］针对不同类型的用户和不同使用级别的信息资源，建立信息使用范围矩阵表，据此进行用户授权和访问控制。具体形式如表3-21所示。

［信息使用要求］用户必须安全、合理的使用信息资源，对于涉密信息必须按照相关法律法规确保信息的保密性，对于获准使用的信息资源，不得用于任何经营性活动。

［信息使用方式］用户应通过网络终端，按照授权范围浏览和使用共享信息，如下载使用，应明确标明信息来源。

［共享信息资源管理单位］明确共享信息资源的管理单位，在项目建设阶段可以是工程办公室，在系统运行后应是运行维护单位。

［管理单位的职责］信息资源的管理单位应对信息质量(包括及时性、准确性、完整性等)进行监督检查，协调处理用户对信息资源使用的申请，协调用户授权和访问控制等问题，协调信息资源采集范围的变化，做好信息资源的安全保密工作。

［经费保障］明确信息共享的保障条件，包括信息及时更新的人力资源、信息系统正常运行的维护和技术支持服务、信息安全措施等以及相应所需经费的落实。

［附则］明确管理办法的制订和解释机构，以及执行日期等。

表 3-21　信息使用范围矩阵表

人员　　信息类别	全局信息	局部可用信息		……	特定使用范围信息
		1类	2类		
全体人员	√				
A类人员	√	√			
B类人员	√	√	√		
C类人员	√	√	√		
……					
特定人群	√				√

3.4　界面管理(协调管理)

从管理学的角度,界面的含义是指不同职能部门之间的联系状况或不同工序、流程之间的衔接状态。界面管理就是对界面的识别、规划和控制的过程,以达到项目综合管理的目的。界面可以是静态的,也可以是动态的,可以是有形的,也可以是无形的。在信息系统工程建设中,由于参与部门众多,部门之间存在着文化差异和利益冲突;建设规模庞大,一般要历时几年,可能受环境变化的影响;建设内容多样,涉及多个不同类型子系统的接口与集成,工程技术复杂,在不同部门之间、不同内容之间、不同工序之间更容易出现问题。因此,对于信息系统工程项目,界面管理将贯穿于整个工程周期。界面管理的方法就是高效的沟通与协调,界面管理是保证工程建设效率的重要手段。

在信息系统工程中,主要涉及三类界面:实体界面、合同界面和组织界面。实体界面主要指硬件之间、软件之间以及软硬件之间的接口,实体界面的多少由技术方案决定,属于技术层面的问题,主要通过遵循相关标准实现界面的整合和一体化。因此,在技术设计上应尽量减少界面数量,采用同一品牌或符合同一标准的产品可以减少实体界面的数量。

合同界面是指在信息系统工程项目执行过程中,将其分解成不同的工作包,通过招标和签订合同,由不同的专业单位来实施,由此在这些工作包之间产生的界面。不同的建设模式,其产生的合同界面数量、范围以及界面的工作内容不同,在代建制或总承包制模式下,建设单位的合同界面数量很少,合同界面管理的主体是代建单位或总承包单位,因此,对代建单位或总承包单位的能力要求就非常高;在建设单位为主的项目管理模式下,建设单位是合同界面管理的主体,合同界面的数量取决于工作包划分的规模,分包越细,合同界面越多。合同界面的管理方法,一是要合理分解工作包,工作包之间不能脱节,以便保证项目的顺利实施;二是在合同中加入界面问题的解决条款,明确合同界面的责任,就是在合同中把相关各方在本项目中的责任、任务范围、进度要求等边界尽量定义清楚,在合同谈判时相关各方都在场;三是在合同执行过程中,要进行合同界面的动态控制,分清合同甲乙双方以及其他相关方的责任和工作范围,协调相关各方积极配合,有效减少组织之间的相互推诿,保证没有项目实施的真空地带。

组织界面是指项目参与各方之间的相互连接,组织界面可以划分为三个层次,第一层是指组织之间的界面,包括信息系统工程的建设单位、承建单位、设计单位、监理单位和用户等;第二层是指职能部门之间的界面,包括信息系统工程管理办公室下设备管理组或承建单位内部的各职能部门;第三层是指职能部门内部各项工作流程上的界面。组织界面管理的主要任务是理顺界面上的工作关系,例如,在建设单位与设计单位的界面上,关键要让设计方案符合实际需求和现实情况;在建设单位与用户的界面上,一定要体现需求导向;在建设单位与监理单位的界面上,一定要建立畅通的信息向下传递和问题向上反映的途径;在建设单位与设备供应单位的界面上,要管理好商品的质量和售后服务;在建设单位与承建单位的界面上,要加强交流,建立诚信机制;在职能部门之间的界面上,一方面要明确各管理组的职责和工作程序,另一方面要加强信息共享,通过规章制度明确各管理组之间信息传递的方式、内容、时间以及如何反馈等。总之,界面管理的准则是同质化和模糊化。

计划是界面管理的依据,也是界面管理的重要手段。针对信息系统工程的组织系统是一个开发系统的特点,即经常有参建单位的进入或退出,很多参建单位之间有工作界面但无组织联系,参建单位之间存在利益冲突等,计划是可行的界面管理工具。因为计划是从项目的目标出发,通盘考虑参与项目的所有资源情况,将所有参建单位的工程任务按照项目目标的要求进行系统的安排,充分协调各工序、各专业、各承建单位之间的关系,将所有参建单位有机的联系起来。

沟通与协调是界面管理的工具。沟通是协调的手段,协调是沟通的目的。通过沟通与协调建立起的良好合作关系将有利于推进工程的顺利实施。沟通与协调的原则,一是公平性,二是高效性,三是真实性。有效的沟通与协调需要管理制度和科学的管理模式的支撑。

在管理制度上,应提高综合协调人员的素质,建立首问责任制、阶段性验收制度、信息上报制度等,通过阶段性的验收可以持续纠正项目执行过程中出现的偏差,并在各单项合同之间或各工序之间保持同步,通过信息上报制度,在统一上报格式的情况下,可以定量的对比分析各单项合同的执行情况以及与工程计划的差异,便于及时的发现问题和协调解决问题。

在科学的管理模式上,要重视《实施方案》的设计质量和接受程度,因为《实施方案》是工程实施的指导性文件,涉及工程的总体技术框架、接口关系、集成顺序以及进度安排、资源分配等,关系到各工序之间、各承建单位之间的协调和协作,通过对《实施方案》的会审、会签,使所有参建单位都清楚工程的目标、自身的定位以及相互间的协调配合关系,及时找出《实施方案》中存在的设计问题,从源头上解决,从而减少施工过程中的矛盾,提高工程建设效率。

应用信息技术,建立管理信息系统,可以提高界面管理的效率。界面管理的主要方法是沟通和协调,而影响沟通与协调效率的主要因素是信息的有效性。在传统环境下,由于信息的粘滞性,即信息常常滞留在其自身的信息源周围,导致信息系统工程参建各方在信息获取上不对称,进而造成界面上的各种不协调和摩擦。通过信息技术的应用,建立参建单位之间信息交流和共享的平台,保证参建各方能够及时获得准确、完整的项目信息,引导参建各方与项目的整体目标保持协调一致,减少界面问题产生的概率,从而提高界面管理效率。

界面管理的基本要求是：

情况清楚。不仅准确掌握项目执行的动态信息,而且掌握项目背景、招标投标等项目前期和施工准备阶段的相关信息,项目背景信息包括批复的项目建议书、可行性研究报告和初步设计的内容、批复中对项目实施的要求以及国家相关政策法规等。可以通过定期的例会制度、项目管理周报/月报制度、工程简报制度以及定期向上级领导的汇报制度等掌握项目动态信息。

责任到人。不能出现有事无人管,一事多人管的混乱情况。并且对经常性的界面管理协调问题要建立程序化的协调机制,例如,工程协调例会制度、会议纪要制度、情况通报制度以及针对突发事件或复杂技术问题的专题协调会制度等。

针对性强。界面管理不可能面面俱到,必须针对具体的界面问题,研究协商解决方案,经相关各方一致认可后组织实施。在研究提出解决方案时,必须统筹考虑项目相关各方的具体情况和利益,不能顾此失彼,或只解决了暂时的问题,而给后续的工作带来不必要的麻烦。

主动协调。主动汇总分析项目进展信息,及时发现工程问题并协调解决；主动将有关工程信息和工作部署传达到各项目参与单位,保证信息上传下达的畅通。

落实到位。解决界面问题的方案一经确认,必须监督执行,并对执行的效果进行评估,直至问题得以解决。

在信息系统工程项目的界面管理中,应特别重视发挥总集成和总监理的作用。总集成的作用至少应包括：按照《实施方案》组织工程实施；解决工程中遇到的技术问题；各单项工程验收时,进行技术符合性检查,提供技术符合性认证；组织整个工程的联调测试工作,保证联调测试的成功；参与竣工验收和整体移交工作；提交项目进度周报和月报等。总监理的作用至少应包括：开工审查,签发开工令；施工检查、控制进度和质量；设备到货现场旁站；阶段性检验,做到"上道工序不合格,下道工序不开工"；提交工程监理周报和月报等。

3.5 项目前期管理

项目前期管理是指项目建议书、可行性研究报告和初步设计阶段的项目管理。

管理的目标是按照审批单位的相关要求,组织完成项目建议书、可行性研究报告和初步设计的编制工作,并按照审批程序,报请项目审批单位审批。

信息系统工程项目前期管理的主要政策依据是相关主管部门项目审批的程序性要求,同时,相关的国家标准也是信息系统工程前期管理的重要指导性文件,例如《电子政务业务流程设计方法通用规范》(GB/T 19478－2004)、《信息技术数据管理参考模型》(GB/Z 18219－2008)等。

1. 建议书阶段的项目管理

项目建议书阶段包括需求分析、建议书编制和建议书审批三个环节。建议书阶段的需求分析关键是要确定项目建设的基础环境和项目建设的大方向,重点回答系统的现状(可能是完全的手工系统,也可能有一些电子系统或是一个有规模的信息系统)、当前存在的主要问题、拟建项目的目标和范围、拟建项目建成后的愿景等。在需求分析的基础上,组织编制项目建议书。项目建议书的编制必须严格遵守相关主管部门有关项目建议书编制的格式、内容和深度要求。项目建议书经项目审批单位批复后立项完成,项目建设单位应按照项目建议书的批复要求,组织可行性研究报告的编制工作。

2. 可行性研究报告阶段的项目管理

可行性研究报告阶段包括确定可行性研究报告的编制单位、组织可行性研究报告的编制、组织专家论证、可行性研究报告审批等四个环节。按照相关主管部门关于建设项目可行性研究报告编制的要求,项目建设单位应招标选定或委托具有相关专业甲级资质的工程咨询单位开展项目可行性研究工作并编制可研究报告。可行性研究工作的关键任务是:

(1)要进行深入的需求分析,充分了解业务的现状、流程、存在的主要问题、系统运行的内部环境和外部环境,以及国际国内该领域信息系统建设和应用的主流方向和发展趋势等,业务驱动是信息系统工程可持续发展的基础。

(2)基础运行环境的调研和设计,信息系统工程必须有基础运行环境的支撑,包括网络、用户终端设备等,必须在网络环境上保证所有用户可以方便地访问信息系统工程的应用系统,并且所有用户拥有适合的终端设备。由于运行环境考虑不周,造成系统建成后用户无法访问或可以访问的用户数量很少,将大大降低系统建设的效益,因此,明确信息系统工程建设的网络环境,确保终端用户的网络通达性,尤其是接入终端的数量必须满足用户的使用要求等是可行性研究阶段基础运行环境设计的主要任务。

(3)确定工程建设的原则和目标,在深入需求分析和现状调研的基础上,提出项目建设的原则和目标,并且按照统一规划、分期建设的模式,在明确工程的总体目标、总体建设任务的同时,明确本期的具体建设目标和建设任务,并用可考核、可量化的指标对目标进行描述。

（4）进行系统架构和技术方案设计，应按照科学性、先进性、合理性、实用性等原则进行技术方案设计，绘制系统总体架构图，描述系统内部之间以及与外部系统之间的联系，并且着重对本期建设内容进行详细的技术方案设计。

（5）实施方案设计，可行性研究报告编制的依据是项目建议书、审批部门对项目建议书的批复意见以及在业务流程方面的进一步需求分析。可行性研究报告编制要通过对工程实施条件和项目实际需求的进一步分析，细化项目建议书的相关内容，提出项目建设的组织实施方式、投融资方案和效益评价等。

为了更好地对可行性研究报告进行把关，项目建设单位应组织相关领域的业务专家和技术专家对可行性研究报告进行论证，提出进一步修改完善的意见。在完成可行性研究并论证通过了可行性研究报告后，按照审批单位的相关程序和要求上报可行性研究报告，可行性研究报告经项目审批单位批复后，项目建设单位应按照批复要求，组织初步设计方案和投资概算报告的编制工作。

3. 初步设计阶段的项目管理

初步设计阶段的主要任务是按照项目审批单位对可行性研究报告批复的要求，组织有资质的设计单位进行项目的初步设计，并按照初步设计的技术方案进行投资估算。初步设计的内容和深度应满足相关主管部门建设项目初步设计方案和投资概算报告编制的要求，初步设计应在可行性研究的基础上，进一步明确并细化项目的需求，以及项目建设的原则、目标、内容、技术方案、实施方案等，为投资估算提供坚实的基础。初步设计的主要工作：

（1）进一步明确并细化业务需求，应在可行性研究阶段需求分析的基础上，进一步明确业务处理的流程和信息的输入与输出，只有在流程清晰、信息的输入输出明确的前提下，才能进一步明确系统的边界、规模和运行环境等要求。

（2）依据业务需求，进一步明确系统建设的功能、性能、信息、网络、安全等技术需求，并将技术需求精细化和定量化，尤其是对于系统的功能需求，要细化到具体的模块，便于对开发工作量和投资的估算；对于信息量的估算，包括信息处理量和信息存储量，要在业务处理量和信息输入输出需求的基础上，进行合理的估算，为设备的选型和规模提供依据；对于性能指标，一方面与信息量和信息处理的复杂程度有关，另一方面与软件的设计水平、设备的性能有关，应在满足用户使用需求的基础上，充分考虑节省投资；对于网络环境，如果需要新建网络，必须考虑新建网络的范围覆盖所有用户，如果依托现有的网络环境，必须考虑现有网络环境的承载力、终端数量等使用条件，必要时进行适当的扩容，如果需要适当建设一个过渡性的网络，并与现有网络进行连接形成一个更大范围互联互通的运行环境，要充分考虑现有网络的接入条件和终端数量，确保网络之间的可接入和可通达。

（3）按照建设内容，进一步细化技术方案设计，一方面要进一步细化可行性研究阶段的总体技术方案,对总体架构进行更详细的层次划分,细化各层之间的接口方式、软硬件之间的兼容性设计等,另一方面要针对各项具体的建设内容进行专题设计,例如标准规范建设方案、信息资源开发方案与数据结构设计、应用支撑系统设计、应用系统设计、数据存储与备份系统设计、终端系统设计、网络系统设计、安全系统设计、运行维护系统设计、设备选型与配置方案、设备清单、软硬件系统物理部署方案、机房及配套工程设计、环保与节能设计等。

(4) 根据实际情况进一步细化实施方案设计,包括进一步明确项目的领导管理机构、组织实施机构和运行维护机构,按照可行性研究报告批复的招标投标事项核准意见设计招标方案,明确项目建设的时间进度安排,以及进度、质量和资金的管理原则,合理分配人力物力资源,保证项目的顺利实施。

(5) 进一步细化投资估算,按照基本建设的相关财务要求进行投资估算,形成初步设计概算书,概算书的费用科目要与投资审批单位的要求一致。

(6) 进行项目风险和效益分析,充分分析项目实施过程中的不确定性,针对各类风险制订有效的应对策略,保证风险的可控和建设效益的实现。

在初步设计方案编制完成后,应组织专家评审和修改完善,然后按照审批要求进行相关的报批工作。初步设计批复后,项目进入实施阶段。

第4章 招标投标管理

招标投标是一种市场经济条件下相对成熟的交易方式,是一种规范化的竞争手段,遵循"公开、公正、公平"的准则。目前,我国的信息系统工程按照项目审批部门核准的招标投标意见,大部分建设内容都将实行公开招标投标。招标投标管理就是依法保证招标和投标过程更加规范化,达到保护招标、投标当事人合法权益,选择最优秀的工程实施单位,确保工程质量,提高投资效益的目的。招标投标管理是项目管理的重要环节,是对信息系统工程招标投标行为的法制化、规范化管理,是坚持依法行政、保障公平竞争、推动信息系统工程健康发展的重要举措。通过招标投标,一方面可以选择最优秀的企业参与工程建设,保证工程质量,另一方面可以节省投资,提高投资效益。

4.1 招标投标管理的依据

1.《中华人民共和国合同法》(主席令第15号)。
2.《中华人民共和国招标投标法》(主席令第21号)。
3.《中华人民共和国政府采购法》(主席令第68号)。
4.《国务院有关部门实施招标投标活动行政监督的职责分工意见》(国办发[2000]34号)。
5.《国务院办公厅关于进一步规范招标投标活动的若干意见》(国办发[2004]56号)。
6.《工程建设项目货物招标投标办法》(7部委令第27号)。
7.《中央投资项目招标代理机构资格认定管理办法》(发改委令第36号)。
8.《工程建设项目招标范围和规模标准规定》(国家计委令第3号)。
9.《国家重大建设项目招标投标监督暂行办法》(国家计委令第18号)。
10.《评标委员会和评标办法暂行规定》(7部委令第12号)。
11.《招标代理服务收费管理暂行办法》(计价格[2000]1980号)。
12.《涉及国家秘密的计算机信息系统集成资质管理办法》(国保函[2005]240号)。
13.《计算机信息系统集成资质管理办法(试行)》(信部规[1999]1047号)。
14.其他相关的法律法规。

4.2 招标投标管理的主要内容与基本要求

招标投标管理的核心任务是按照项目审批部门核准的"招标投标事项核准意见"规定的招标范围、招标组织形式和招标方式,组织完成招标投标工作,顺利签订合同,保证工程按时进入实施阶段。

1. 组织招标投标工作

(1)确定招标范围。根据项目审批单位的"招标投标事项核准意见"规定的招标范围,结合信息系统工程的具体建设内容,进一步明确工程招标范围,例如设备采购、机房改造、应用系统开发、系统集成、网络建设与线路租用、安全系统建设、监理等;并确定哪些采购内容将具体组织招标过程,哪些采购内容将直接利用政府采购的招标结果,例如大型专用设备、软件开发、系统集成等将采用组织招标的方式,微机等终端设备将采用政府采购的方式。

(2)确定分包原则和招标方案,明确定义各包的具体任务和包与包之间的相互关系。考虑到信息系统工程的建设内容比较复杂,涉及领域多样,为了尽可能地保证每一个单项工程都能够有一个相对优秀的项目团队来承建,应按照建设内容的性质划分成若干个包来进行招标。招标方案就是详细描述每一个包的招标形式,包括包的名称(招标对象)、建设任务、招标顺序、招标方式和招标组织与参与者等。招标顺序相同的包可以并行组织招标工作。表4-1是信息系统工程招标方案的一个例子。

表4-1 信息系统工程招标方案

任务包名称 (招标对象)	具体建设任务	招标顺序	招标方式	组织者与参与者
监理	工程全过程监理	1	公开	招标工作组
标准规范	制订工程标准、编制标准使用指南	2	公开	招标工作组、监理
总集成	工程总体技术方案和总体实施方案设计、总体集成、部分核心任务的开发等	3	公开	招标工作组、监理
机房改造	综合布线、屏蔽	4	公开	招标工作组、监理、总集成
网络建设	网络设计、网络设备采购、网络搭建等	4	公开	招标工作组、监理、总集成
应用系统1	应用系统1设计、开发、部署、培训及技术支持	4	公开	招标工作组、监理、用户

续表

任务包名称 (招标对象)	具体建设任务	招标顺序	招标方式	组织者与参与者
应用系统2	应用系统2设计、开发、部署、培训及技术支持	4	公开	招标工作组、监理、用户
服务器	设备供应及伴随服务	5	公开	招标工作组、监理、总集成
微机	设备供应及伴随服务	5	政府采购	招标工作组、监理、总集成

（3）明确招标投标阶段的主要工作任务和工作步骤。对招标投标阶段的工作任务进行详细分解，划分为启动、招标准备、发标与评标、合同谈判与签订等4个阶段，每个阶段又可以划分成若干个具体工作步骤，共10个具体工作步骤如表4-2所示，包括成立招标工作组、确定招标代理机构并签订招标委托协议等招标启动工作；与招标代理机构协商确定招标文件的主要章节和内容后，在初步设计的基础上进一步梳理和细化用户需求、提出对项目执行的基本要求、讨论修改并审核招标文件等招标准备工作；招标代理机构发布招标文件后，参与开标与评标活动等发标与评标工作；审阅中标候选人的投标文件，与中标候选人进行交流，指出其投标文件中对项目理解和认识上存在的问题，要求其提交针对具体项目的工作思路，联系招标代理机构，发中标通知书，并进行具体合同条款的谈判，达成一致后，签订合同等合同谈判与签订工作。

表4-2 招标投标阶段主要工作步骤

序号	阶段划分	主要工作步骤
一	启动阶段	1. 成立招标工作组
		2. 研究确定招标方案
		3. 确定招标代理机构、签订招标委托协议
二	招标准备阶段	4. 商定招标文件的主要章节和内容，提出招标文件的编制要求
		5. 为招标文件的编写，进一步梳理和细化用户需求，进一步调研和梳理对项目执行的基本要求
		6. 修改、审核招标文件
三	发标与评标阶段	7. 参与开标与评标活动

续表

序号	阶段划分	主要工作步骤
四	合同谈判与签订阶段	8. 审阅中标候选人的投标文件、与中标候选人进行交流，指出其投标文件中对项目理解和认识上存在的问题，要求其提交针对具体项目的工作思路
		9. 联系招标代理机构，发中标通知书
		10. 进行合同条款的谈判，并签订合同

（4）确定对投标人的资格要求。对投标人的资格要求，与项目的性质和规模有关，应根据国家招标投标的有关法律法规、行业主管部门的相关要求等具体确定每一个招标项目对投标人的资格要求。按照招标投标法，投标人应当是具备承担招标项目能力的法人或其他组织，同时具备相关行业主管部门提出的资格条件要求。工业和信息化部（原信息产业部）、国家保密局等主管部门都对承担信息系统工程建设的单位提出了资格要求，包括《计算机信息系统集成资质管理办法（试行）》和《涉及国家秘密的计算机信息系统集成资质管理办法》等，应按照项目的性质与规模与相关资质等级相匹配的原则，确定投标人的资质要求。

（5）根据项目特点，通过对用户的深入调研，梳理出对投标人执行项目的基本要求。作为招标文件中对投标人要求的章节，充分表达项目管理者和用户对开发商的各项要求，为后续合同谈判和项目执行奠定基础。信息系统工程对开发商的基本工作要求至少应包括以下几个方面：

① 设计要求：应遵循相关的标准规范，技术设计符合先进、可靠、易用、开放、可扩展等原则；

② 开发要求：应严格按照软件工程的过程和方法组织开发活动，选择合适的开发模式，根据用户需求持续改进，直到合同规定的各项功能全部达到用户的使用要求，并满足易用性的相关指标。同时，在开发过程中，要学会挖掘、扩展用户需求，不能简单的记录和机械的理解需求；在整个开发过程中，尽量不影响用户单位的正常业务工作。

③ 人员要求：应按照投标文件的承诺，组成稳定的项目团队，尤其是做需求调研的相关人员和与用户经常联络的相关人员要保持稳定；项目团队要有责任感，与相关各方互相配合、互相帮助；开发人员应有礼貌、讲文明、小声沟通、不影响他人的工作。

④ 质量与进度要求：应按照合同规定的质量和工期完成建设任务。

⑤ 安全保密要求：对用户提供的各种资料以及业务流程、相关数据等要注意安全保密。

⑥ 计划先行：凡需要用户配合、协作的工作，应事先做好计划，把基础工作作细，并及时与用户沟通，工作计划在得到用户认可后执行。

⑦ 投资要求：投标人的报价应包含为完成招标文件提出的各项建设任务过程中所有可能发生的费用，在项目执行过程中，招标人不再追加任何费用。

⑧ 服务要求：在系统建设、试运行和质量保证期内，都应提供良好的技术支持服务，包括安排驻场技术支持与服务人员、制订日常运行服务和应急响应方案等。

⑨ 培训要求：提供使用培训，包括培训教员、培训教材和准备培训环境等。培训人数应根据实际需求确定。

⑩ 评审验收要求：所有里程碑点必须组织内部评审和监理审核，并提交评审记录和结论；初验和终验还应申请甲方组织的验收活动。

（6）起草合同范本。作为招标文件的一部分，合同的主要条款应在招标投标阶段就确定下来，包括：交付物的定义；工程的质量、进度、投资要求；验收条件及要求；工程其他要求；支付条件与方式；质量保证期及服务要求；违约责任与惩罚；合同终止与变更；监理作用等。

2. 组织合同谈判与签订工作

（1）组织相关工程技术人员阅读中标候选人的投标文件，找出其中与招标文件要求的偏差，并向中标候选人详细解释招标要求，使双方在对项目的理解上达成一致，并形成基本工作思路；

（2）组织相关单位共同参与合同谈判，包括用户单位、运行维护单位、集成单位、监理单位等，并就合同内容达成一致；

（3）办理合同签订的相关手续，并将合同发布给相关项目管理参与单位，如财务管理部门、档案管理部门、监理单位等。

3. 招标方式统计

招标工作完成后，应详细记录每一项招标采购任务的招标范围、合同名称、合同金额、招标时间、招标组织方式、招标方式、招标代理机构、中标单位等信息，便于对招标情况进行统计分析。

4.3 招标投标管理机构与主要职责

招标投标管理作为项目管理的一个重要环节，不仅是整个项目管理的一个先行过程，而且会影响到后续项目管理的方方面面，包括对项目的理解、沟通渠道的建立、合同的签订与执行、工程质量、技术支持与维护服务的保证等，因此，招标投标管理应由工程管理办公室下的综合组（对应第 2 章 信息系统工程项目管理概述中的图 2-1 信息系统工程项目管理组织结构图）牵头负责，并且在招标投标阶段成立专门的招标工作组，由工程管理办公室各相关技术、工程、档案、财务、信息安全管理人员、用户、法律专家等相关人员组成。招标工作组的主要职责包括：

（1）贯彻国家有关招标投标管理的法律法规，根据项目审批单位核准的招标范围设计招标方案；

（2）制订招标投标阶段工作计划；

（3）提出招标文件编制的规范性要求；

（4）提出合同规范性文本；

（5）联系招标代理机构，协助招标代理机构确定投标人资格要求、准备招标文件的部分商务内容和技术内容；

（6）审核招标文件、评标办法；

（7）代表招标人参加招标代理机构组织的开标、评标活动；

（8）处理招标投标活动中出现的问题；

（9）组织合同谈判，签订合同；

（10）对整个工程的招标方式进行统计，并与核准的招标方式进行对比分析。

4.4 招标投标管理的基本方法和过程

1. 在招标工作组内部形成招标投标阶段工作任务分工

为了能够充分反映用户对项目的需求，信息系统工程在招标投标阶段必须有用户的参与，即用户作为招标工作组的成员单位之一，并建立起招标工作组内部项目管理单位与用户单位的工作分工。具体分工情况如表4-3所示。

表4-3 信息系统工程招标投标阶段招标工作组内部工作分工

招标工作任务	参加人员	工作分工	
		项目管理单位	用户单位
1. 组成信息系统工程招标工作小组	项目管理单位、用户单位、监察单位等	具体落实信息系统工程招标工作组成立事项，包括时间、人选等	用户单位由主管领导负责相应的招标投标工作，派一名联络员参加具体事务
2. 确定招标方案	项目管理单位、用户单位、监察单位等	根据建设内容、性质、规模等提出招标方案；并根据讨论意见确定招标方案	参与招标方案的讨论
3. 选择招标代理机构	项目管理单位、用户单位、监察单位等	根据有关主管部门关于国家投资项目招标代理机构的资质认定，选择招标代理机构	参与招标代理机构的选择

续表

招标工作任务	参加人员	工作分工	
		项目管理单位	用户单位
4. 向招标代理机构提出招标文件编制的基本要求,并提供招标文件中有关技术要求的内容	项目管理单位、用户单位、监察单位等	根据初步设计,组织起草招标文件的有关技术内容; 与用户单位协商提出招标文件的有关商务条款内容; 汇总编制招标文件	提出对投标人的基本工作要求; 梳理细化功能和性能需求; 协助招标文件的起草工作
5. 讨论、起草评标办法	项目管理单位、用户单位、监察单位等	协助招标代理机构起草评标办法	参与确定评标办法中各项要素的分值或权重
6. 审核并发布招标文件	项目管理单位、用户单位、监察单位等	审核招标文件; 委托招标代理机构发布招标文件; 协助用户单位对招标文件进行必要的澄清	审定招标文件; 根据需要对招标文件进行必要的澄清
7. 确定评标委员会成员	招标代理机构	联系招标代理机构,协助确定评标委员会组成	推荐评标委员会成员中的用户代表; 协助确定评标委员会组成
8. 参与开标、评标过程	项目管理单位、用户单位、监察单位等	参加开标、评标过程	参加开标、评标过程
9. 与中标候选人交流,并授权招标代理机构确定中标人	项目管理单位、用户单位	组织对中标候选人的资格、能力的最终审查; 组织对中标候选人投标文件的澄清; 对中标人提出项目实施的具体要求; 对中标候选人提交的工作思路进行审核	参与对中标候选人的资格、能力的最终审查; 提出中标候选人投标文件中描述不清或有问题的内容; 对中标人提出项目实施的具体要求; 对中标候选人提交的工作思路进行审核
10. 组织合同谈判,签订合同	项目管理单位、用户单位	起草合同文本; 组织合同谈判; 执行合同签订流程	修改合同文本; 参与合同谈判; 在合同签订流程的指定环节上签字

2. 召开招标投标阶段启动会,部署相关工作

启动会的任务,一是宣布招标工作组成立以及工作组成员名单、各成员单位的工作分工;二是提出招标投标阶段的工作安排,包括招标工作的基本原则、工作步骤、组织模式和进度要求等;三是明确招标工作的沟通审核流程,包括招标方案、招标文件、评标办法、评标结果、合同等的起草、讨论、修改、定稿等流程;四是对招标文件的编制提出统一要求,包括统一的项目概述、有专门的章节描述招标项目与整个工程的关系、对投标人的基本要求以及如何清晰描述交付物的各项质量要求、明确项目"初验"、"试运行"和"终验"的条件以及投资要求等。

3. 组织招标工作组成员认真学习领会国家有关招标投标的法律法规和规章制度

国家有关招标投标的法律法规和规章制度包括《中华人民共和国招标投标法》、《中华人民共和国政府采购法》等法律和《工程建设项目货物招标投标办法》、《国家重大建设项目招标投标监督暂行办法》、《涉及国家秘密的计算机信息系统集成资质管理办法》等,要求招标工作组成员按照项目审批单位招标投标事项核准意见规定的招标范围、组织方式进行招标或政府采购,在招标过程中要严格遵守中央关于党风廉政建设的有关规定,规范招标行为。

4. 选择招标代理机构并签订招标委托协议

按照招标方案,为每一项招标任务选择合适的招标代理机构。根据国家发改委关于《中央投资项目招标机构资格认定管理办法》(国家发改委令 第36号),应选择由国家发改委认定的具有甲级资质的招标代理机构进行中央投资的信息系统工程项目的招标代理工作。可以采用直接委托的方式或其他竞争方式选择招标代理机构,并与招标代理机构签订招标代理委托协议书,明确招标代理机构的任务、责任、工作要求和招标代理服务费的收取办法等。

5. 向招标代理机构布置相关招标工作安排

召集选定的招标代理机构,布置招标工作安排。包括向参与招标工作的招标代理机构介绍信息系统工程的背景、招标方案、各包之间的相互关系、招标文件编制的基本要求、招标人和招标代理机构在招标文件编制中的工作分工、招标文件编制以及发标评标的进度要求、中标候选人的推荐顺序等。

6. 做招标文件编制的准备工作

招标文件的格式性要求和部分商务内容,由招标代理机构组织完成;招标文件的技术部分以及商务部分的资格要求等由招标工作组组织相关单位起草。在招标文件中,需要招标工作组组织提供的内容主要包括:招标的任务范围;招标任务的质量要求;招标任务的工期要求;投标人资格要求;评标标准和方法;合同条款;信息系统工程项目概述;本招标项目的建设目标、建设任务、需求说明、实施要求与服务要求、验收条件等。

为此,招标工作组应组织相关业务人员详细梳理业务需求,细化初步设计的有关内容,进一步明确项目建设的业务目标和功能目标,形成招标文件的技术部分。同时,根据招标项目的规模、建设内容的特点等确定对投标人的资格要求、评标办法以及合同的主要条款。

7. 审核、修改、发布招标文件

招标代理机构形成完整的招标文件后,按照招标文件审核流程,招标工作组应组织监理单位、用户单位等审核、修改招标文件,并报工程管理办公室审核通过后,通知招标代理机构发布招标文件。招标文件审核的依据主要包括:招标任务符合初步设计中相应的建设内容;招标文件中明确了该招标任务与工程整体的关系和集成要求;招标文件中的工期、质量、投资、验收、服务和质量保证等要求与工程总体要求一致。

8. 参与开标和评标活动

做为招标人的代表,协助招标代理机构的开标和评标活动。在评标活动中,负责向评标专家介绍信息系统工程的总体情况、本招标任务在整个工程中的位置及其与其他任务之间的相互关系等。

9. 做好合同谈判前的技术准备工作

合同谈判前的技术准备工作主要是指阅读中标候选人的投标文件,找出其存在的与招标文件中相关要求的偏差,并分析偏差产生的原因。对于其中因对项目的理解不够充分产生的偏差,可以通过深入的沟通交流消除偏差;对于其他原因产生的偏差,包括为节约成本而减少的服务、任务描述不够清晰等,应重申招标文件的相关要求,要求中标候选人承诺按照招标文件的相关要求执行。可以要求中标候选人在充分了解项目背景、理解项目要求的基础上,形成有针对性的工作思路,一方面澄清其在投标文件中的偏差,另一方面,形成完整的工作思路,为后续的项目实施做好准备,对于保证工期非常有利。

10. 组织合同谈判,签订合同

以招标文件中的合同条款为基础,组织相关单位参与合同谈判,包括用户单位、监理单位、集成单位、运行维护单位等所有相关单位尽量参与合同谈判活动,以便在后期的合同执行过程中,所有相关方都能够对合同有比较全面的理解。在对合同条款达成一致后,按照合同审核与签订流程,组织双方签订合同。

11. 完成招标方式统计

招标方式统计主要用来反映信息系统工程项目在招标采购过程中,对于项目审批部门核准的建设项目招标投标方案的执行情况。因此,招标方式统计表的内容设计应与项目审批部门的建设项目招标投标核准意见的内容一致,应包括核准意见中规定的招标范围、招标组织形式、招标方式、招标代理机构、中标单位、招标时间、合同名称、合同金额等信息,并且对各种招标方式进行分类统计,以便与核准意见进行对比。招标方式可以按照《中华人民共和国政府采购法》中政府采购方式进行划分,包括公开招标、邀请招标、竞争性谈判、单一来源采购、询价以及直接委托等。对于直接委托的使用(即不招标的项目)应严格控制,并说明理由。

招标方式统计表的基本格式如表 4-4 所示。

表 4-4 招标方式统计

序号	招标范围	合同名称	合同金额	招标时间	招标组织形式	招标方式	招标代理机构	中标单位	备注
1									
2									
...									

其中,招标范围应与项目审批单位的招标投标事项核准意见中的招标范围一致,一般包括建筑工程、安装工程、监理、主要设备和其他等;合同名称应与实际合同保持一致,不能简写,如果合同存在补充协议,补充协议应紧跟在合同的下一行,并且不作为一个独立合同进行编号,在统计合同个数时也不作为一个独立合同进行计数;招标时间为发标时间;招标组织形式包括委托招标和自行招标 2 种;按照投标法和政府采购法的相关内容,招标方式包括公开招标、邀请招标、询价采购、竞争性谈判、单一来源采购、政府采购网协议供货、直接委托等;委托招标应填写招标代理机构名称,并与招标代理机构签订委托招标协议;中标单位即为签约单位;备注中可以填写一些说明事项。

招标方式统计还要计算各种招标方式所占比例,尤其是整个工程项目中采用各种招标投标方式的合同数和合同金额占总合同的比例,以及直接委托项目的合同数和合同金额及占总合同的比例,并说明直接委托的理由。

4.5 信息系统工程招标投标管理办法

信息系统工程招标投标管理办法模板如下：

为规范信息系统工程招标投标阶段的有关工作，特制定本管理办法。

1. 招标工作的基本原则

信息系统工程的招标投标工作必须严格执行《中华人民共和国招标投标法》、《中华人民共和国政府采购法》等法律法规和国家有关规章制度，遵守中央关于党风廉政建设的有关规定，规范招标投标行为。对项目建设中所有建设内容，包括软硬件设备采购、系统集成和应用软件定制服务等，应委托具有相应资质的招标代理机构进行招标或政府采购。

2. 招标投标阶段工作主要步骤

招标投标阶段的主要工作包括：成立招标组织机构；确定招标方案；制订招标工作程序；向招标代理机构提出招标文件编制的基本要求和招标文件的有关内容；组织招标文件的编制及审定招标文件；实施招标方案，确定中标人；组织合同谈判，签订合同。

3. 招标工作的组织模式

应在工程管理办公室下成立专门的招标组织机构（招标工作组）或依托本部门的政府采购机构开展工程建设内容的招标采购工作。招标工作组应在工程管理办公室的协调下，按照本指导意见开展招标投标工作。

4. 招标范围

根据项目审批单位对招标投标事项核准意见规定的招标范围、招标方式组织招标投标，并以核准意见为依据，根据具体的建设内容，研究确定招标方案，报工程管理办公室备案。

5. 招标顺序

招标工作的顺序原则上按"先招共性任务，再招个性任务"的思路进行，即先对关系全局或覆盖总体的共性建设内容进行招标，然后再开展各具体单项工程建设内容的招标。建议采用如下招标顺序：

(1) 监理单位招标；
(2) 标准规范单位招标；

（3）总集成商招标；
（4）基础软硬件设备招标；
（5）单项开发商招标。

6. 招标工作协调沟通

相关招标文件和合同须经工程管理办公室核准，招标方案和评标结果报工程管理办公室备案，招标过程中的重大问题由工程管理办公室报请项目主管部门批准后执行。招标工作流程如图 4-1 所示。招标文件审核流程图和合同审核流程图如图 4-2 和图 4-3 所示。

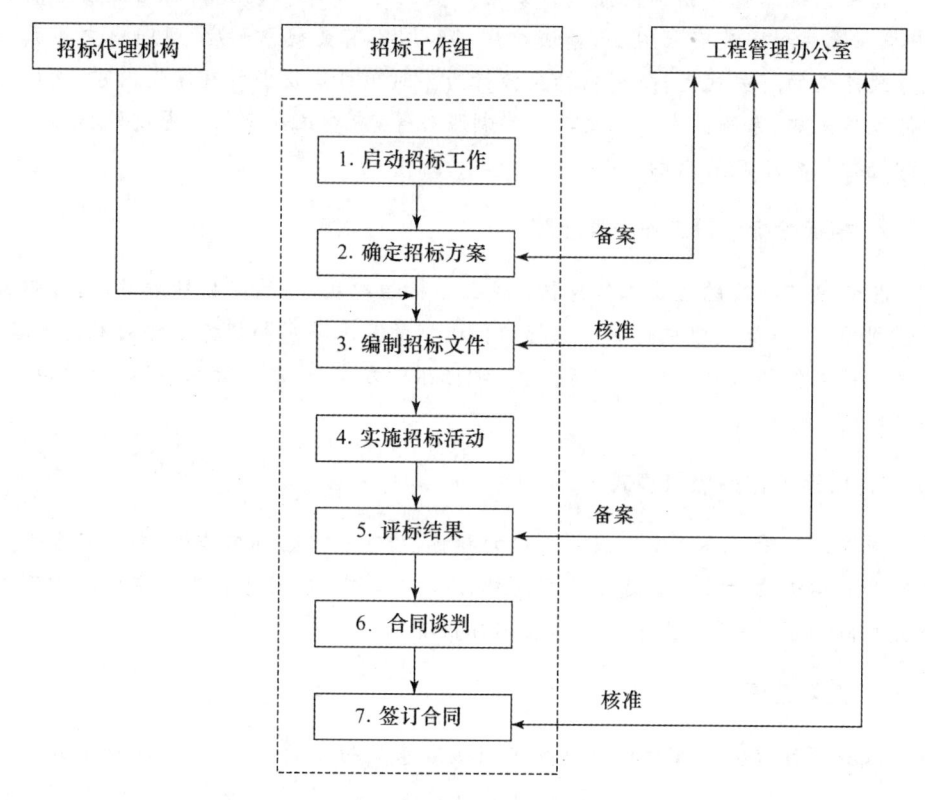

图 4-1 招标工作流程图

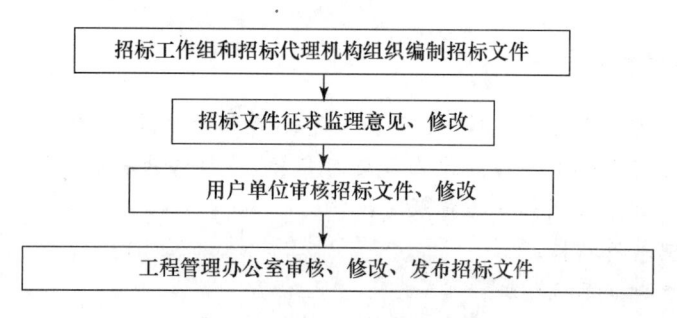

图 4-2 招标文件审核流程图

```
招标工作组在招标文件合同条款的基础上起草合同并组织合同谈判
                            ↓
                      监理审核合同
                            ↓
                      用户单位审核合同
                            ↓
                      工程管理办公室审核合同
```

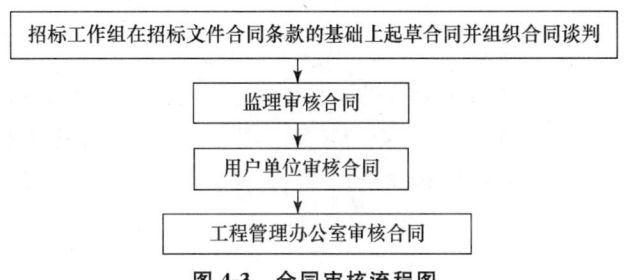

图 4-3　合同审核流程图

招标文件核准及合同审核的基本原则是：

(1) 招标内容符合批复的可研报告和初步设计方案中的建设内容；

(2) 招标文件包含了满足工程总体的有关要求；

(3) 合同核准除了审核合同是否满足上述基本原则外，还需对合同金额是否控制在概算额度内进行审核。

7. 招标工作进度

根据总工期要求，招标工作进度计划如下：① 招标准备工作，包括成立招标组织机构、研究确定招标方案、编制招标文件等工作，用 2～3 个月左右时间完成；② 发标评标过程，包括发标和评标，用 1～2 个月时间完成；③ 合同谈判与签订，用 1～2 个月左右时间完成。

4.6　信息系统工程招标文件编写指导意见

信息系统工程招标文件编写指导意见模板如下：

为使投标单位较好地理解信息系统工程的总体设计以及招标建设内容与工程其他建设内容的关系，保证各招标项目的顺利实施和与工程总体的平滑衔接，特提出本指导意见。

1. 对各单项招标文件技术部分中关于总体描述的内容要求

各单项招标文件的技术部分应包括以下关于工程总体的描述，便于投标人正确理解本招标任务与工程总体方案的衔接关系。

(1) 信息系统工程概况，包括建设目标、建设原则、建设内容、总体逻辑结构、工程管理组织机构等。

(2) 本招标项目与工程其他部分的关系，包括业务关联、数据关联、功能关联等。

2. 对投标人的基本要求

除通用的对投标人的基本要求外,对于信息系统工程应特别强调以下几方面的要求:包括开发单位间的协助、配合要求;设计、开发和实施过程要求;监理要求;与运行维护机构配合要求;知识产权要求;投资控制要求;验收要求;以及违约处理等。

3. 合同条款的有关要求

除通用的合同条款外,对于信息系统工程,应特别增加以下条款:
(1) 总体技术要求条款,必须满足工程统一的总体技术要求。
(2) 接口技术条款,各单项必须满足与总体的接口要求。
(3) 标准条款,各单项在项目设计和实施过程中,必须严格执行工程的相关标准规范。
(4) 监理条款,各单项必须接受监理机构的监督管理,配合监理机构的工作,按要求向监理机构提供文档。

第5章 合同管理

合同管理是项目管理的核心内容之一,合同管理的目标是保证合同的顺利实施,进而达到项目的建设目标。

5.1 合同管理的主要内容与基本要求

1. 合同管理的主要内容

合同管理的主要内容包括合同的签订、履行、变更、解除、终止等。信息系统工程合同管理的具体内容包括:

(1) 参与合同的起草和谈判过程;

(2) 根据合同审核规则,对合同进行审核;

(3) 合同档案管理,对已签订的合同进行分类、编号、归档,并分送给有关财务、监理、综合管理等部门;

(4) 合同台账管理,记录合同执行情况,尤其是合同执行的进度情况、质量情况和资金支付情况,并进行统计分析,定期形成统计报告。合同管理台账是合同执行情况的主要记录形式;

(5) 协助项目管理综合部门进行项目管理。

2. 合同管理的基本要求

合同管理的主要手段包括审查、监督、控制等。合同管理的基本要求是全过程管理、系统管理和动态管理。实行全过程合同管理,就是对合同从招标投标、谈判、签订、履行到终止的整个生命周期进行管理;实行系统性的合同管理,就是合同的执行会涉及整个工程的方方面面,涉及不同的管理部门和参建单位,因此,合同管理是综合性管理,需要项目管理的各个部门(或各个管理组)相互配合、一起参与到合同管理中;实行动态的合同管理,就是跟踪合同执行情况,及时更新合同执行的最新状态,包括进度状态、支付状态、人员状态等,及时进行相应的督促、控制工作。

5.2 合同管理机构与主要职责

1. 合同管理机构

合同管理任务必须由一定的组织机构和人员来完成。考虑到合同管理的综合性比较强,应当由综合管理部门(综合组)(对应第二章 信息系统工程项目管理概述中图 2-1 信息系统工程项目管理组织结构图)来进行合同管理。依据信息系统工程的规模和合同数量,可以成立专门的合同管理组,也可以在综合组内设专门的合同管理员或兼职的合同管理员进行合同和资产管理。

2. 合同管理机构(管理员)的主要职责

(1) 参与招标文件的起草,了解项目的基本情况和基本要求;

(2) 参与合同谈判、审核与签订;

(3) 对合同履行情况进行跟踪和汇总、分析,对进度、质量、资金支付、服务等进行检查控制;

(4) 参与协调处理合同实施中的重大问题;

(5) 编制合同执行的各项统计报表,例如合同基本信息表、合同管理台账、合同执行进度表、合同支付情况表、资产领用登记表等。

5.3 合同管理的基本方法

1. 参与招标文件的编写

在招标文件中,不但要明确招标项目的建设任务、工期和质量、技术等要求,更要提出基本的合同条款,包括项目总体要求、开发过程要求、交付物要求、验收过程与验收条件、试运行要求、支付条件与支付方式等以及质量保证期、质量保证期内的服务要求、履约保证金、违约处理、安全保密等内容。

对于大型信息系统工程项目,往往要分解成多个任务包进行招标,因此,应制定一个统一的招标文件编制要求,并可提供一份统一的招标文件编制模板。招标文件的商务部分基本上由招标代理机构起草,需由招标人进行审核修改;招标文件的技术部分基本上是由招标人提供,对于分解成多个任务包的大型信息系统项目,在每个任务包招标文件的技术部分至少应包括:① 整个工程的概况,包括整个工程的建设目标、建设原则、建设内容、总体逻辑结构、项目管理机构等;② 本次招标的任务包与整个工程及其他部分的相关关系,包括集成关系、数据流、接口关系等;③ 对投标人与其他任务或管理机构相互配合的要求,包括接受集成商的技术指导与监督、与其他参建单位的相互配合、执行统一的标准规范、接受监理单位的监督管理、与运行维护机构协同工作等。

2. 参与合同的谈判和签订

合同谈判的过程不仅仅是对合同条款的讨论与协商,更重要的是使中标候选人清晰地理解合同任务及招标文件中的相关要求,形成招标人认可的基本工作思路的过程。因此,评标结果出来后,要仔细研读中标候选人的投标文件,对比招标文件的相应内容,找出投标人在认识和表述上的偏差,并在与中标候选人的交流协商中,认真解读招标文件的相关内容,指出投标文件中存在的相关偏差,使其对招标项目的建设目标、建设内容、建设要求以及相关的建设环境等有更清晰的了解，便于中标候选人形成更清晰的工作思路和提早进行履行合同任务所需的资源分配与调度。

实践证明，为了合同的顺利执行，在合同谈判阶段，要求中标候选人在更全面的了解项目背景，并认识到投标文件中存在的偏差的基础上，提交一份项目实施的工作思路，作为其投标文件的补充，也作为项目启动的思想和组织准备，是有积极作用的。

在合同构成上，招标文件、投标文件、工作思路以及重要的合同谈判会议纪要都应作为合同的组成部分（合同附件），以保证合同中各项条款的完备性。

3. 合同审核

合同是甲乙双方在工程实施中进行各种建设活动的依据，因此，合同中应至少明确的基本内容包括：

工期。包括总工期（年月数）、工程开始和结束的具体日期、工程各主要实施阶段的持续时间等，例如需求调研、详细设计、编码与测试、集成与联调测试、验收测试（第三方测试或验收专家组认可的测试）、初步验收、试运行、最终验收等的时间安排等。这些内容应在合同正文中规定，也应在招标文件中规定。

任务。包括各项具体建设任务的详细描述，以及具体的功能、性能要求等。这些内容应在招标文件中规定或在乙方提交工作思路的交付物清单中定义，也应在合同正文中定义。

工程质量。包括质量控制过程、质量评价标准、技术规范要求等。原则性的质量要求可以在合同正文中定义，详细的质量要求和质量标准应在合同正文中定义，也应在招标文件中定义。

支付条件。包括支付方式以及分期支付时，各期的支付条件、支付比例、支付金额和支付时限要求等，应在合同正文中规定，也应在招标文件中定义。

质量保证期。包括质量保证期的时间长度、进入质量保证期的条件等，应在合同正文中定义，也应在招标文件中定义。

质量保证期服务内容及要求。包括质量保证的对象、保证的内容、事件（或故障）响应要求以及执行国家相关质量保证标准规范要求等，例如故障排除的时间要求、巡检的周期、技术支持的内容和方式、软件升级与完善等。质量保证服务的要求和具体内容应在合同正文中定义，也应在招标文件中规定。

违约责任。包括工期违约、质量违约等的处理方法以及违约金额的计算及扣除方法等。具体处罚措施应在合同正文中定义，也应在招标文件中体现。

安全保密要求。包括保密内容、保密期限、泄密责任等，既要符合国家相关主管部门的要求，又要符合项目本身信息安全保密的要求。应在合同正文中规定，也应在招标文件中体现。

4. 合同档案管理

作为项目档案的重要组成部分,合同及其附件以及合同谈判、签订过程中的相关资料、会议纪要等都必须按照档案管理的规范进行归档和管理。在合同归档之前,合同编号是一项必须完成的工作,合同编号的原则,一是要与合同实体一一对应,每一份合同,必须赋予一个唯一的编号;二是要方便合同的统计和查找,编号可以采用简单的流水号,也可以采用分类+流水号的办法。实践证明,采用大流水号的方法比较方便非项目管理专业人员按照时间顺序查找合同,采用分类的方法比较方便项目管理专业人员进行各类汇总统计。

5. 合同台账管理

合同执行情况的跟踪和支付是合同管理的日常业务,也是合同管理动态性的体现,通过合同台账可以进行合同执行情况的跟踪和管理。合同管理台账由一系列相互关联的表格构成,包括合同基本信息表、合同执行进度管理台账、合同支付管理台账、合同支付情况统计表、概算执行情况统计表、资产领用登记表等。各表格的具体内容可以根据信息系统工程项目的实际情况进行设计,表5-1~表5-6给出了一些合同台账管理表格的设计模板,其中资产领用登记的目的是满足建设单位自身资产管理的需要,因此,登记的格式应尽量与建设单位资产管理部门协商一致,便于工程竣工后的资产移交。

表5-1　合同台账-合同基本信息表模板

合同编号	合同名称	合同金额	签约日期	合同期限	甲方	甲方联系人	甲方联系电话	乙方	项目经理	项目经理电话	乙方联系人	乙方联系电话
××-××-1												
××-××-2												

表格说明:1. 合同编号由合同管理员统一编制,每一份合同对应一个唯一编号;合同的补充协议不单独编号;
　　　　　2. 合同名称、合同金额、签约日期、合同期限等应与纸介质的合同名称保持一致;
　　　　　3. 甲方、乙方的联系人和联系电话应始终保持更新到最新。

表5-2　合同台账-合同执行进度管理台账模板

合同编号	合同名称	进度	××年										××年		进度综合评价
			1月	2月	3月	4月	5月	6月	7月	8月	9月	10月	11月	……	……	11月	12月	
××-××-1		预期进度	○	○	□	●	△	△	△	▲	☆	◎	◇			■	■	可以通过赶工期的办法在预期工期内完成
		实际进度	○	○	○	□	△	△	△	△	☆	☆	◎					

续表

合同编号	合同名称	××年										……	……	××年		进度综合评价
		1月	2月	3月	4月	5月	6月	7月	8月	9月	10月	11月		11月	12月	
××-××-2	预期进度	○	○	○	□●	△	△	☆	☆◎	▲	▲	◇		■	■	严重拖期
	实际进度	○	○	○	○	○	○	○	●							

图例：○需求分析　　　□详细设计　　　●阶段性评审　　　△程序开发及测试
　　　☆集成测试　　　◎系统集成　　　▲验收测试　　　★初步验收
　　　◇试运行　　　　■最终验收

表格说明：1. 预期进度按照合同中规定的进度进行填写；实际进度按照每个合同的实际执行情况填写。
2. 进度综合评价由合同管理员根据实际进度情况及影响进度的各种因素的现实状况进行综合判断。

表 5-3　合同台账-合同资金支付管理台账模板

合同编号	合同名称	首付			第二次付款			第三次付款			第四次付款			第五次付款			……		
		金额	条件	状态	金额	条件	状态	金额	条件	状态	金额	条件	状态	金额	条件	状态	金额	条件	状态
××-××-1		20	签订	已付	35	设计评审	已付	20	到货验收	已付	40	初验	已付	30	终验		20	质保	
××-××-2																			

表格说明：1. 不同合同的付款次数不一样，可以按照付款次数最多的来设计表格的列数；
2. 每一项付款，需要按照合同约定的支付条件，记录付款金额和付款条件，而付款状态是需要动态更新的，"已付"表明这一次付款已经完成，空格表示这一次的付款还没有完成。

表 5-4　合同台账-合同支付情况统计表模板

合同编号	合同名称	合同金额	已付款						应付款				合计
			06年付款	07年付款	08年付款	09年付款	10年付款	合计	质保前应付款	尾款			
										小计	履约保证金	质量保证金	
××-××-1													
××-××-2													

表格说明：1. 各年的已付款情况应随着付款进度及时更新；
2. 应付款合计 = 合同金额－已付款合计，同时，应付款合计 = 质保前应付款 + 尾

85

款；
3. 尾款 ＝ 履约保证金 ＋质量保证金，一般要在质量保证期结束后才支付；
4. 质保前应付款一般在合同终验后付清。

表 5-5 合同台帐-概算执行情况统计表模板

序号	批复科目	批复概算	合同编号	合同名称	合同金额(万元)	概算执行率	备注
1	建筑工程费		××-××-1	×××	5		
2	……		××-××-2	×××	4		
	小计	10			9	90％	
1	设备购置费		××-××-3	×××	15		此合同包含培训费，计入培训科目
2	……		××-××-	×××	7		
	小计	20			22	110％	
1	软件费						
	……						
	……						
	总计	50			48	96％	

表格说明：1. 对批复科目的每一类要进行小计，算出该小类下的合同总金额，用于概算执行率的计算；

2. 有些合同涉及多个批复科目时，如合同内容包括硬件采购、软件开发和培训等，应根据合同或投标文件等进行拆分，分别计入对应的概算科目；

3. 分别对每一个批复科目计算概算执行率，概算执行率＝ 该小类小计的合同总金额/批复概算×100％；

4. 最后计算总体的概算执行率，总计行的概算执行率 ＝ 总计行的合同总金额/总计行的批复概算×100％。

表 5-6 合同台账—资产领用登记表模板

序号	设备名称	设备类型	规格型号	合同编号	合同名称	生产厂家	单价	数量	总价	领用单位	存放地	保管(使用)人	领用人	备注
1														
2														
……														

表格说明：1. 本表详细记录项目采购的软硬件设备的领用、存放信息；

2. 总价 ＝ 单价×数量；

3. 单价包括设备本身的价格及分摊的安装、培训、服务等费用；

4. 本表在资金支付时填写。

在进行合同台账管理时,应建立月度合同执行情况报告制度,由合同乙方每月提交合同执行月度报告,包括当月的工程进度情况、质量情况、评审验收情况、支付情况等,经监理审核签字确认,并由监理提出合同执行可能存在的风险,如进度拖期、支付拖期等及相关建议,定期上报给合同管理机构(合同管理员)。合同管理机构应全面分析工程全部合同的执行情况,评估工程整体进展情况,找出存在的主要问题及解决途径,并及时协调指导合同执行中遇到的各种问题的解决。实践证明,合同执行中常见问题有:

(1) 未按规定工期执行或者对工程进度的度量不准确,形成最终工程拖期的隐患;

(2) 合同执行过程中与其他合同主体的协作配合出现问题,导致工程实施出现"真空"或推诿扯皮现象;

(3) 质量管理体系出问题,如没有评审、测试方法过于简单、测试环节流于形式等,最终导致工程质量无法满足用户需求;

(4) 甲方未及时支付工程款,造成乙方投入资源不足,影响工期和工程质量。

6. 合同资金支付管理台账的编制方法

跟踪和记录合同资金的支付情况是日常财务管理的基本内容之一,一方面要准确记录每一份合同、每一次支付的情况(包括支付申请、支付审核记录及其他支付手续、支付时间、支付金额、对应合同的支付次数等),作为项目管理档案中财务管理文件进行整理归档;另一方面,要利用合同资金支付管理台账进行合同支付情况的动态记录和统计分析,合同资金支付管理台账的设计应满足多种统计分析的需求,建议采用合同规定支付条件与实际支付对比记录的方式,见表5-3合同台帐-合同资金支付管理台账模板,即每一份合同用2行记录,第一行记录合同规定的各次支付的支付条件、支付时间和支付金额;第二行记录每一次实际支付的支付条件、支付时间和支付金额。最后针对每一份合同,分别汇总计算其已付款和应付款,已付款就是各次实际支付金额的合计,应付款是合同金额与已付款的差额。合同资金支付管理台账在记录合同支付情况的同时,也可以反映工程的进度情况,如果超过合同规定的支付时间很长,仍没有支付的,项目的工程进度一定存在问题。

7. 分科目资金支付情况统计表的编制方法

分科目资金支付情况统计表如表5-7所示,是在合同资金支付管理台账的基础上,按照初步设计批复的投资科目,对合同进行分类统计,如果出现合同建设内容跨多个批复科目的情况,比如,一个系统集成合同,除集成任务外,还包括若干基础软件采购任务或软件开发任务等,应按照合同或投标文件中各项任务的资金划分,将合同资金分解到各个相应的投资科目下。分类统计每份合同的已付款和应付款情况,并将应付款中的尾款(竣工验收一年以后支付)分离出来,便于资金安排。分科目资金支付情况统计表主要包括合同所属部门或科目、合同名称、合同金额、已付款、应付款、尾款(质量保证金和履约保证金)等信息。

表 5-7 分科目资金支付情况统计表

合同名称	金额(万元)	已付款(万元)	应付款(万元)	其中：尾款(万元)
一、机房改造				
机房改造 1	100	80	20	5
机房改造 2	200	100	100	10
机房改造小计：				
二、设备采购				
服务器采购 1	100	50	50	5
服务器采购 2	200	150	50	10
设备采购小计：				
三、软件开发				
软件开发 1	200	120	80	10
软件开发 2	150	100	50	7.5
软件开发小计：				
……				
合计	950	600	350	47.5

8. 通过支付情况，掌握项目进度，并督促项目建设

定期对合同资金支付管理台账进行分析，针对每一份合同，对比合同规定的支付进度与实际支付进度的差异，如果某一次支付超过合同规定的支付进度半年以上，应视为工期严重拖期，在合同管理台账的相应部位应标为红色，并及时与工程管理部门联系，采取工程管理措施，推动项目加快进度。

9. 资产登记表的设计与管理方法

信息系统工程在建期间的资产管理一般由项目管理办公室负责，工程竣工后，资产应移交给建设单位的资产管理部门。由于信息系统工程的建设周期比较长，因此，在工程建设期间，一定要重视和加强资产管理，做到全部资产入账，进行规范的资产登记和领用记录，为竣工验收后的资产移交做准备。

信息系统工程资产登记表的设计应与建设单位资产管理部门的资产登记表基本保持一致，尤其是登记的信息内容应全部包含资产管理部门登记表上的信息。建议信息系统工程资产登记表的格式如表5-8所示。

表5-8 资产登记表

资产名称		资产类型		网络、服务器、安全设备、基础软件、应用软件、标准文件、设计文件、数据、其他
规格型号		购置日期	生产厂家	出厂标识
价格		领用单位	领用人	存放地
采购合同名称				
备注				

资产管理员： 年 月 日

在填写资产登记表时，必须以实物为依据，实事求是的填写，并且要与相应的采购合同进行对照，如发现到货的实物与采购合同规定的规格型号等不一致，应要求相关的采购单位进行解释，并在资产登记表的备注栏中注明。

必须对全部资产进行登记，即使型号相同的设备，也必须一个设备一张资产登记表。

10. 协调处理合同实施中的重大问题

合同执行中出现的重大问题，如严重拖期、重大质量事故等，需要甲乙双方的项目管理机构通力配合，协同工作，才能得以解决。合同管理部门应积极参与重大问题的解决，提供详实的合同执行情况信息，并及时跟踪问题的解决情况，直到合同执行结束。

11. 进行合同信息的电子化管理

对合同的基本信息和合同执行的动态信息进行电子化管理，方便各种合同执行情况统计报表的制作。电子化管理可以采用成熟的项目管理软件，或根据项目的实际需求，组织开发一套项目管理软件，包含有合同管理的相关功能。也可以直接利用Excel表格进行合同信息的电子化管理，但在处理各种交叉稽核关系时比较困难。

5.4 软件开发合同

软件开发合同应明确甲乙双方的责任、软件开发的内容和要求、验收标准及资金支付条件等，具体内容参考以下的模板。

▎封面

```
合同编号：
              ×××软件开发项目
                  合  同  书
        项目名称：_____
        甲    方：_____
        乙    方：_____
        签订时间：_____
        签订地点：_____
        有效期限：_____
```

甲乙双方信息

```
              ×××软件开发项目
                  合  同  书
        甲方：_____
        住所地：_____
        法定代表/授权人：_____
        项目联系人：_____
        联系方式：_____
        通讯地址：_____
        电话：_____ 传真：_____
        电子信箱：_____

        乙方：_____
        住所地：_____
        法定代表人：_____
        项目联系人：_____
        联系方式：_____
        通讯地址：_____
        电话：_____ 传真：_____
        电子信箱：_____
```

正文

本合同甲方委托乙方就×××软件开发项目进行服务，并支付服务报酬。双方经过平等协商，在真实、充分地表达各自意愿的基础上，根据《中华人民共和国合同法》的规定，达成如下协议，并由双方共同恪守。

1. 词语定义

第一条 下列名词和用语，除上下文另有规定外，在本合同及相关附件中应具有如下定义：

（1）"合同"系指甲方和乙方（以下简称合同双方）已达成的协议，由双方签订的合同格式的文件，以及招标文件、投标文件、招标投标过程的所有补充/修改/澄清函件,以及所有的附件、附录和组成合同部分的所有参考文件等组成。

（2）"合同价格（合同总金额）"系指根据合同规定,在乙方全面正确地履行合同义务,甲方应支付给乙方的总金额,包括乙方须承担的系统设计、开发、调试、安装部署、集成以及技术支持、人员培训、试运行和质量保证期服务等全部费用,也包括乙方与其他相关系统开发商的协作配合等经费。

（3）"现场"系指将要进行服务的地点,具体地点在招标文件中规定。

（4）"验收"系指甲方依据合同规定认可乙方服务所依据的程序和条件。本系统的验收分为初步验收和最终验收共两次验收过程。初步验收（简称初验）为系统开发完成,满足初步验收条件后,由甲方组织的验收,初步验收通过是系统进入试运行阶段的条件。最终验收（简称终验）是指系统试运行期满合格后,由甲方组织的验收,最终验收通过,表明本合同的开发工作结束,系统进入质量保证期,乙方开始提供质量保证服务。

（5）初步验收和最终验收的条件在合同条款和招标文件中规定。

（6）"试运行"系指本项目通过初步验收后,进行的为期一年的试验运行阶段。试运行的目的是测试系统的功能和性能,检查系统的稳定性和适用性等。在试运行阶段一方面要发现并修正系统的缺陷,另一方面要完善和补充系统的功能、优化系统处理流程等。

（7）"质保期"系指本项目通过"最终验收"后开始的技术支持与售后服务期限。具体服务内容和要求在合同条款和招标文件中规定。

（8）"交付物"系指乙方按合同要求,须向甲方提交的各种形态和种类的物品,包括运行正常的系统、源代码和可执行程序及安装程序以及按照相关要求的各类文档等。

（9）"系统"或"本系统"或"软件"均指本合同交付的软件系统。

2. 项目内容

第二条　乙方承担招标文件中提出的×××××软件开发项目的建设工作,全面完成各项建设任务。具体包括：

（1）完成×××××的设计、开发、测试、安装、部署。

（2）完成×××××的初步验收。

（3）完成×××××的培训。

（4）完成与集成商、×××××开发商等的协作、配合义务。

（5）完成×××××的最终验收。

（6）完成×××××的技术支持和售后服务。

（7）完成业主提出的在招标文件范围内与本系统建设有关的其他任务。

第三条　在本项目建设过程中,乙方应根据用户需求,在招标文件范围内充实和调整建设内容。

第四条　在系统试运行期间,乙方应进行全程跟踪,提供全面技术支持、修改完善和培训服务。

第五条 在系统正式运行过程中，乙方应至少提供包括现场指导、技术支持、应急响应、定期巡检、质量保证等服务。

第六条 针对系统运行中出现的新问题，乙方应对所提交的软件系统不断地进行修改完善，保证满足用户的使用要求。

3. 项目要求及工作条件

第七条 总体要求。

_____

_____

第八条 进度要求，自本合同签订之日起，乙方必须履行其在本合同中所规定的义务，按进度要求按时完成建设任务。本项目的总体进度安排如下：

（1）在本合同签订后第 4 个月之前，完成用户需求分析报告，并提交详细设计说明书。

（2）在本合同签订后的第 8 个月之前，完成全部系统的开发、测试和安装部署，并与应用支撑平台实现集成。

（3）在完成全部系统的开发，并对软件进行集成及验收测试后的 2 个月之内，完成项目的初步验收。

（4）初步验收合格后进入系统试运行期。系统试运行期为 12 个月。

（5）在系统试运行期满合格后的 2 个月之内，完成项目的最终验收。

第九条 质量要求，切实有效地保障×××××系统建设目标的实现，切实满足业务人员对本系统建设的需求，建成后的系统要达到先进、高效、易用、可靠、安全和可管理的质量目标。在系统终验前，乙方需安排第三方测试，通过测试报告来证明系统的质量。

第十条 技术要求。

（1）本合同项下所需服务的技术要求应遵守相应国家和行业的标准规范、与本项目招标文件中提出的相关技术要求相一致。

（2）由于本合同项下的建设内容是×××××工程一个组成部分，为了保持工程的整体性，还必须满足如下的技术要求：

① 工程总体技术要求：在集成商的组织协调下，按照本工程的总体技术要求，完成本系统的设计和实施。

② 接口要求：必须保证与本工程其他相关系统和应用支撑平台等建立符合规范要求的接口关系，保证互联互通、信息共享。

③ 集成要求：必须配合集成商的工作，将本系统集成到×××××应用支撑平台上，以保证系统的完整运行。

④ 部署要求：根据业务需求，合理部署系统到相应的网络环境中去(有些系统或模块需运行在多个网络环境中)。

第十一条 人员要求。

必须按照招标文件的相关要求和投标文件中的相关承诺，组织一支专业技术水平高、协作精神强、人员稳定的项目团队，进行合理的职责分工，建立高效的项目管理制度，健全各项保障措施和质量保证体系，做好本项目的建设工作。

第十二条 开发过程要求。

(1) 开发模式要求。应采用迭代方式开发，在招标文件范围内，根据用户需求持续改进，直到最终用户确认满意。

(2) 需求与需求分析。

① 乙方必须对甲方的系统进行详细充分的需求调研，充分考虑甲方的需求和技术的发展趋势；甲方应配合乙方的调研活动。

② 乙方在需求调研的基础上，应及时整理需求调研记录，并据此开发系统原型。

③ 甲方对上述需求调研记录的签字认可，仅代表对其已描述内容进行了确认，并不代表需求细节的全部，在开发和使用过程中，根据实际情况，甲方会随时补充或更正需求的细节。乙方应及时满足。

④ 根据迭代开发过程的要求，乙方应逐步对用户需求进行细化求精，甲方对各个迭代周期的开发成果进行评估和验证。

(3) 详细设计。

① 乙方在需求分析的基础上，依据本系统的功能、性能和使用目标，按照进度安排完成软件系统的详细设计方案。

② 甲方并不对设计方案中的技术问题进行审核。如在实际执行过程中出现任何与乙方设计相关的技术问题或技术调整，仍由乙方负责解决。

③ 甲方对详细设计方案的认可，并不意味着对据此开发出的应用系统的认可。甲方在正式试用了本项目开发的应用系统后，根据实际情况提出具体改进意见。

(4) 进度报告。乙方应向甲方提供项目周报、月报和专题报告，内容包括项目进度或里程碑计划执行情况，项目进行中有无遇到的困难和障碍，本项目的预期效果，人员配置情况，有无项目变更及变更情况或其他与本项目有关的甲方应该知道或甲方要求知道的情况。

(5) 系统初验。乙方完成全部系统模块的开发、测试、安装、集成，并达到了系统初验的条件后，应以书面形式向甲方递交初步验收申请，并提交相关文档，甲方审核通过后，组织系统初验。

(6) 系统试运行。

① 自甲方出具初验报告日起，甲方拥有 12 个月的试运行权利。试运行期间，乙方应进行全程跟踪，提供全面技术支持服务，及时修改、完善、补充系统功能，确

保试运行的顺利进行。

② 乙方在试运行期间，必须保证开发队伍的稳定，根据用户的要求，不断修改和完善软件的功能和性能，直至用户满意。

③ 乙方在试运行期间，应在合理的时间期限内排除故障或处理问题，排除故障的时间一般不超过3个工作日。

④ 如由于乙方原因，发生影响业务工作的重大故障，试运行期则从故障排除后重新计算。

(7) 系统最终验收。

系统试运行期满合格后，乙方应以书面形式向甲方递交最终验收申请，并提交全部相关文档，甲方审核通过后，组织系统终验。

(8) 质量保证期。

① 系统通过最终验收后，系统进入36个月质量保证期。

② 乙方应提供招标文件要求的质量保证期服务。

第十三条 投资要求。

(1) 本合同的价格包含了为完成本次招标中各项建设任务过程中所有可能发生的费用，为达到系统建设目标所需的软件，除可以利用应用支撑平台上的公共服务软件以及部分在招标文件中已声明甲方拥有的大型工具软件外，全部开发、定制、购买软件费用都已包含在合同总价中。

(2) 在系统完成最终验收之前，在本项目招标任务范围内不存在需求变更。甲方在本项目招标任务范围内对需求的不断补充、细化要求，乙方应及时满足，不提出费用要求。

(3) 系统通过最终验收，进入质量保证期，乙方也应根据甲方在系统使用中出现的问题，对系统进行修改完善。甲方在本合同中已支付3年质量保证期内所开发软件的维护费用，乙方不得提出费用要求。如果需要对原系统做颠覆性修改，经专家论证后，双方可协商解决费用问题。

第十四条 培训要求。

应以培训目标的实现为目的，灵活地组织培训，确保每一位系统使用人员会用、用好本系统，具体培训要求的内容、人数等应在招标文件中规定的范围内，按照实际需要进行安排。

第十五条 技术支持要求。

针对甲方在系统建设过程中、试运行阶段和质量保证期内不同的技术支持要求，乙方应分别提供用户满意的技术支持内容、方式和响应时间。技术支持的主要目标是帮助用户更好地理解系统的特性、功能和技术，与用户建立良好通畅的互动联系，及时回答用户在使用软件过程中的技术问题，提供技术服务和进行技术交流，提升用户使用本系统的能力。

(1) 技术支持内容主要包括：故障（事件）诊断与排除、系统运行安全支持、软件修改完善与升级、基础数据管理与维护等。

(2) 技术支持方式主要包括：现场支持、电话支持、在线支持、邮件支持等。技术支持的响应时间：立即响应，并在1～4小时之内解决问题。如在此时限内不能解决问题，也必须提出解决方案和时间计划。

(3) 人员要求：要求选派参与系统建设的人员提供技术支持，人员数量根据用户需要安排。

第十六条　售后服务要求。

(1) 针对甲方在招标文件中提出的系统质量保证期内对售后服务的要求，乙方应提供用户满意的售后服务方案，包括服务内容、方式和响应时间等。

(2) 乙方应按照国家标准"GB/T 14079-1993 软件维护指南"的要求提供售后服务。如无特殊所指，该标准为乙方售后服务的最低标准。

(3) 售后服务内容主要包括：系统的重新安装与调试、工作流程定制、表单与报表定制、所有购置的软件产品或组件的升级、系统功能调整与修改完善、系统恢复服务、协助用户建立系统安全管理和系统使用管理制度、为用户提供系统升级的合理建议、故障处理与应急响应等。

(4) 售后服务方式主要包括：现场服务、电话支持、定期巡检、在线支持、邮件支持、应急事件处理等。

(5) 售后服务响应时间：立即响应，并在1～4小时之内解决问题。如在此时限内不能解决问题，也必须提出解决方案和时间计划。

(6) 人员要求：在质量保证期内，至少保留2名工程师，根据实际情况，常驻用户现场或随叫随到(7×24小时)。

第十七条　数据质量要求。

乙方在进行数据库建设过程中，要确保入库数据的准确性和全面性。

第十八条　文档的提交。

乙方应向甲方提供完备的技术资料，以满足系统安装、管理及运行维护等的需要。技术资料应以纸质文件和电子资料(光盘)的形式提供，其中纸质文件根据需要提供数量在20套以内，电子资料(光盘)提供2套。主要文档包括：

(1) 需求分析及需求规格说明书和系统原型；

(2) 详细设计方案；

(3) 运行正常的系统；

(4) 完整的软件源代码和可执行程序、安装程序；

(5) 软件使用手册；

(6) 软件技术说明；

(7) 软件测试大纲、测试报告；

(8) 其他按照电子政务工程相关标准要求的文档。

第十九条　与集成商的协作配合。

乙方承担本项目的工作安排要符合集成商提出的工程总体进度要求,并向集成商提供项目进度报告,在技术层面接受集成商的指导和监督,向集成商提供相关技术资料,协助集成商的系统集成工作。

第二十条 为保证乙方有效进行系统设计和开发工作,甲方应向乙方提供下列工作条件和协作事项:

(1) 提供资料。

① 提供初步设计中系统的有关资料;

② 提供与系统分析、设计相关的业务资料;

③ 提供用户掌握的基础数据库建设所需的现有信息资料,并指导乙方采集基础数据库建设所需的其他信息资料;

④ 根据乙方承担本项目工作的需要,提供各相关业务联络人员名单和联系方式以及集成商、监理的联络人员名单和联系方法。

(2) 提供工作条件及协作事项。

① 协调配合乙方进行需求调研工作;

② 项目具体实施过程中,如果甲方内部相关业务人员之间有不同意见,负责统一协调;

③ 如果乙方与本工程其他项目承建单位以及集成、监理之间意见不一致时,负责进行协调;

④ 按本合同规定的付款方式及时付款。

(3) 甲方提供上述协作事项的时间及方式:本合同有效期内。在本项目完成或中止后的 10 个工作日内,乙方应向甲方交还其管理的全部文档,包括文件、信息、资料等,如有丢失应追究相关责任。

第二十一条 双方的交付文件都应以书面形式和电子文档形式交付对方;若这两种形式的文档内容不一致,以书面形式为准。

4. 项目工作的验收

第二十二条 按照本合同定义的初步验收和最终验收过程和条件,甲方应对本项目组织验收。

5. 服务费用与资金管理

第二十三条 甲方向乙方支付项目服务报酬及支付方式为:

(1) 合同总金额为:　　元(　　元人民币)。

(2) 甲方分期支付给乙方;同时乙方向甲方开具相应付款金额的发票。

① 甲方应于本合同生效后 7 个工作日内,向乙方支付合同总金额的 10%;

② 乙方提交了《××××××项目实施方案》、《××××××项目评审验收方案》、《××××××项目详细设计》与开发原型等,并通过甲方认可后的 7 个工作日

内,甲方向乙方支付合同总金额的20%;

③ 通过初验后的7个工作日内,甲方向乙方支付合同总金额的35%;

④ 通过终验后的7个工作日内,甲方向乙方支付合同总金额的35%。

6. 履约保证金

第二十四条 乙方在合同签订后7个工作日内向甲方提交履约保证金,履约保证金为合同总价款的5%。合同履行完毕后,履约保证金转为质量保证金。质保阶段结束后7个工作日内无息返还。本项目质量保证期为最终验收阶段结束后起36个月,如乙方在此期间内发生被甲方索赔款项,则相应金额从履约保证金中扣除,累计超过履约保证金数额的由乙方另外支付。

7. 保密条款

第二十五条 双方确定因履行本合同应遵守的保密义务如下:
甲方:
(1) 保密内容:乙方内部的技术信息和经营信息。
(2) 涉密人员范围:甲方项目相关人员。
(3) 保密期限:长期。
(4) 泄密责任:直接责任人承担直接责任,业主单位负相关责任。
乙方:
(1) 保密内容:本项目相关的所有工程建设技术方案、技术资料、业务数据、信息资源以及所有相关的信息、文档、资料等。
(2) 涉密人员范围:乙方项目参与人员。
(3) 保密期限:永久。
(4) 泄密责任:直接责任人承担直接责任,乙方负相关责任。

8. 合同生效、变更和终止

第二十六条 本合同自签字之日起生效,至项目质量保证期结束终止。

第二十七条 本合同的变更必须由双方协商一致,并以书面形式确定。当事人一方要求变更合同时,应当在30个工作日前通知对方,具体事宜由双方协商决定。变更合同的通知或协议应当采取书面形式,协议未达成之前,原合同仍然有效。因单方面变更合同,使另一方遭受损失的,应由责任方负责赔偿。

第二十八条 双方确定,出现下列情形,致使本合同的履行成为不必要或不可能时,可以解除本合同:
(1) 发生不可抗力;
(2) 双方协商终止合同。

第二十九条 与履行本合同有关的下列技术文件,经双方确认,作为附件,为本合同的组成部分。

(1)《×××软件开发项目招标文件》。

(2)《×××软件开发项目工作思路》。

(3)《×××软件开发项目投标文件》。

(4) 在实施过程中双方共同签署的补充与修正文件。

上述文件的内容与本合同的内容不一致时,以本合同为准。上述文件的内容相互之间不一致时,以排序在先者为准。

9. 违约责任

第三十条 乙方对交付物及服务与合同要求不符负有责任,并且甲方已于规定的质量保证期内提出索赔,乙方应按甲方同意的下述一种或多种方法解决索赔事宜。

(1) 乙方同意甲方拒收交付物并把被拒收交付物的金额以合同规定的同类货币付给甲方,乙方负担发生的一切损失和费用。

(2) 修改缺陷部分使其达到合同规定的要求。乙方承担一切费用和风险,并负担甲方损失的一切直接费用。同时乙方应相应延长更换交付物的质量保证期。

第三十一条 如果甲方提出索赔通知后30个工作日内乙方未能予以答复,该索赔应视为已被乙方接受。

第三十二条 因不可抗力导致本合同不能全部或部分履行,乙方不承担责任。

10. 争议处理

第三十三条 本合同在履行过程中发生争议时,甲乙双方应及时友好协商解决。协商不成时,提请所在地仲裁委员会根据仲裁规则仲裁。

第三十四条 对于因违反或终止合同而引起的损失、损害的赔偿,由甲乙双方协商解决,经协商仍未能达成一致的,提交所在地仲裁委员会仲裁。

11. 知识产权

第三十五条 知识产权,双方确定:

(1) 乙方保证甲方在使用其服务及成果时不受第三方关于侵犯专利权、著作权等知识产权的指控。任何第三方如果提出侵权指控,乙方须与第三方交涉并承担可能发生的一切法律责任和费用。

(2) 甲方拥有本项目开发软件的知识产权,乙方应向甲方提供源代码等全部技术资料,保障甲方的二次开发权等权利。乙方不得向任何第三方提供。

(3) 在本项目的实施过程中,如果根据设计需要购置其他软件产品或组件,包括乙方自主知识产权的产品,都必须向甲方做出详细说明,并列出软件产品的详细清单,包括产品名称、功能、用途、供应商、用户数、质量保证期等。并承诺对这些产品提供与自行开发软件同样的服务。

（4）本项目开发软件文档版权归甲方所有,乙方不得以任何形式向第三方泄露。

12. 监理

第三十六条 本项目建设实行监理制。乙方承认监理单位的下述权利,同意配合监理工作,方便监理单位履行监理责任。

（1）对项目质量的检验、确认权;

（2）对项目进度检查和监督权;

（3）对工程实际竣工日期提前或超过本合同规定的竣工期限变更签认权;

（4）在本合同价格范围内,对工程款支付的审核和签认权;

（5）对乙方工作不力人员,有权提出调换人员建议;

（6）合同约定的其他权利。

第三十七条 本合同一式捌份,甲方、乙方各执肆份,具有同等法律效力。

签字页

甲方:
法定代表人/委托代理人: 　　　　　　　　　　　　年　　月　　日 乙方: 　法定代表人/委托代理人: 　　　　　　　　　　　　年　　月　　日

第6章 进度管理

进度管理是指在项目实施过程中,对各阶段的工作进展程度和项目最终完成的期限所进行的监督、检查、引导和纠正的管理控制过程。进度管理是项目全过程的管理,是项目管理的核心,具有动态性、系统性和持续性的特点。进度管理的目标是保证项目在满足时间要求的前提下,实现其建设目标,因此,进度管理不能只停留在时间进度上,必须在保证项目质量和项目建设目标实现的前提下,在规定的时间内完成项目建设任务。

6.1 进度管理的主要内容与基本要求

进度管理的主要任务包括采用科学的方法确定进度目标并编制进度计划;实施进度计划的执行与控制,在与质量目标、投资概算相协调的基础上,实现工期目标。高效率是进度管理的目标,进度管理的两大核心任务是制订计划和贯彻执行计划。即在项目执行之初,根据项目的要求,制定合理可行的进度计划;在计划执行过程中,检查实际进度是否按计划要求进行,如果出现实际进度比计划进度拖期,应及时进行控制,采取补救措施,在指定的时间内与计划进度同步,否则,应及时修改原计划,以保证总工期的按时完成。

进度计划的内容包括工程建设各阶段的工作任务、工作顺序、持续时间、完成标志和衔接关系等,除上述工程内容外,进度计划还应包括资金支付进度计划、测试验收及质量控制计划、重点难点问题解决方案等。信息系统工程的进度计划,根据其规模的不同,可以划分为若干层次。一般划分为三个层次,顶层计划(也叫做控制性计划或里程碑计划)是根据工程批复的工期来设计的,一方面要充分考虑工程建设内容的特点,另一方面要充分考虑各种不确定性因素带来的风险。顶层计划以工程建设的重要里程碑为基本元素将工程建设划分为若干阶段,例如,开工准备阶段、需求分析阶段、系统设计阶段、编码阶段、集成与测试阶段、验收阶段等,并明确每个里程碑对应的标志性事件、交付物、时间要求等,是以"目标"为核心进行时间安排的计划;中层计划包括年度计划和专项计划两种,是以"任务"为核心进行安排的。中层计划是在顶层计划的基础上,按照年份或主题进行滚动设计的,一般在每年的年底编制下一年的年度工作计划,或在某一项重大任务实施前,例如大系统的系统集成,编制重大任务的专项计划。中层计划应明确年度工作或某一重大任务的目标、主要任务及其完成团队、各项任务的开始时间和结束时间、任务之间的依赖关系、质量要求以及任务完成的标志等。中层计划具有承上启下的作用,"承上"是落实了控制性计划,"启下"是作为编制底层具体实施计划的依据;底层计划包括季度/月度/周计划、单项计划等,是在中层计划的基础上设计的,具体落实了完成各项任务的详细步骤、人员、时间和所需资源的分配等,是可操作性极强的实施计划。底层计划是以"实施步骤和进度"为核心进行安排的,是整个信息系统工程按期完工的基础,底层计划是滚动编制的,也是在进度控制过程中调整比较频繁。顶层计划一经审定发布后,一般不可更改,否则,极易造成工程的拖期;中层计划和底层计划都是滚动制定的,中层计划中的专项计划根据信息系统工程的建设内容不同,凡涉及多个承建单位参与的,围绕某个主题进行的工作内容,例如招标投标工作、联调测试与系统集成工作、验收工作、数据质量保证工作、信息安全风险评估工作等都需要制定专项计划;底层计划是具体实施级的,必须落实到具体的人、资源、工具、交付时间及交付物质量等要求。

进度计划的执行与动态控制是保证工程按期完成的决定因素。进度控制的主要内容包括:当实际进度与计划进度产生偏差时,在认真分析成因的基础上,及时采取补救措施,加大投入,力争在合适的里程碑点上赶上计划;能够在底层计划上采取补救措施的,就调整底层计划,以保证其不影响中层计划,如需调整中层计划,要在确保工期目标能够实现的情况下,适当调整各阶段的时间安排,否则,可能影响整个工程的工期。

6.2 进度管理机构与主要职责

信息系统工程项目的建设管理单位、承建单位和监理单位等都必须进行严格的进度控制,才能保证工程的按期完工。信息系统工程项目的建设管理单位、承建单位和监理单位在进度控制中的作用如图 6-1 所示。

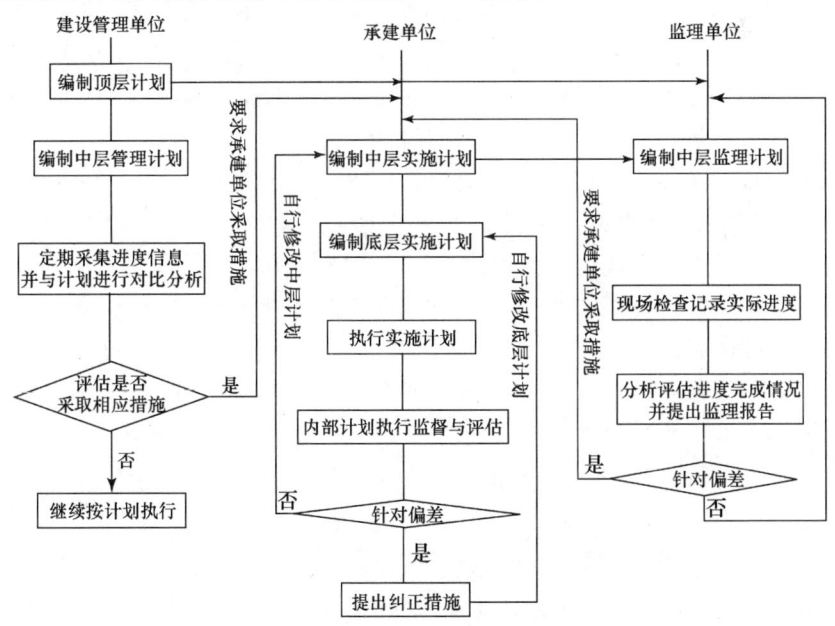

图 6-1 进度控制流程图

对于信息系统工程项目的管理单位,首先应根据国家批复的工期和工程建设内容,制订项目顶层计划(控制性计划),明确整个工程项目的主要里程碑。信息系统项目的进度管理一般由工程管理办公室的工程组(对应第 2 章 信息系统工程项目管理概述中图 2-1 信息系统工程项目管理组织结构图)负责。控制性计划的模板如下:

(1) 各子项应在 2007 年 7—8 月份完成系统开发任务,通过初验后上线试运行。

(2) 2008 年 9 月之前,所有子项建设任务试运行期满合格并通过终验,并实现系统总集成。

(3) 2008 年 9 月—2009 年 2 月,系统整体试运行半年。

(4) 2009 年 3 月—4 月,进行系统整体竣工验收。

(5) 2009 年 5 月—12 月,进行竣工决算、资产移交等项目收尾工作。

(6) 原则上,各子项的开发工期在 8 个月以内、初步验收工期 2 个月以内、试运行工期 12 个月以内、最终验收工期 2 个月以内。子项总体建设工期为 24 个月以内。

在控制性计划的指导下,管理单位、承建单位、监理单位等均应制订中层管理计划,包括年度工作计划、专题工作计划等;承建单位应根据合同的具体工期要求,制订科学合理的项目实施计划,包括控制性的中层计划和操作性的底层计划,具体落实人员、任务、资源和每日、每周、每月的进度要求。一般来讲,承建单位的项目计划应较合同要求的工期提前 1~3 个月;监理单位根据承建单位的实施计划,制订有针对性的监理计划,对工程建设过程实施监理。

承建单位应严格执行实施计划,并安排专人进行进度检查,将实际进度与计划进度进行比较分析,对未按期完成的任务,分析查找原因并提出改进意见,并提交进度报告。承建单位的管理层应定期评估进度报告,及时采用切实有效的措施,如加大投入、重新修订一个从现在到项目结束的实施计划等,来确保工程能够满足控制性计划的要求。

监理单位应按照监理工作计划,执行现场检查,记录真实的项目进度状况和人力、资源投入情况,承建单位的工作状况等,并与计划进度进行对比,分析存在的进度问题及成因,提出具体的改进措施,形成监理报告提交给项目管理单位,同时,督促承建单位采取措施,进行整改。

工程管理单位根据掌握的项目进度信息,包括监理报告、承建单位的工作周报、月报以及其他途径获得的进度信息,定期评估项目进度状况,针对工程进度问题或潜在的进度风险,要求承建单位采取适当的措施,以保证工期目标的实现。

6.3 进度管理的基本方法

1. 在招标文件和合同中明确工期,并与支付挂钩

在招标文件和合同中均应明确工期要求,包括项目的总工期、开工时间和竣工时间、主要里程碑事件的时间要求等。下面是一个招标文件中工期要求的例子:

"签订合同后 3 个月内,完成用户需求分析,并提交详细设计说明书;签订合同后 6 个月内,完成数据集市全部模块的开发、测试和安装;签订合同后 8 个月内,完成项目的初步验收;试运行期为 10 个月;试运行期满合格后 2 个月内,完成项目的竣工验收。"

在合同中还应明确乙方进行进度管理的要求,包括进度管理的方法、软件、进度管理月报/周报的主要内容等。下面是一个合同中进度管理要求的例子:

"乙方应向甲方提供项目周报、月报和专题报告,内容包括项目进度或里程碑计划执行情况、已完成的软件模块、正在开发的软件模块、待开发的软件模块、有无遇到的困难和障碍、本项目的预期竣工时间、人员配置情况、有无项目变更及变更情况或其它与本项目有关的甲方应该知道或甲方要求知道的情况。"

合同的支付条件一定要与工程进度挂钩,采用按照里程碑进度多次付款的方式。下面是合同支付方式的模板:

技术服务报酬由甲方分期支付给乙方;同时乙方向甲方开具相应付款金额的发票。具体支付方式和时间如下:

(1) 甲方应于本合同生效后 7 个工作日内向乙方支付本合同总价款的 10%;

(2) 乙方提交《×××系统实施方案》、并完成×××系统的原型,通过评审后的 7 个工作日内,甲方向乙方支付本合同总价款的 10%;

(3) 在原型获得认可后,乙方形成完整的需求规格说明书,并提交《×××系统详细设计方案》,通过评审后 7 个工作日内甲方向乙方支付本合同总价款的 20%;

(4) 乙方完成×××系统的开发任务,通过初验后 7 个工作日内甲方向乙方支付本合同总价款的 35%;

(5) 完成试运行、通过终验后 7 个工作日内甲方向乙方支付本合同总价款的 25%。

2. 采集及时准确的进度信息

工程的进展是一个动态的过程,进度信息是项目进度控制的依据,必须准确掌握进度信息才能够进行有效的进度控制。可以从工程和财务两个方面对项目进度情况进行描述。从工程角度,可以用形象进度、已完成工程量占总工程量比例等指标来描述进度情况;从财务角度,可以用已签订合同资金数、已支付合同资金情况等来描述进度情况。形象进度、已完成工程量等信息可以从实施现场收集到,也可以通过管理月报等形式由承建单位报送,或由监理单位提供;已签订合同数、已支付合同资金情况由合同管理部门、财务部门统计提供。信息系统工程进度信息的主要指标如表 6-1 所示。

表 6-1 进度信息主要指标列表

序号	进度指标	指标含义
1	形象进度	用文字或结合数据,简明扼要地反映工程实际到达的阶段(需求分析、设计、编码、测试、集成、联调测试、验收等),借以表明工程的进度。一般用这种格式描述:"已完成了×××,目前正在×××,大约需×××时间达到×××里程碑";如果信息系统工程划分为许多子项和单项,要统计处于不同阶段的项目个数
2	持续时间	已使用工期占计划总工期的百分比 = 已使用工期(天)/总工期(天)×100%
3	已完成工程量占总工程量比例	已完成工作量占工程总工作量的百分比 = 已完成工作量(人月)/总工作量(人月)×100%
4	已完成功能占全部开发功能比例	已开发功能占合同规定总功能的百分比 = 已实现功能(模块)数(个)/合同规定功能(模块)数(个)×100%
5	总合同金额占总投资比例	已签订合同总金额占总投资额的百分比 = 已签订合同金额总和/总投资额×100%
6	已支付金额占总合同金额比例	已支付金额占合同总金额的百分比 = 已支付合同金额之和/合同总金额×100%

对于采集到的进度信息,可以整理成如表 6-2 所示格式的工程进度表,便于进行实际进度与计划进度的对比分析。

表 6-2 工程进度表模板(进度记录日期: 年 月 日)

序号	项目名称	进度类型	形象进度	持续时间	已完成工程量占总工程量比例	已完成功能占全部开发功能比例	总合同金额占总投资比例	已支付金额占总合同金额比例	进度综合评价
1	AAA	计划进度							
		实际进度							

续表

2	BBB	计划进度					
		实际进度					
3	…	计划进度					
		实际进度					

进度综合评价：根据实际进度与计划进度的偏离程度，初步给出对项目进度的综合评价，包括基本正常、需要采取补救措施、应加强、严重拖期、需整改等。

3. 用控制循环理论做指导，对进度进行动态的、系统的和持续的控制

一方面，项目的进展是动态的，项目的状态随着时间不断地变化，因此，对项目进度的控制也必须是动态的。从理论上讲，工程进度是每天都在变化的，因此，需要动态跟踪项目进展情况，掌握实时的项目进度信息，及时分析实际进度与计划进度的偏差及其产生原因，针对每一次偏差，采取有效的控制措施，做好组织协调和资源投入工作，力争在最小的范围内调整计划，而不影响上层计划和下一阶段计划的执行。另一方面，项目的计划和项目的执行都是一个复杂的系统工程，要充分考虑项目管理单位、集成单位、开发单位、设备供应单位、运行维护单位、用户、监理单位职责和定位，充分考虑各单位、各阶段、各层次计划的相互联系和相互影响，确保单位之间、计划之间构成一个协调完整的大系统。同时，对进度的控制从计划执行开始，一直持续到项目结束，是项目全过程管理的一部分，不能时有时无，而是一项持续性的例行管理工作。如果每一次偏差，都能及时发现和有效控制，项目将按期完成，否则，就会带来拖期的风险。图6-2为循环进度控制流程图。

在各控制期末，例如周末、月末、季末、年末、里程碑节点等，将采集到的工程进度情况与计划进度进行对比，确定各个项目的进度完成情况，并结合工程实施的其他外部条件，评估各个项目的进展情况以及存在的问题，针对其中的问题，提出相应的整改措施，以保证工程按计划进度执行。

4. 采取合适的、综合的进度控制措施

（1）事前措施。在招标文件和合同中明确工期要求；要合理保证计划的弹性，尤其是对于大型信息系统工程，工期长，工程复杂，工程量大，不确定性的影响因素多而且复杂，因此，编制进度计划时一定要留有余地；提高计划编制的科学性，做好任务的分解和相互依赖关系的分析，做好总体计划与分项计划、上层计划与下层计划的衔接；在计划执行之前，做好充分的准备工作，包括人员准备、

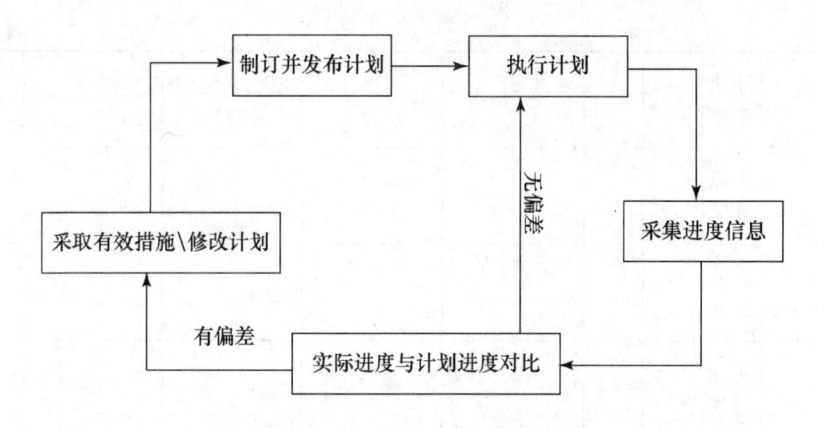

图 6-2 循环进度控制流程图

知识准备、资源准备、环境准备等,以保证各项活动按计划时间及时开始;在技术方案的设计和评审过程中,要密切关注技术方案与进度计划的适应性,根据进度要求,选择合适的技术方案,并且在进度计划调整时,要考虑相应的调整技术方案。

(2) 事中措施。建立进度控制的工作制度和工作程序,狠抓计划的落实,明确进度控制人员及其职责;对项目各方的工作均设定时限,不仅要求承建单位按计划进度完成工作,而且要求管理单位、监理单位、用户等进行相关审核、确认等必须在规定时限内完成;强调计划的严肃性,计划是必须遵守的强制性文件,未按计划执行,在组织上或经济利益上应受到相应的处理;采用先进的进度计划编制方法和工具,保证进度计划的科学合理;采用有利于进度目标实现的合同资金支付模式,即进度完成情况与资金支付挂钩,并且按照合同规定的支付条件及时付款;加强管理协调和信息沟通,通过项目管理月报/周报和例会等形式,及时消除影响进度的不利因素;关注薄弱环节,加大对薄弱环节的投入和指导力度,实现动态平衡。

(3) 事后措施。建立激励/惩罚机制,按时完工或提前完工给予奖励,延误进行惩罚。延误时间过长,不仅承担经济赔偿,而且考虑通过建立"黑名单",拒绝其再次参与信息系统工程建设。

5. 进度管理控制的主要手段

(1) 项目管理月报/周报。为加强项目管理,及时准确掌握项目的进度信息,应建立进度情况统计上报体系,要求所有参建单位定期上报项目管理月报/周报,并且明确上报的内容和格式,包括本月/本周基本情况描述、进度评价、各项任务的详细进展情况(本月实际完成工程量统计、本月形象进度)、工程质量情况、存在的主要问题及相关建议、下月/下周的主要工作安排等。

(2) 项目协调例会。为了加强进度计划的执行力度,动态管理项目计划的执行情况,及时进行进度计划执行情况的控制,需要定期的和不定期的召开以进度计划为主题的项目协调会,一方面各参建单位通报项目进展情况,包括形象进度、需协调解决的问题、下一步工作安排等,对没有完成计划任务的,要说明原因和准备采取的措施;另一方面,项目管理单位对工程进展情况进行总结评价,对项目执行中存在的主要问题,协调各方关系,商讨提出统筹的解决方案,并督促存在问题的项目采取有效措施解决问题,确保工程按计划完成。

(3) 里程碑评审。按照顶层计划的要求,对各个里程碑阶段的完成情况进行审查,对存在的偏差提出修改完善意见,如果未达到相关质量要求,应进行整改;否则,应在下一阶段的工作中,继续深化和补充完善上一阶段的相关工作。

(4) 项目管理年度报告。项目管理单位和承建单位都应进行年度工作总结,总结本年度的工作情况,提出下一年度的工作计划。项目管理年度报告的主要内容包括:本年度完成的工作情况、本年度工程的形象进度、本年度实际完成工程量和累计完成工程量、本年度投入的资源情况(包括人力、资金、工具等)、当前影响进度计划完成的主要障碍及拟采取的解决办法、本年度工程质量情况、本年度资金使用情况、下一年度工作计划等。

6.4 基于 P3E 软件的信息系统工程计划管理框架模式

1. 划分计划管理的层次

项目管理就是对项目进行高效率的计划、组织、协调、控制和决策,以实现项目目标。按照信息系统工程项目管理组织结构(图 2-1 所示),信息系统工程计划管理的层次如下:

(1) 工程领导小组。主要进行决策层的管理,审核项目的控制性计划。

(2) 工程管理办公室。体管理工程的建设协调,主要负责工程进度、投资、质量、合同、安全等控制和管理,并组织有关信息的上报与沟通,以及与工程外部环境的协调。需要制订整个工程的里程碑计划,审核整个工程和各个项目(子项)的控制性计划、制订办公室工作计划等。

(3) 监理公司。从技术层面协助工程管理办公室进行进度、投资、质量、安全控制,合同、信息管理,以及项目的组织协调。汇总形成整个工程和各个项目(子项)的控制性计划提交工程管理办公室审核。

(4) 承建单位管理层。包括总集成商、开发商、设备供应商等,具体承担信息系统工程的建设实施,负责制订实施计划和更详细的工作计划,为信息系统工程项目管理提供最基本的信息源。

2. 设计计划管理体系框架

对于大型信息系统工程项目,其计划管理体系可分为四层,分别是一级计划,即总体统筹控制性计划；二级计划，即进度控制计划；三级计划，即项目详细执行计划；四级计划，即具体作业工作计划。

（1）一级总体统筹控制计划。由工程管理办公室负责制订，报请工程领导小组审批。具体计划内容包括：信息系统工程总体里程碑计划；信息系统工程总体进度控制计划；工程用款控制性计划；招标工作计划；开工准备及重大协调计划；项目管理资源配置计划。

（2）二级进度控制计划。由总集成商负责制订，报请工程管理办公室审批。具体计划内容包括：工程实施总体进度计划；主要设备需求计划；开工准备计划；各子项进度控制计划；系统总集成与培训计划。

（3）三级详细执行计划。由承建单位负责制订，经总集成商协调平衡后报请工程管理办公室审批。具体计划内容包括：各子项实施进度计划；执行项目的组织结构、职责分工、工作流程说明；资源计划（包括软硬件资源，例如设备采购安装计划等；人力资源，例如开发测试人员的配置计划等；费用保证计划等）；质量保证计划；测试计划；配置管理计划；培训计划；风险管理计划。

（4）四级具体作业计划。由承建单位组织各个具体工作组制订，提供给监理公司备案。主要计划内容包括：按月滚动作业计划；资源需求计划等等。

3. 里程碑计划

里程碑计划用来确定信息系统工程项目关键事件点的具体时间表（可以是完成的时间点或最迟完成时间，一般以年-月-日表示，也可以是一个时间段，一般以年-月或年-季表示），是项目计划的蓝图。

里程碑计划的基本内容如表 6-3 所示，表格内容是按照不同项目划分的各个里程碑事件的具体完成时间（完成时间需详细分析后确定）。

表 6-3　里程碑计划模板

	开工准备			工程实施						工程验收			
	基本工作制度	招标投标	组织准备	技术准备	需求分析	系统设计	编码与采购	内部测试	安装与集成	集成测试	合同验收	工程初步验收	试运行	工程竣工验收	财务决算	绩效考核
项目1		05-11-30	05-09-30	05-10-30	06-02-30	06-05-30	06-10-30	06-12-30	07-02-30	07-03-30	07-05-30	07-07-30	08-01-30	08-03-30		
项目2		05-12-30	05-09-30	05-10-30	06-04-30	06-08-30	06-12-30	07-02-30	07-04-30	07-06-30	07-08-30	07-10-30	08-04-30	08-06-30		

续表

...												
工程整体	05-05-30							07-12-30		08-08-30	08-11-30	09-12-30

说明:05-11-30 表示项目 1 在 2005 年 11 月 30 日前应完成招标投标工作。

4. 工程管理办公室项目管理计划

(1) 梳理项目结构(eps)。按照 P3E 软件的要求,将信息系统工程划分成若干可以独立管理和运行的子项,例如,安全子项、设备采购子项、标准规范子项等,每一个子项,根据建设内容划分成若干单项,例如 CA 建设单项、安全设备采购与部署单项、服务器采购单项、数据库采购单项、人事管理系统开发单项等。信息系统工程的项目结构如表 6-4 所示。

表 6-4 信息系统工程项目结构表

1 信息系统工程	1.1×××子项 1	1.1.1×××单项 1
		1.1.2×××单项 2
		1.1.3×××单项 3
		1.1.4×××单项 4
		1.1.5×××单项 5
	1.2×××子项 2	1.2.1×××单项 1
		1.2.4×××单项 4
		1.2.5×××单项 5
		1.2.2×××单项 2
		1.2.3×××单项 3
		1.2.6×××单项 6
		1.2.7×××单项 7
	1.3×××子项 3	1.3.1×××单项 1
		1.3.2×××单项 2
	1.4×××子项 4	1.4.1×××单项 1
	1.5×××子项 5	1.5.1×××单项 1
		1.5.1×××单项 2
	1.6×××子项 6	1.6.1×××单项 1
		1.6.1×××单项 2
	1.7×××子项 7	1.7.1×××单项 1
	1.8×××子项 8	1.8.1×××单项 1
		1.8.1×××单项 2

说明:"1.1×××子项 1"表示子项的编号是 1.1,子项的名称是×××子项 1。

（2）建立项目的组织管理体系(obs)。信息系统工程的项目组织管理体系如图 6-3 所示。

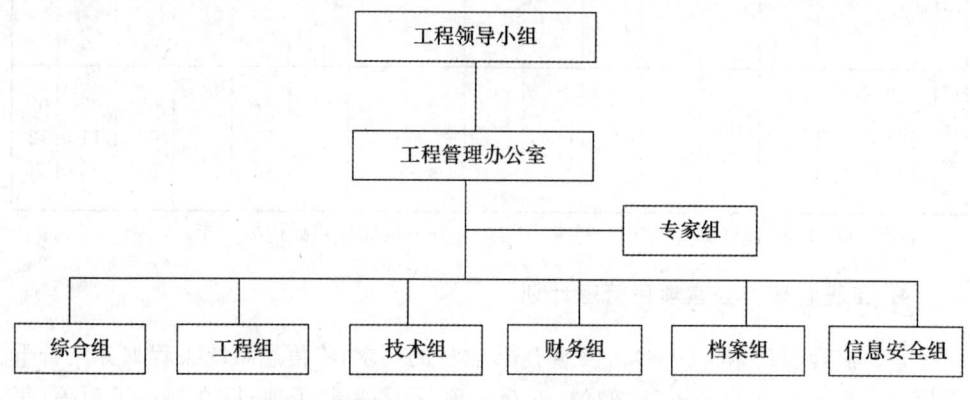

图 6-3　信息系统工程项目组织管理体系图模板

（3）形成项目成本管理的费用科目。按照《国有建设单位会计制度》，信息系统工程主要会计科目及其结构如表 6-5 所示。

表 6-5　信息系统工程主要会计科目

一级科目	二级科目	三级科目	备注
101 建筑安装工程投资	101-1 机房改造投资		
	101-2 系统集成投资		
102 设备投资	102-1 直接购置设备		
	102-2 系统开发		
103 待摊投资	103-1 建设单位管理费	103-1-1 办公费	
		103-1-2 差旅交通费	
		103-1-3 专家咨询费	
		103-1-4 零星购置费	
		103-1-5 会议费	
		103-1-6 图书资料费	
		103-1-7 业务招待费	
	103-2 初步设计费		
	103-3 可行性研究费		
	103-4 项目建议书编制费		
	103-5 工程监理费		
	103-6 培训费		
	103-7 招标代理费		
	103-8 不可预见费		

(4) 建立项目管理工作分解结构(wbs)。工程管理办公室从项目管理的角度，建立工作分解结构，如表 6-6 所示。

表 6-6　信息系统工程工作结构分解

第一层 （工作阶段）	第二层 （工作内容）	第三层 （详细工作内容）	第四层 （交付成果）
前期准备阶段	初步设计组织与审核	完成初步设计	初步设计批文
		组织专家论证	
		通过审批	
	招标投标组织	编制招标文件	合同
		组织招标投标	
		组织合同谈判	
		签订合同	
	工作环境准备	编制工作计划	工作计划； 项目管理系统的设计书和可运行的一套系统(gl-pmis)
		购置相关软件，建立项目管理信息系统	
实施阶段	进度控制	进度计划审核	对各种提交审批的方案、计划的审批结果； 各种组织、协调、变更指令； 定期向工程领导小组提交实施情况报告； 采集整理相关实施信息进入项目管理信息系统（pmis），供领导决策使用和项目单位共享
		采集进度信息、分析形成报告	
		进度问题的组织协调	
	质量控制	审核质量保证计划	
		采集质量信息、分析形成质量报告	
		定期评价项目绩效	
		质量问题的组织协调	
	投资控制	审核投资计划，保证投资估算大于投资概算大于投资预算	
	变更控制	确定变更流程	
		审核变更条件	
		监控变更的执行	
	安全管理	审核安全保障方案	
		监督安全系统建设	
		联系相关主管部门	
	财务管理	审核用款计划	
		资金支付	
		财务统计，形成财务用款报告	
	合同管理	合同审核，归档	
		合同执行跟踪	
		形成专题报告	

续表

第一层 (工作阶段)	第二层 (工作内容)	第三层 (详细工作内容)	第四层 (交付成果)
前期准备阶段	信息管理	信息采集,进入项目管理信息系统	
		统计分析,图形显示	
	文档(档案)管理	技术文档管理,归档	
		文件管理,归档	
		简报、报告管理,归档	
	设备管理	设备登记	
		设备统计与形成设备供应情况专题报告	
	试运行管理	试运行策划	
		试运行组织协调	
	监理业务管理	联系监理公司,协调监理工作	
	综合协调	统筹上述各专项工作,进行综合协调	
验收阶段	系统终验	审核初验申请报告及相关文档	系统验收报告;工程决算报告;绩效考核报告
		组织系统测试	
		广泛征求用户意见	
		组织系统初验会	
	系统终验(竣工验收)	审核终验申请报告及相关文档	
		组织系统总集成测试	
		用户使用意见	
		组织系统终验会	
	竣工决算	资金使用报告	
		设备清单	
		绩效考核	
		固定资产移交	
运行维护阶段	日常运行维护	日常运行维护	运行维护报告;系统升级改造建议;二期工程建议
		信息共享服务	
		用户技术支持	
		故障(事件)处理	
	系统升级改造		

(5) 工程管理办公室项目管理综合计划表模板如表 6-7 所示。

表 6-7 项目管理综合计划表

工作阶段	工作分解结构	开始时间——结束时间	具体责任人	资源需求 人员（类型、数量）	资源需求 设备（类型、数量）
前期准备阶段	完成初步设计	05-02-01—05-04-20			
	组织专家论证	05-04-20—05-04-31			
	通过审批	05-05-01—05-05-31			
	编制招标文件	05-05-01—05-06-31			
	组织招标投标	05-05-01—05-06-31			
	组织合同谈判	05-07-01—05-09-01			
	签订合同	05-08-01—05-09-31			
	编制工作计划	05-05-01—05-06-31			
	购置相关软件，建立项目管理信息系统	05-05-01—05-08-31			
实施阶段	进度计划审核				
	采集进度信息、分析形成报告				
	进度问题的组织协调				
	审核质量保证计划				
	采集质量信息、分析形成质量报告				
	定期评价项目绩效				
	质量问题的组织协调				
	审核投资计划，保证投资估算小于投资预算				
	确定变更流程				
	审核变更条件				
	监控变更的执行				
	审核安全保障方案				
	监督安全系统建设				
	联系相关主管部门				
	审核用款计划				
	资金支付				
	财务统计，形成财务用款报告				
	合同审核，归档				
	合同执行跟踪				
	形成专题报告				
	信息采集，进入项目管理信息系统				

续表

工作阶段	工作分解结构	开始时间——结束时间	具体责任人	资源需求	
				人员（类型、数量）	设备（类型、数量）
	统计分析,图形显示				
	文件管理、归档				
	简报、报告管理,归档				
	设备登记				
	设备统计与形成设备供应情况专题报告				
	试运行策划				
	试运行组织协调				
	联系监理公司,协调监理工作				
	统筹上述各专项工作,进行综合协调				
验收阶段	审核初验申请报告及相关文档				
	组织系统测试				
	广泛征求用户意见				
	组织系统初验会				
	审核终验申请报告及相关文档				
	组织系统总集成测试				
	用户使用意见				
	组织系统终验会				
	资金使用报告				
	设备清单				
	绩效考核				
	固定资产移交				
运行维护阶段	日常运行维护				
	信息共享服务				
	故障（事件）处理				
	……				

（6）工程管理办公室项目管理资金预算表模板如表 6-8 所示。

表6-8 项目管理资金预算表

工作阶段	用途	金额(万元)
前期准备阶段	初步设计专家咨询费	2
	合同律师审核费	5
	项目多层计划编制专家咨询费	2
	项目多层计划编制专题讨论会会议费	3
	项目管理信息系统软件购置及开发费	40
	办公用品购置费	5
小计		57
实施阶段	实施方案专家咨询费	20
	工程管理方法与技术培训费	15
	进度控制协调、调研、日常办公、会议费	15
	质量控制协调、调研、日常办公、会议费	15
	变更控制协调、调研、日常办公、会议费	15
	安全控制协调、调研、日常办公、会议费	20
	财务管理费	20
	合同管理协调、调研、日常办公、会议费	10
	信息采集、处理、发布、日常办公工作费	20
	文档和设备登记、录入、处理、日常办公工作费	15
	试运行管理、协调、会议费	10
	综合协调调研、日常办公、会议费	10
小计		185
竣工验收阶段	系统初验测试、专家咨询费	10
	系统初验会议费	5
	系统终验测试、专家咨询费	10
	系统终验会议费	5
	绩效考核专家咨询费	10
	竣工决算工作费	10
小计		50
不可预见费		20
总计		312

6.5 信息系统工程项目管理月报

信息系统工程项目管理月报由封面、项目总体状况、人力资源投入情况、项目进度状况、目前存在的主要问题和下月主要任务等组成。具体内容可参考信息系统工程项目管理月报模板。

1. 封面

信息系统工程项目管理月报

项目名称：_____
编制单位：_____
填报日期：_____
填表人：_____
审核人：_____

目　　录

1. 项目总体状况
2. 项目资源投入情况
3. 项目进度状况
4. 主要问题
5. 下月主要任务

说明：

(1)本月报模板适用于信息系统工程各相关管理单位或承建单位编制月度报表，表中信息和数据应经监理单位确认。

(2)填报日期指报告填写的日期。每月月底由各相关单位编制该报告，下月月初的第一周内通过电子邮件报送工程管理办公室。

(3)填表人指本表格填写人员。

(4)审核人指本表格填写完成后的审核人员。

2. 项目总体状况

项目基本情况描述
总体进度评估(在认可的总体进度状态上打对钩"√")

绿灯(正常进度)	黄灯(进度有潜在危险)	红灯(进度有严重问题)
●	●	●

续表

说明：
(1) 项目基本情况描述。
说明项目当前的基本状况（已完成的工作量、正在进行的工作、预计到达下一里程碑点的时间、进度状态、质量监督检查情况、投入的人员和资源状况等）和存在的主要问题，包括承建单位对项目的资源投入（人员、实际工作量等情况）等方面存在的主要困难，发生的重要事件，如重大质量事故等。对总体进度评估给出具体的解释说明或相关数据。
(2) 总体进度评估。
● 绿灯（正常进度）表示项目当前阶段的里程碑日期能基本实现，阶段进度的延期率在10%以内（阶段进度延期率为：延迟的工作天数/本阶段计划的工作天数×100%），项目产品的交付日期能按计划实现。
● 黄灯（进度有潜在危险）表示项目当前阶段的里程碑日期存在延迟，阶段进度的延期率在25%以内，项目必须采取必要的措施，才有可能保证产品的交付日期按计划实现。
● 红灯（进度有严重问题）表示项目当前阶段的里程碑日期存在严重延迟，阶段进度的延期率在25%以上，项目尽管采取必要的措施，预期的产品交付日期难以实现或风险很大。
如果承建单位已获得延期许可，则应按新批准的工程进度评估总体进展状况。

3. 项目资源投入情况

资源类别	投入量	说明
人力资源		
架构设计师		
软件工程师		
软件测试师		
质量保证人员		
……		
软硬件设备		
服务器		
微机		
××软件		
……		
网络资源		
网络交换机		
网络流量		
……		
基础软件资源		
机房		
……		
……		
总计		

说明：
此表应根据每月实际投入的具体情况填写。每月投入的资源类别可能不同。

4. 项目进度状况

××系统集成	初始计划日期	修订计划日期	实际日期	进展状况
项目开始	开工日期：			
需求分析				
集成方案设计				
集成实施				
联调测试				
初验				
试运行				
终验				
……				
项目结束	竣工日期：			
项目开始	开工日期：			
需求分析				
详细设计				
系统开发				
系统上线及联调测试				
初验				
试运行				
终验				
……				
项目结束	竣工日期：			

说明：

(1) 按照项目类别分别填写。表中给出系统集成和软件开发项目的例子。

(2) "初始计划日期"指承建单位首次获得批准《项目实施方案》中确定的该阶段开始日期和结束日期。日期的记录格式为：YY/MM/DD—YY/MM/DD。

(3) "修订计划日期"指在项目进程中对原《项目实施方案》的阶段日期有了修改后经批准的新的开始和结束日期。如果对计划没有修改,此列可空；如对计划有多次修订,则只填写当前有效的计划日期。日期的记录格式为：YY/MM/DD—YY/MM/DD。

(4) "实际日期"指本阶段开始和结束的实际日期。如本阶段尚未结束,则应填写预计的结束日期,并用下划线以示标记。日期的记录格式为：YY/MM/DD—YY/MM/DD。

(5) "进展状况"应说明按本月计划已完成的主要任务和未按计划完成的任务。并估算当前里程碑阶段已实现的进度比例,如系统开发阶段截至本月已完成85%。

5．主要问题

序号	问题描述	备注
1		
2		

说明：
  （1）序号：按自然数1,2,3,……排列。每个序号只对应一个问题。
  （2）问题描述：应具体说明要协调处理的问题及相关信息；如已形成书面的文件，可引用文件的名称。
  （3）备注：可说明对问题的处理建议等。

6．下月主要任务

序号	要完成的主要任务或措施	备注
1		
2		

说明：
  （1）序号：按自然数1,2,3,……排列。每个序号只对应一项任务。
  （2）要完成的主要任务或措施：应列出需要管理单位完成的主要工作，例如对已发生问题所要落实的处理措施和将要召集的会议、需要有关单位协助支持的相关工作，以及需要承建单位完成的主要工作等。
  （3）备注：可说明完成相关任务的外部环境等。

第7章 质量管理

质量管理是为了实现质量目标而进行的管理活动,质量管理的目标就是提供满足用户需要的产品。信息系统的工程质量决定其生命力,因此,高质量是信息系统工程目标实现的必要条件之一。对于信息系统工程,质量就是用户对于交付系统的满意程度,应依据用户的价值观来设定工程质量目标和测评标准,并进行全生命周期的工程质量管理,高质量地完成工程建设。

7.1 质量管理的主要内容与途径

1. 质量管理的主要内容

按照软件质量国家标准 GB/T 16260－2006(软件工程 产品质量),信息系统工程的软件(系统)质量包括软件(系统)自身质量和使用质量两部分。软件(系统)自身质量指软件(系统)的内部质量和外部质量,内部质量包括设计质量、代码质量等,是软件(系统)属性的总和,决定了软件(系统)在特定条件下使用时,满足明确或隐含要求的能力;外部质量是指软件(系统)在特定条件下使用时,满足明确或隐含要求的程度,外部质量可以通过测试来检查和评估。使用质量是指用户使用软件(系统)来满足其在真实工作环境中达到特定工作目标所要求的有效性、生产率、安全性和满意度的程度。

软件(系统)自身质量又可以划分为六个方面的质量特征。

(1)功能性质量特征。是指当软件(系统)在指定条件下使用时,提供满足明确或隐含要求功能的能力,包括功能的完整性、正确性等。

(2)可靠性质量特征。是指在指定条件下使用时,软件(系统)维持规定的性能级别的能力,包括稳定性、易恢复性等。

(3)易用性质量特征。是指在指定条件下使用时,软件(系统)被理解、学习、使用和吸引用户的能力,包括易理解性、易学习性、易操作性等。

(4)高效性质量特征(性能特征)。是指在规定条件下,相对于所用资源的数量,软件(系统)可提供适当性能的能力,包括响应时间、处理时间、CPU 占用率、硬盘占用率、支持并发用户情况等。

(5)可维护性质量特征。是指软件(系统)可被修改的能力,修改可能包括纠错、改进、或软件对运行环境、需求和功能规格说明变化的适应等。可维护性质量特征包括代码的模块化和详细注释程度、运行状态监控能力、文档清晰程度等。

(6)可移植性质量特征。是指软件(系统)从一种运行环境迁移到另外一种运行环境的能力,包括数据结构、运行环境等的适应性、软件(系统)的易安装性等。

软件(系统)使用质量可以划分为四个方面的质量特征。

(1) 有效性质量特征。是指软件(系统)在指定的使用环境下,使用户能达到提高工作效率、改进工作环境、提升工作质量等的能力。

(2) 生产率质量特征。是指软件(系统)在指定的使用环境下,使用户为达到有效性而消耗适当数量的资源的能力,包括完成任务的时间、用户的工作量、材料消耗、财政支出等。

(3) 安全性质量特征。是指软件(系统)在指定的使用环境下,达到对人类、业务、财产、环境等造成损害的可接受的风险级别的能力。信息系统工程软件(系统)的安全性管理一般由专门的信息安全保密部门负责。

(4) 满意度质量特征。是指软件(系统)在指定的使用环境下,使用户满意的能力,包括对软件(系统)自身的满意程度以及对文档、服务的满意程度。

质量管理就是保证各项质量特征达到设计要求的过程。内部质量管理主要通过过程管理和阶段性评审进行评价和控制,外部质量管理主要通过科学严谨的测试过程进行度量、评价和控制。质量管理主要通过用户在真实环境下的试用进行度量、评价和控制。

2. 质量管理的主要途径

影响软件质量的因素很多,主要包括软件本身的复杂程度、软件开发过程的标准化和管理程度(成熟度)、软件产品验收时的测评手段、软件运行后的维护程度等。信息系统工程软件的复杂度比较高,主要体现在软件规模比较大、处理逻辑比较复杂、参建单位比较多、开发周期比较长等,加上软件测试的局限性比较大、软件开发工具还未普及使用等原因,导致信息系统工程总是不可避免的产生这样或那样的软件质量问题。因此,必须加强信息系统工程的质量管理,通过完善质量管理体系,加强软件过程管理来保证软件(系统)质量。信息系统工程质量管理的主要途径包括:

(1) 完善质量保证体系。

虽然在开发商的资质方面,一般都要求其具有 ISO9001 质量管理体系认证和 CMM2 级以上软件开发过程成熟度认证,但还必须要求开发商根据信息系统工程的具体特点强化和细化项目执行的质量管理体系,例如对开发工具、编程规范、开发技术、测试方法与测试工具、测试记录的签认等提出具体明确的要求;建立符合信息系统特点的标准软件过程,并严格监督执行。

(2) 选择合适的软件开发模型。

信息系统工程项目的特点之一就是需求的不确定性,在短时间内获得完整、一致、准确、合理的需求说明是很困难的,为了克服需求不明确带来的开发风险,在需求分析阶段采用快速原型模型,根据初步的用户需求和同类项目的经验,快速建造一个系统原型,实现直观的用户与系统的交互,便于用户对原型进行评价。用户在试用原型过程中受到启发,提出进一步细化的软件需求或对需求说明进行补充和精确化,消除不协调一致的系统需求等。根据用户进一步明确的需求,通过逐步调整原型使其满足用户的要求。在经过几轮迭代,确定了用户的明确需求后,抛弃原型,进行科学合理的系统设计、开发和测试。

在软件开发阶段采用增量模型,将整个软件系统划分为一系列的增量构件来设计、实现、集成和测试,不是一次性交付整个软件系统,而是分阶段,逐渐交付满足用户需求的不同子集的可运行产品,一方面可以适应需求的不确定性,另一方面可以保证工期,让用户使用其迫切需要的功能。第一个发布的增量初步完成系统的核心功能,核心产品交付用户使用后,经过评价形成下一个增量的开发计划,包括对核心产品的修改完善和一些新功能的发布,这个过程在每个增量发布后不断重复,直到产生最终满足用户需求的产品。

(3) 加强软件过程管理。

按照软件过程国家标准 GB/T 8566—2007(信息技术 软件生存周期过程),在整个软件生存周期内包括 21 个软件过程,其中 5 个基本过程、9 个支持过程、7 个组织过程。每个过程包括一组活动,每个活动完成一组任务。5 个基本过程分别是获取过程、供应过程、开发过程、运作过程、维护过程;9 个支持过程分别是文档编制过程、配置管理过程、质量保证过程、验证过程、确认过程、联合评审过程、审核过程、问题解决过程、易用性过程;7 个组织过程分别是管理过程、基础设施过程、改进过程、人力资源过程、资产管理过程、重用大纲管理过程、领域工程过程。

首先,必须根据信息系统工程的特点,对标准软件过程进行适当的剪裁,形成有针对性的项目执行的软件过程。一般而言,对于信息系统工程项目的甲方(需方),应组织执行如下的软件过程:

① 获取过程。包括定义系统需求;编制和发布招标文件;选择中标人并签订合同;监督管理项目执行;组织验收、推广应用等活动;协调管理各参建单位的关系;协调管理用户关系;财务管理等。

② 管理过程。甲方的管理过程侧重于宏观管理。管理过程包括建立管理机构,明确管理目标和任务;制订管理计划,包括但不限于进度安排、资源配置、任务分配、质量控制、费用分配等内容;监督控制信息系统项目的实施过程,并提供过程进展报告;评审和评价、组织易用性过程和培训等活动。

③ 审核过程。审核过程是指在适当的时候,确定与需求、计划和合同的符合性的过程。审核过程应在项目计划的里程碑处执行,审核中发现的问题应以书面的形式记录,并及时协调解决。审核的内容主要包括一致性审核,已完成的软件(模块)反映设计文档,设计文档反映需求等;测试方案审核,承建单位提交的验收测试方案对于软件(系统)的验收是适当的;测试案例(测试数据)审核,测试数据覆盖全面,符合相关标准;测试报告审核,软件(系统)已成功进行了测试,并符合其规格说明;文档审核,用户文档符合规定的标准;过程审核,按照制订的计划和合同执行了相关的活动;进度审核,进度符合已制订的计划;支付审核,按照合同条件进行支付。考虑到审核的工作量非常大,专业性较强,一般由甲方与监理单位共同完成。

④ 基础设施过程。包括标准的编制与发布;硬件设备和基础软件等基础设施的采购与安装部署;基础设施的运行维护,包括故障排除、巡检、优化与升级、咨询服务等活动。

⑤ 资产管理过程。包括制订资产分类及登记管理办法,提供资产管理模板;进行资产登记管理;形成资产分类统计清单等活动,应由指定的资产管理员负责资产管理过程。

其次对于信息系统工程项目的乙方(供方),应组织执行如下的软件过程,甲方和监理单位应对其执行的如下过程进行监督管理:

① 供应过程。供应过程包括承建单位在整个合同执行期间的活动和任务,主要包括编制投标文件,响应甲方需求;签订合同;编制项目实施方案与计划;执行计划,包括开发、运作和维护等,直至完成合同任务,系统交付;评审和评价,包括阶段性评审(需求评审、设计评审、源代码评审、测试评审、验收准备评审等)和内部质量控制评价等活动;系统交付;质量保证等活动。

② 管理过程。乙方的管理过程侧重于微观管理。管理过程包括检查执行项目所需资源(人员、工具、技术、环境等)的可用性和充分性;制订项目执行计划,包括但不限于进度安排、工作量估计、资源配置、任务的分配、职责的分派、风险评估与控制、质量保证、资金控制、开发环境规定等内容;监督过程的执行,并提供过程进展的内部报告;分析解决过程执行中的问题并形成文档;对计划执行情况及软件产品进行评审和评价等活动。

③ 开发过程。开发过程包括承建单位在项目开发阶段的活动和任务,主要包括确定软件开发模型、开发标准和规范;需求分析;体系结构设计和详细设计;编码与单元测试;集成与系统测试;安装部署;验收测试;验收支持等活动。

④ 运行过程(试运行和质量保证期服务过程)。运行过程包括承建单位在项目试运行和质量保证期阶段的运行服务活动和任务,主要包括按照合同规定的运行维护任务,制订试运行和质量保证期运行服务方案和流程;系统初始化(上线)并在指定运行环境中运行;运行监测;用户支持等活动。

⑤ 维护过程。维护过程包括承建单位在项目试运行和质量保证期阶段维护服务的活动和任务,主要包括按照合同规定的运行维护任务,制订维护方案和流程,例如建立接收、记录、追踪和反馈用户问题及修改要求的规程;问题和修改分析;修改实施(包括编码、测试、安装、用户确认等)、软件(系统)迁移等活动。

⑥ 验证过程。验证过程是确定软件(系统)是否满足已规定的要求或条件的过程,在承建单位的供应过程、开发过程、运行过程和维护过程中的各相关阶段,都需要组织验证,验证的手段包括分析、评审、测试等,验证的内容包括合同验证、过程验证、需求验证、设计验证、编码验证、集成验证、文档验证等。

⑦ 联合评审过程(联调测试过程)。对于大型信息系统工程项目,在系统集成工作完成后,应组织联合评审(一般由总集成商组织),在技术层面上检查系统的完

整性、连通性、对技术和标准的符合性等。

⑧ 问题解决过程。问题解决过程分析和解决在实施开发、运行、维护或其他过程中发现的问题,其目的是提供一个及时的、负责的和文档化的方法来保证所有发现的问题得到解决。问题解决过程应包括问题的收集、分析、解决、跟踪、报告等活动,应形成一个闭环,以保证所有问题得到解决。

⑨ 质量保证过程。质量保证过程是用来保证软件(系统)和过程在其生存周期内符合规定的要求、遵守已制订的计划的过程,质量保证可以是内部的,也可以是外部的(请独立的第三方进行质量保证)。质量保证可以使用验证过程、确认过程、联合评审过程、审核过程、问题解决过程的结果。质量保证包括产品保证、过程保证和质量体系保证三部分。产品保证包括保证合同要求的所有计划形成文档、符合合同、相互协调并且按要求正在执行;保证软件(模块)和文档符合合同,并按照计划执行;保证最终交付的软件(系统)完全满足合同要求。过程保证包括保证软件开发模型符合合同并按计划执行;保证开发环境与开发工具、测试环境与测试工具等符合合同;保证项目人员具有相应的技能和知识,并接受了必要的培训。质量体系保证就是保证质量管理活动与 GB/T 19001 一致。质量保证过程包括制订质量保证计划;持续执行质量保证计划的活动和任务,当检查出问题时,形成文档报告,作为问题解决过程的输入,并跟踪问题解决过程;形成质量保证活动记录。

⑩ 配置管理过程。配置管理过程是应用管理的和技术的规程来支持整个软件生存周期的过程,包括标识系统中的软件项、控制软件项的修改和发布、记录和报告软件项的状态、保证软件项的功能完备性和物理完备性、控制软件产品和文档的正式发布和交付等活动。

⑪ 文档编制过程。包括根据合同或相关标准确定项目所需文档清单、制订文档编制计划、设计并确定每一个文档的编写标准,包括格式、内容、图表、封装样式等;文档形成与编辑;文档评审与发布;文档维护与更新等活动。

⑫ 人力资源过程。包括评估人力资源需求;补充合格的员工;评价员工绩效;知识管理等活动。

再次对于信息系统工程项目的用户方,应执行如下的软件过程,甲方应对用户方的如下过程进行组织并提供支持和协助:

① 确认过程。确认过程是一个确定需求和最终已建成的系统(软件)是否满足特定的预期用途的过程。确认过程包括早期的需求确认和后期的系统确认,确认过程可以作为软件(系统)验收的一个支持过程。确认的手段除了测试外,还包括分析、建模、模拟等。

② 易用性过程。易用性过程是确保软件使用质量的过程,可以邀请易用性专业人员参与软件(系统)的界面设计,体现以人为本的设计理念,更要重视用户在软件(系统)界面设计上的要求,通过用户访谈、问卷调查、软件(系统)试用等方式确定易用性需求。易用性过程应与开发过程、运行过程、质量保证过程、验证过程、确

认过程等结合起来。

最后对于信息系统工程项目的运行维护方,应执行如下的软件过程,甲方应对运行维护方的如下过程进行组织并提供支持和协助:

① 运行过程(包括试运行期和正式运行期)。按照运行维护的职责,制订试运行期和正式运行期运行维护方案;协助并参与供方的系统初始化(上线)并在指定运行环境中运行的有关活动;实施运行监测,并协调处理运行中的问题;提供用户支持等活动。

② 维护过程。按照运行维护的职责,制订维护方案和流程,包括建立接收、记录、联系供方修改、追踪和反馈用户问题及修改要求的规程;对问题进行分析,针对纠正性维护和增强性维护,分别制订维修要求;跟踪督促维护完成情况(包括编码、测试、安装、用户确认等);组织实施软件(系统)迁移等活动。

(4) 严格验收质量管理。

① 根据信息系统工程项目的特点,确定验收的层次、主要内容和流程。鉴于信息系统工程项目的复杂性,验收工作可以分成三个层次,分别是合同验收、单项工程验收和整体工程验收。合同验收是以单个合同为单位组织的验收,验收的依据主要是是否达到合同各项条款的要求;单项工程是由若干合同组成,并可以独立运行的工程项目,例如一个单项工程可以划分为采购一台服务器、软件开发与部署等,在相应合同验收完成后进行单项工程验收,单项工程验收除考虑每个合同的完成情况外,还应考虑单项工程的运行情况和单项工程目标的实现情况;在各单项工程验收通过后进行整体工程验收,整体验收包括工程、技术、档案和财务4个专项验收。各合同、单项工程、整体工程的验收分别由合同甲方、单项工程的管理单位和工程管理办公室组织专家组进行。

信息系统工程的验收内容即包括交付物验收,又包括服务验收。交付物包括可运行的系统和相应的文档,对可运行系统的验收要从功能性、可靠性、易用性、可维护性、可移植性以及效率等方面进行全面的质量检查,验收测试在有条件的情况下可以组织独立第三方测试,如果没有条件,也要组织集成商、监理和开发商在场的三方技术测试,同时还要组织用户在真实环境下的试用测试;对文档的验收包括检查文档的完备性,内容的充分性、一致性和易读性等。服务验收要求完成合同规定的服务内容并且用户满意。

验收的基本流程是:承建单位按照合同规定的验收条件进行自查,达到验收条件后向合同甲方和监理提出验收申请;甲方组织用户试用,在真实环境下检查系统的功能和易用程度,并要求承建单位进行修改完善,用户填写试用评价意见;监理单位对照合同对建设内容和完成质量进行检查,并对用户进行满意度调查,发现问题及时要求承建单位进行整改,出具监理意见;集成商进行技术符合性测试,发现问题及时要求承建单位进行整改,出具技术测试证书;安全管理部门进行安全性测试,合格后出具证书;甲方按照质量标准,组织项目验收测试;甲方组织专家对项目进行验收,并形成专家验收意见。

② 按照建设内容和相关国家标准,明确验收条件和相应的质量标准。信息系统工程验收的基本条件是:已完成合同规定的任务,达到功能、性能、使用等方面的要求;已通过监理、集成和承建单位三方在场的验收测试或第三方技术测试;初步达到系统的设计目标,用户对系统的试用满意;满足信息共享的相关技术、接口等要求;通过系统安全性测试,并经安全主管部门认可;系统运行基本稳定,上线试运行后确保不会影响业务部门的正常工作。针对不同的建设内容,验收的质量标准不同,主要的质量标准如表7-1所示。

表7-1 信息系统工程各类建设内容的主要验收标准

建设内容	验收标准
数据库建设	完成数据库建设并达到以下主要要求: (1) 数据库的设计和部署满足工程的总体技术要求; (2) 数据库的应用功能至少包括数据查询、汇总计算、统计分析、图表制作、数据输出等功能; (3) 数据库的维护功能至少包括用户管理、访问控制与授权、元数据管理、入库数据量统计、数据备份与恢复等功能; (4) 能够按一定的规则从业务系统中抽取相关的数据,初步实现业务流与信息流的一致; (5) 数据库能够顺利地向外部的信息共享平台提交数据; (6) 数据库系统运行稳定,通过各种验收测试(技术测试、安全测试、用户测试、与平台集成测试等); (7) 数据库的指标体系满足初步设计的要求,并根据新的统计体系对指标进行适当调整,满足数据整理入库的要求; (8) 入库数据时间序列在有统计的情况下,年度指标至少是1978年以来的数据,月度和季度指标至少应有5年以上的数据; (9) 用户对数据库系统试用评价合格,对开发商的服务满意
业务应用系统建设	完成业务应用系统建设并达到以下主要要求: (1) 满足管理业务的流程处理要求,保证流程处理各个环节的信息传递完整、准确、流畅,功能操作简单、友好、方便; (2) 业务处理的各项功能至少包括信息接收、运行监测、流程办理、辅助决策、效果评估等; (3) 系统维护功能至少包括用户管理、访问控制与授权、用户使用日志、数据备份与恢复等; (4) 初步实现业务流与信息流的统一,在利用业务应用系统办理业务过程中形成的业务信息,要能够进行分类、汇总、查询和分析; (5) 符合用户业务处理的习惯,界面友好,用词规范; (6) 实现与相关数据库的接口,能够提供共享信息或从外部信息共享平台获取信息; (7) 业务应用系统运行稳定,通过各种验收测试(技术测试、安全测试、用户测试、接口测试等); (8) 用户对业务应用系统试用评价合格,对开发商的服务满意

续表

建设内容	验收标准
信息共享建设	完成信息共享建设并达到以下主要要求： (1) 信息共享基础架构(平台)的总体设计满足信息共享的要求,技术先进、稳定可靠、可扩展； (2) 共享数据仓库的结构设计符合数据的特点,适应数据在统计口径、统计指标等方面的变化,实现数据结构与应用程序的松耦合； (3) 信息共享基础架构(平台)与节点共享数据库之间形成自动的数据抽取和更新机制,节点共享数据库的数据更新后,平台应能够自动获取更新的数据并准确加载到平台的数据仓库中,确保平台数据与节点共享数据库中数据的一致； (4) 数据应用的各项功能至少包括门户、数据查询、报表生成、计算分析、图形制作、个性化数据定制、数据下载以及与数据分析软件接口、文献导航、全文检索、基于知识组织的文献关联性分析、数据与文献信息的联动等功能； (5) 平台维护功能至少包括用户管理、访问控制与授权、信息资源目录维护、外购数据加载、数据备份与恢复等； (6) 满足各涉密信息系统的相关管理要求,至少包括按密级进行用户授权、对共享信息进行密级标识等； (7) 运行稳定,各共建部门的用户可以正常登录访问； (8) 通过各种验收测试(技术测试、安全测试、用户测试、集成测试等)； (9) 用户对平台试用评价合格,对开发商的服务满意
网络建设	完成网络建设并达到以下主要要求： (1) 主干网络(城域网)正常运行； (2) 各接入网实现安全接入； (3) 网管系统能够实现全网监控
安全保障环境	完成安全保障环境的建设并达到以下主要要求： (1) CA证书能够正常发放和使用； (2) 网络防护设施部署合理,防护策略有效,满足网络的相关安全要求； (3) 完成信息安全风险评估工作,评估结果符合国家相关要求
标准规范	完成标准规范建设并达到以下主要要求： (1) 通过了可行性论证,标准发布后进行了培训,在系统建设中发挥了作用； (2) 标准规范的咨询服务工作获得用户的满意
机房改造	完成机房的环境改造并达到以下主要要求： (1) 经相关专业检测部门(电磁辐射、消防、电力等)检测合格； (2) 能够承载信息系统工程基础软硬件设备的正常运行
工程建设	完成工程建设要达到以下主要要求： (1) 工程建设的管理机构和项目管理制度健全、合理； (2) 按照《中华人民共和国招标投标法》和《中华人民共和国政府采购法》等有关规定进行招标投标工作,工程采购程序合法、规范； (3) 工程建设过程中,遵照国家相关标准规范； (4) 工程施工内容符合合同约定,质量达到工程预期目标； (5) 按照国家相关要求,实行工程监理制等

续表

建设内容	验收标准
技术设计	技术设计的主要要求： (1) 符合国家相关技术标准； (2) 符合项目建议书、可行性研究报告、初步设计等批复文件提出的总体技术要求； (3) 工程设计科学、先进、合理等
工程档案	工程档案的主要要求： (1) 符合主管部门有关建设项目档案管理的相关要求； (2) 工程档案完整齐全； (3) 档案文件内容真实，格式统一，可读性强等
财务管理	财务管理的主要要求： (1) 符合国家相关财务管理规定； (2) 建立健全财务管理制度； (3) 资金使用符合初步设计批复的投资概算； (4) 各项支出符合有关管理规定； (5) 财务初步决算报表和决算说明书内容真实、准确； (6) 建设项目形成的固定资产清晰，管理规范等

③ 充分做好验收的准备工作，精心组织验收过程。在验收工作开始之前，成立专门的项目验收专家组和工作组。通过采取会前精心准备、会上专家检查、会后整改完善的方法组织验收过程。

验收会前精心准备，包括承建单位对照合同自查自测、监理组织三方（监理方、集成方、开发方）进行功能和性能测试、有条件的组织第三方独立测试、总集成进行技术符合性评价、监理审核文档、用户试用测试、安全保密管理单位进行安全性测试以及专家现场检查指导等工作。

验收会上专家检查，包括验收专家组听取项目建设过程和建设成果的汇报、观看系统功能演示、检查系统运行状况、听取监理意见和用户意见、检查文档内容、审核验收测试报告、现场咨询等环节，并最终形成专家验收意见。

验收会后整改完善，主要是根据专家在验收会上提出的意见和建议，进行系统的完善工作。

7.2 质量管理机构与主要职责

质量管理任务需要由一定的组织机构和人员来完成。考虑到质量管理的技术性比较强，适宜由工程组和技术组（对应第二章 信息系统工程项目管理概述中图 2-1 信息系统工程项目管理组织结构图）联合管理。依据项目的规模和对质量的要求，可以成立专门的质量管理组，也可以在工程组和技术组内设专门的质量管理员或兼职的质量管理员，质量管理机构（管理员）的主要职责是：

(1) 在招标投标阶段，为保证工程质量，对承建单位提出明确的资质要求，并审核投标人的质量保证措施；

(2) 在项目实施过程中，通过组织质量检查、软件过程管理、阶段性评审、代码走查、系统联调测试、文档走查等质量监督保证措施的落实；

(3) 在验收阶段，按照验收的质量标准，组织各项测试、评估、用户试用、满意度调查等活动，验证项目质量达到质量标准；

(4) 在运行阶段，监督运行维护的质量以及系统按照用户要求不断修改完善的情况；

(5) 编制各种质量报告，协调解决项目执行中的质量问题。

7.3 信息系统工程项目的质量

信息系统工程项目的软件质量可以从满足规定的或隐含的功能（功能性）、维持其性能水平的稳定程度（可靠性）、用户使用的简洁高效（可用性）、响应速度快（效率）以及易维护（可维护性）、可移植（可移植性）等方面进行度量和评价，每一方面，构成一个质量特征，又可以分解为若干质量子特征。针对每一个质量子特征，可以选择一个或多个度量指标进行度量，同时，每一个度量指标，可以选择1个或多个检测方法来获得度量值，最后，进行软件质量的综合评价。

参照软件工程产品质量国家标准 GB/T 16260-2006 及信息系统工程项目的特点，信息系统工程项目的质量模板如表 7-2 所示。

表 7-2 信息系统工程项目质量

质量特征	质量子特征	度量指标	检测方法
功能性	完整性	功能模块完成情况	对照合同中规定的功能模块个数及内容
		功能实现情况	采用功能性测试的方法，通过测试，逐一检测各项功能的实现情况（应保证测试用例的全面、典型和权威性）
	正确性	业务处理逻辑的正确性	采用功能性测试的方法，通过测试，逐一检测各项功能执行的正确性（应保证测试用例的全面、典型和权威性）
		流程的正确性	
		模型或公式的正确性	
		计算结果的正确性	
		数据展示（图、表等）的正确性	
		数据录入（加载）的正确性	
		数据接收（抽取）或传递的正确性	

续表

质量特征	质量子特征	度量指标	检测方法
可靠性	成熟性	是否采用成熟的硬件和基础软件	由专家根据设计文档进行评估
		是否采用成熟的软件开发技术和支撑工具	
		软件开发过程的成熟度	
	稳定性	可用度	根据系统试运行期间的监控记录,统计出在任意随机时刻用户使用软件时,软件处理可使用状态的概率。
		故障率	根据系统试运行期间的监控记录,计算出软件在试运行期间,单位时间的故障数(个/100 小时)。故障的定义是任何使得用户无法使用的事件
	易恢复性	平均失效恢复时间	根据系统试运行期间的监控记录,计算故障恢复的平均时间。故障的定义是任何使得用户无法使用的事件
	安全性	权限管理程度	采用功能性测试的方法,通过测试用例,逐一检测权限管理和访问控制的实现程度(应保证测试用例的全面、典型和权威性)
		访问控制程度	
易用性	易理解性	设计方案的易理解程度	用户评价表格,进行统计
		软件功能的易理解程度	
		使用手册的易理解程度	
	易学习性	操作界面是否一目了然	
		用词是否符合业务习惯	
		使用手册是否细致、清楚	
		安装配置和初始化工作是否简单	
		后台维护是否简单	
	易操作性	一个窗口内可否完成一套	
		默认和可选 项是否足够多	
		操作是否简单	
		用词是否准确,并且前后一致	

续表

质量特征	质量子特征	度量指标	检测方法
效率	处理速度	查询响应速度	采用性能测试的方法,通过测试用例,逐一检测各项性能的实际情况(应保证测试用例的全面、典型和权威性)
		模型计算速度	
		多给分析速度	
	资源占用率	CPU 占用率	
		硬盘空间占用率	
		网络流量占用率	
	多用户并发处理能力	最大并发用户量	
	大数据量处理能力	数据库记录超 10 万行后,系统响应速度	
可维护性	模块化	是否采用基于组件的和可重用的软件开发技术	根据开发过程和交付物情况,由专家判断
	灵活性	增加一个新功能或新的数据指标时,是否需要大量更改程序	根据实际情况,由专家判断
	可追溯性	程序中的注释是否足够	
	兼容性	是否采用国家标准	
	解释性	文档齐全、准确、清晰	
可移植性	适应性	与平台无关	根据采用的技术和工具,由专家判断
	易安装性	安装部署各初始化过程简单	根据实际情况,由专家判断
		软件更新过程简单、易操作	

7.4 质量管理的基本方法

1. 招标投标阶段的质量管理

为保证工程质量,必须选择优秀的项目实施团队,不仅要建立起完整的质量保证体系,而且要软件开发过程的成熟度比较高。因此,在招标文件中必须明确投标人的资质要求、业绩要求以及项目团队中项目经理、技术总监、核心技术人员的经历和能力要求。招标文件中对投标人的主要要求如下(以软件开发项目为例,不同类型的项目,相关要求会有所不同):

(1) 投标人必须在中华人民共和国境内注册,具有独立法人资格,注册资本金在人民币 2000 万元(含)以上。

(2) 投标人必须遵守《中华人民共和国招标投标法》及其他相关的国家法律、行政法规的规定,具有良好的信誉和诚实的商业道德。具备健全的财务会计制度,有依法缴纳税收和社会保障资金的良好记录。在参加采购活动中,没有重大违法记录。

（3）投标人必须具有相关部门颁发的"计算机系统集成一级资质证书"、"CMM2（含）以上证书"和"软件开发企业资质认证证书"。对于涉密的信息系统工程，投标人还需具有国家保密局颁发的涉及国家秘密的计算机信息系统集成资质或软件开发单项资质。

（4）投标人必须具有应用整合和应用系统设计开发的成功案例，提供至少二个规模与本项目类似的成功开发案例，且应附上相关的业绩证明（如合同、验收证明或顾客意见反馈表等复印件）。

（5）项目经理必须负责并完成过至少2个大型信息系统工程项目（例如，投资规模在3000万元以上等），并有服务于类似软件系统开发的经验（提供有效的证明文件），且必须专职于本项目。

（6）项目技术总监必须负责并完成过至少2个大型信息系统工程系统开发项目，并主要承担设计任务（提供有效的证明文件），且必须专职于本项目。

（7）项目团队必须有服务于信息化工作的丰富经验和类似软件开发项目的优秀业绩，了解本信息系统工程领域的业务流程，有较强的组织、协调和沟通能力。

（8）投标人必须具备履行招标文件中"合同条款"和"技术要求"所需的设计、开发和相应服务的能力。

（9）投标人必须承担招标文件中"合同条款"和"技术要求"所规定的系统建设、技术支持等服务的义务。

（10）投标人需在信息系统工程建设地点设有固定的经营场所，并且有足够的可满足要求的技术人员（附相关文件）。

（11）不接受联合体投标。

（12）投标人必须购买招标文件并在采购代理机构登记备案，否则无资格参加本次投标。

（13）法律、法规要求的其他条件。

2. 需求分析与设计阶段的质量管理

（1）建立起有效的用户与开发人员的沟通机制。在软件的需求分析与设计过程中，软件人员必须充分理解用户的需求，尤其是用户潜在的和隐含的需求。否则，开发出来的软件产品一定不符合或不完全符合用户的要求，需要在后续的工作中不断打补丁、不断修改完善软件，不仅影响进度，更影响软件的质量。而开发人员理解用户需求的最有效方式就是与用户进行直接的、面对面的交流。但用户的业务工作非常繁忙，信息系统作为业务工作的一项辅助工具，在研制过程中，用户不愿意投入太多的时间去关注，一旦研制完成交给用户使用时，用户就会发现不太好用，不仅没有提高工作效率，反而在完成常规工作的同时，又多了一份电子化的任务，不愿意使用信息系统，导致系统建设完成后应用效果不好。为了调动用户参与信息系统建设的积极性,把准信息系统建设的方向,最好将用户组织作为信息系统建设(尤其是业务功能要求高的信息系统)合同的甲方,或者是工程管理办公室的领导成员,作为整个项目的第一把手,直接管理和控制信息系统工程项目建设实施的方向。

(2)坚持用户、领域专家和技术专家共同参与的阶段性评审。在需求分析和设计阶段,每一项工作完成后,均需要组织阶段性评审。一方面纠正对用户需求理解上的偏差,另一方面,避免将偏差带到开发和集成阶段后造成的扩大效应。如果必要,在评审前应组织用户和专家对原型系统等进行试用或测试。

3. 开发与集成阶段的质量管理

(1)在软件开发技术上,采用构件技术和软件复用技术。充分利用过往软件开发中积累的知识、经验和开发成果,减少重新开发可能引入的错误,进而提高软件质量。

(2)在软件开发过程管理上,采用成熟的过程模板和过程管理工具。将过程管理与整个项目的管理结合起来,不断改进软件开发过程,提高软件质量。对开发商的软件开发过程应提出明确的要求,包括:

① 要求开发商建立起有效的质量保证体系;
② 要求开发商进行全面的软件质量设计;
③ 要求开发商选择成熟的开发技术;
④ 要求开发商采用成熟的软件质量管理过程(CMM 或 ISO9000);
⑤ 要求开发商实施阶段性评审;
⑥ 要求开发商按照相关国家标准(GB/T 9386-2008 计算机软件测试文档编制规范、GB/T15532-2008 计算机软件测试规范、GB/T 17544-1998 信息技术 软件包 质量要求和测试)严格进行单元测试、集成测试、系统测试和回归测试;
⑦ 要求开发商进行配置管理和版本控制;
⑧ 要求开发商对软件的复杂程度和缺陷密度进行度量,复杂程度的度量采用千行语句中循环和选择结构的个数,缺陷密度的度量采用千行语句中缺陷语句的数量;
⑨ 要求开发商对软件质量问题进行记录。

同时,组织监理进行软件过程执行程度的监督检查,包括:

⑩ 开发现场检查;
⑪ 代码走查;
⑫ 测试方案与测试用例审核;
⑬ 测试记录确认签字;
⑭ 按照质量模型进行相应的质量评估。

4. 验收阶段的质量管理

(1) 重视软件测试工作和测试质量。软件测试是保证软件质量的主要手段，用来检查软件功能的正确性和完整性以及软件的可用性、可靠性和效率等。应按照软件测试的相关国家标准(GB/T 9386-2008 计算机软件测试文档编制规范；GB/T 15532-2008 计算机软件测试规范；GB/T 17544-1998 信息技术 软件包 质量要求和测试；)完成测试的准备、测试方案的设计与审核、测试过程的实施、记录和测试结果的评估、软件修改等相关工作。

(2) 严把验收证书关。要求开发商提供的主要测试、验证、确认等证书如下：

① 监理单位进行全面质量检查的审核证书；
② 集成单位进行技术符合性认证；
③ 安全管理部门的系统安全性认证；
④ 与其他系统的接口测试证书；
⑤ 用户出具的可用性证明文件；
⑥ 组织第三方测试证书；
⑦ 用户满意度调查表。

第8章 财务和资产管理

财务和资产管理的核心工作就是按照财政部有关基本建设项目财务管理的相关要求进行的财务收支和形成资产的分类统计。财务管理包括年度资金预算的编制及申请、日常资金支付及统计报表的编制、组织财务决算和财务审计等工作,财务管理的目标是按照《基本建设财务管理规定》(财建[2002]394号)等国家相关法律法规的要求,用好信息系统工程的资金。资产管理是在资金支付时进行设备登记的基础上,按照财政部基本建设投资形成资产的类型,编制基本建设项目交付使用资产总表和明细表,资产管理的目标是按照"投资与形成资产等值"的原则,做好形成资产的分类统计工作,为竣工财务决算和竣工验收后的资产移交做准备。

8.1 财务和资产管理的主要依据

财政投资的信息系统工程项目,其财务和资产管理的主要依据包括:
(1) 财政部关于印发《基本建设财务管理规定》的通知(财建[2002]394号);
(2) 财政部关于解释《基本建设财务管理规定》执行中有关问题的通知(财建[2003]724号);
(3) 财政部关于印发《基本建设项目竣工财务决算报表》和《基本建设项目竣工财务决算报表填制说明》的通知(财基字[1998]498号);
(4) 财政部关于修改重印《国有建设单位会计制度》的通知(财会字[1995]45号);
(5) 财政部关于印发《会计师事务所从事基本建设工程预算结算决算审核暂行办法》的通知(财协字[1999]103号);
(6) 信息系统工程项目初步设计和投资概算的批复意见;
(7) 信息系统工程项目管理机构制订的各项财务管理制度。
非财政投资的信息系统工程项目,其财务和资产管理应主要依据投资方的相关要求。

8.2 财务和资产管理的主要内容与基本要求

按照财政部《基本建设财务管理规定》,基本建设财务管理的基本任务是:贯彻执行国家有关法律、行政法规、方针政策;依法、合理、及时筹集、使用建设资金;做好基本建设资金的预算编制、执行、控制、监督和考核工作,严格控制建设成本,减少资金损失和浪费,提高投资效益。结合信息系统工程的实际情况,信息系统工程的财务和资产管理的主要内容包括以下各项。

1. 编制资金使用预算

按照财政资金使用的有关要求,充分考虑工程的进展情况和对资金使用的需求,及时编制年度资金预算和季度资金使用预计,报送相关财政部门,并申请财政资金到位。

2. 日常财务管理

按照信息系统工程明确的支付流程,审核各项支付手续,办理支付业务;按照《国有建设单位会计制度》,记录支付情况,进行信息系统工程项目的日常财务处理;定期统计资金支付进度,包括本月支付情况、1月——当月累计支付情况、各类工程款支付情况、待摊费用支付情况等,形成资金使用情况统计报表,供项目管理参考;并按规定及时向财政部门报送基建财务报表。

3. 配合财务主管部门和审计部门的工作,编制资金使用情况说明

根据财务主管部门和审计部门的相关要求,定期编制资金使用情况说明。主要内容包括当前的资金使用情况;完成资金使用计划情况;具体哪些项目按照资金使用计划执行、哪些项目没有按照资金使用计划执行,以及原因说明和拟采取的补救措施;预计下一季度(下半年)资金使用需求等。

4. 参与项目管理

从财务的角度对资金支付严重滞后的项目提出整改要求。可以根据信息系统工程建设项目的规模和建设工期,确定"严重滞后"的时间窗口,工期在2年左右的项目,如果超出合同规定的支付时间6个月仍没有完成支付的,就可以确定为"严重滞后"项目。

5. 资产分类与统计

按照财政部《基本建设项目竣工财务决算报表》中《基本建设项目交付使用资产明细表》的格式和相关要求,将各项投资所形成的资产逐项分解到相应的固定资产、流动资产、无形资产、递延资产项下,并进行分类汇总。

6. 编制竣工财务决算报告

按照财政部《基本建设财务管理规定》等财务竣工决算的要求,编制信息系统工程财务竣工决算报告。

7. 组织会计师事务所进行信息系统工程财务专项审计

按照《会计师事务所从事基本建设工程预算结算决算审核暂行办法》的要求，对工程管理办公室编制的初步验收财务报告和竣工验收财务报告进行审核，并提出审计意见。

8. 联系财务主管部门，组织完成竣工财务决算及相关报批手续

按照《基本建设财务管理规定》中有关竣工财务决算的相关要求，编制基本建设项目竣工财务决算报表和竣工财务决算说明书，并按照规定程序报批。

财务和资产管理的基本要求是按照国家的相关法律法规和信息系统工程制订的各项财务和资产管理办法、支付流程以及合同规定的支付条件严格管理、认真审核、详细记录、及时统计分析和报告。

8.3 财务和资产管理机构与主要职责

考虑到信息系统工程财务管理的政策性和专业性都非常强的特点，应由建设单位的财务管理部门指定专人与工程管理办公室的相关人员一起组成财务组（对应第2章 信息系统工程项目管理概述中图2-1 信息系统工程项目管理组织结构图），负责信息系统工程的财务管理。信息系统工程的财务管理应以建设单位的财务管理部门为主，工程管理办公室应该指派专人配合财务管理部门的管理工作，并与财务管理部门联合制订各项财务管理制度。

财务管理机构的主要职责包括按照财务管理制度和批准的建设内容做好账务设置和账务管理；对工程建设过程中的各项资金支付和形成的财产物资做好原始记录，并进行汇总报告；及时掌握工程进度，定期进行财产物资清查；按规定向财政部门报送基建财务报表等。

8.4 财务和资产管理的基本方法

1. 建立完善的财务管理制度

在《基本建设财务管理规定》和《国有建设单位会计制度》等相关财务制度的基础上，根据信息系统工程项目的特点，制订《信息系统工程项目资金管理办法》，明确资金支付的条件和流程等，其主要内容应包括：

（1）明确支付形式。对于财政资金建设的信息系统工程项目，除建设单位管理费之外，必须全部直接支付到设备或服务供应商（乙方），建设单位管理费只能用于工程从筹建之日起至办理竣工财务决算之日止发生的管理性质的开支。

（2）按照财政部门的要求，定期编制并上报资金使用计划，并按照资金使用计划执行。资金使用计划表的模板如表8-1所示。

表8-1 资金使用计划表

费用名称	资金使用计划（万元）												
	1月	2月	3月	4月	5月	6月	7月	8月	9月	10月	11月	12月	全年
集成费		10		50				40			80		
设备采购费						50						50	
开发费	2			5					30				
数据资源建设费	5												
标准规范编制费													
……													
合计	7	10	0	55	0	50	0	40	30	0	80	50	322

（3）要求指定资产管理员。资产管理员负责设备登记和资产管理，按照《基本建设项目竣工财务决算报表》的相关要求，编制《基本建设项目交付使用资产总表》和《基本建设项目交付使用资产明细表》。

（4）提出资金支付要求。支付合同款项时，项目承建单位需将有关支付凭证等送监理单位审核后，向工程管理办公室提出支付申请，填写资金支付申请表和设备领用登记表，同时附上相关支付凭证（包括采购合同、发票、设备清单等）。

（5）明确资金支付流程。首先承建单位（合同乙方）在确认本阶段工作已按合同要求完成后，提交资金支付申请，并附相关凭证。第二，监理单位对承建单位在本阶段的工作成果及资金支付的相关手续进行审核，通过后，向业主单位出具资金支付证书。第三，业主单位对监理单位的支付证书和承建单位的支付申请书等进行审核，认可后转交财务部门。第四，财务部门进行财务审核后履行资金支付手续。

2．年度预算编制方法

根据项目的计划进度和支付条件，估算出各个项目的年度资金使用情况，并根据财务条件进行适当的汇总平衡后，形成年度资金使用预算。首先，对于已签订的所有合同，按照合同要求的进度和支付条件及支付比例，计算出相应月份的资金使用数量，形成资金使用年度预算表，表8-2是按合同估算资金使用情况表。

表 8-2 按合同估算资金使用情况

合同名称	资金使用估算（万元）											
	1月	2月	3月	4月	5月	6月	7月	8月	9月	10月	11月	12月
aaa												
bbb												
集成费小计												
ccc												
ddd												
设备采购费小计		10		50				40			80	
eee												
fff												
开发费小计						50						50
ggg												
hhh												
数据资源建设费小计	2			5				30				
iii												
jjj												
标准规范编制费小计	5											
…												
合计	7	10	0	55	0	50	0	40	30	0	80	50

第二,对于未签订合同的项目,按照项目执行计划,估算出预算年度内可能完成的工作量和可能使用的资金,补充到上述资金使用年度预算表中,形成完整的资金使用年度预算表,表 8-3 是尚未签订合同项目资金使用估算表。

表 8-3 尚未签订合同项目资金使用估算

合同名称	资金使用估算(万元)											
	1月	2月	3月	4月	5月	6月	7月	8月	9月	10月	11月	12月
已签订合同合计												
未签订合同项目1												
未签订合同项目2												
……												
未签订合同合计												
总计												

3. 交付使用资产总表编制方法

按照《基本建设项目竣工财务决算报表》的要求,交付使用资产总表的格式如表 8-4 所示。

表 8-4 交付使用资产总表

单项工程名称	总计	固定资产			流动资产	无形资产	递延资产
		建安工程	设备采购	其他	合计			

交付单位　　　　　　　　　　　接收单位

　　年　　月　　日　　　　　　　　　　年　　月　　日

表 8-4 中,固定资产包括建筑工程和安装工程的费用、设备采购费用以及按照规定应当分摊计入交付使用资产价值的各项费用支出,包括建设单位管理费、设计费、研究试验费、可行性研究费、设备检验费、联合调试费、监理费、招标代理费、社会中介机构审计费等。无形资产包括采购基础软件、开发应用软件、系统集成与试

运行、标准规范编制、信息资源采购等费用支出。递延资产主要指培训费的支出。一般信息系统工程的流动资产为 0。

交付使用资产总表中的资产分类科目与初步设计批复的概算投资科目之间的对应关系如表 8-5 所示。

表 8-5 资产分类科目对照表

交付使用资产总表中的资产科目	初步设计批复的概算投资科目
建筑工程 安装工程	建筑工程费
设备采购	设备购置费、安全设备及软件投资、网络接入费等
其他	建设单位管理费、可行性研究费、设计费、工程监理费、招标代理费、安全检测费、中介机构审计费等
无形资产	软件费、标准规范体系建设、系统集成费、试运行费等
递延资产	培训费、线路租用费等

4. 交付使用资产明细表编制方法

按照《基本建设项目竣工财务决算报表》的要求，交付使用资产明细表的格式如表 8-6 所示。

表 8-6 交付使用资产明细表

单项工程名称	建筑工程			设备 工具 器具 家具					流动资产		无形资产		递延资产	
^	结构	面积(m)	价值(元)	名称	规格型号	单位	数量	价值(元)	设备安装费(元)	名称	价值(元)	名称	价值(元)	名称	价值(元)

交付单位　　　　　　　　　　　　接收单位

　　　年　月　日　　　　　　　　　　　　　年　月　日

交付使用资产明细表就是将所有单项合同形成的资产按照相关科目进行划分，分解到相应的建筑工程、设备、流动资产、无形资产和递延资产项下，形成交付使用资产明细表。编制交付使用资产明细表时，在每份合同形成的资产按照资产类型和资产科目进行分解后，必须进行合同金额与所形成的资产总额的审核工作，必须保证合同金额等于其形成的资产总额。如果单份合同形成的资产跨多个资产科目时,例如软件开发合同包含培训费用、系统集成合同包括设备采购费用等,应按照合同或投标文件中的费用构成进行分解,分别列入相应的资产科目。

5. 竣工财务决算报告的编制方法

信息系统工程竣工财务决算报告是正确核定新增固定资产价值、反映项目建设成果的文件,是办理固定资产交付使用手续的依据。竣工财务决算的依据主要包括:项目审批部门批复的初步设计与投资概算、概算调整及其批准文件、招标投标文件、资金使用计划及预算、合同及工程支付(结算)资料、财务管理制度等。在编制竣工财务决算前,建设单位要认真做好各项清理工作,包括合同及支付资料的归档整理、账务处理、财产物资的盘点核实等。

信息系统工程竣工财务决算报告的内容主要包括两部分,一部分是竣工财务决算报表,包括项目概况表、项目竣工财务决算表、项目交付使用资产总表和项目交付使用资产明细表。另一部分是竣工财务决算说明书,包括项目建设概况,例如,建设目标、建设内容、完成情况、形成的系统能力等;会计财务的处理、财产物资清理情况等;项目结余资金的分配情况;主要技术经济指标的分析、计算情况;项目管理及决算中存在的问题、建议等;决算与概算的差异及原因分析;其他需说明的事项。

8.5 信息系统工程竣工财务决算报告

根据工程的实际建设内容和财务情况确定竣工财务决算报告的具体内容,下面的目录结构模板可供参考。

1. 竣工财务决算报告目录结构

一、项目概述

二、投资概算及调整情况

(一)初步设计批复的投资概算

(二)批复概算调整

三、财务管理依据

四、财务管理机制

五、招标投标管理

六、财务管理

(一)认真学习国家有关投资和财务管理的规章制度

(二)建立工程相关财务和资产管理制度

(三)严格执行财务管理各项规章制度

七、资金拨付情况

八、概算执行情况

九、资金支付情况

十、形成资产情况

十一、工程审计情况

十二、有关问题的说明

十三、总结

十四、财务决算报表

2. 决算说明书主要内容

[决算编制依据]《项目审批部门对信息系统工程初步设计和投资概算的批复》、《项目审批部门对工程建设方案和投资概算调整报告的批复》、《基本建设财务管理规定》、《基本建设项目竣工财务决算报表》等。

[项目建设内容及完成情况概述]描述项目建设单位、项目从立项到初步设计的批复过程、项目的建设目标、主要建设内容、批复的概算金额、项目建设完成情况、形成的系统能力,以及投资完成情况。

[投资概算及调整情况]描述概算批复的总投资和分科目的投资。如果有概算调整,描述概算调整过程及批复情况,以及调整后的总投资和分科目投资。

[财务管理依据]列举主管部门发布的财务管理法律法规以及工程项目自身制订的财务管理规章制度。

[财务管理机制]说明信息系统工程财务管理的具体工作机制,包括明确财务管理部门,以及工程管理部门与财务管理部门的协同工作关系。

[招标投标管理]描述组织招标投标的过程、招标投标的工作流程、招标文件和合同文件的审核过程、招标投标工作的完成情况,用统计数据说明整个工程的招标投标完成情况,并对招标方式统计表进行说明,尤其是直接委托的项目,要详细说明其不执行招标投标过程的原因。

[财务管理]描述财务管理制度、资金支付条件和流程、并附资金支付过程中相关职能机构审核的凭证复印件,例如乙方支付申请、乙方出具的与本次支付相关的阶段性评审结论、监理支付证书、甲方的审核意见、甲方填写的资金支付表、甲方相关主管领导在资金支付表上的签字、工程管理办公室的审核意见、财务部门的审核意见等。

[资金拨付情况]描述财政资金的拨付过程和资金到位情况。

[概算执行情况]按照项目审批单位批复的投资科目,统计各科目下的实际合同资金,对照各科目批复的投资概算,计算概算执行率,概算执行率 = 实际合同资金/批复概算×100%。并对各科目的概算执行情况进行说明,尤其是对超概算的科目,要解释超概算的原因。给出概算执行情况统计表。

［资金支付情况］说明截至目前的资金支付情况,列出未付清合同的应付款。

［形成资产情况］按照财政部基本建设项目交付使用资产的分类,统计工程建设完成后形成资产的情况,给出交付使用资产汇总表,并说明待摊资产、无形资产、递延资产的归属原则。

［财务报告的审计情况］描述会计师事务所对工程管理办公室提交的财务报告的审核情况及审核结论。

［有关问题的说明］主要描述对节余资金的使用安排,如果存在收尾工程,要描述对收尾工程的资金安排。

［总结］根据实际情况,对财务管理情况进行实事求是的评价。例如：工程建设严格遵守国家相关法律法规和政策,遵守相关管理部门的各项财务管理规定,在项目实施过程中建立了相应的财务管理制度,进行了严格的项目管理和资金管理。

在项目建设范围和资金使用方向上,严格按照国家批复的建设内容和资金科目执行,未出现经费使用超概算情况；在招标投标环节,过程规范、严谨,采用公开招标、政府采购、竞争性谈判等方式,节约项目资金；在资金支付管理上,严格按照工程资金支付的相关规定和合同规定的支付条件,认真审核项目状态和资金支付手续,确保工程质量和资金支付效率。工程的财务管理和资金支付符合国家基本建设项目财务管理的各项规定和相关要求,未出现违法违规问题。

3. 财务决算报表

按照财政部《基本建设项目竣工财务决算报表》(财基字［1998］498号)的相关要求,竣工财务决算报表应包括：项目概况表、财务决算表、交付使用资产总表、交付使用资产明细表。具体格式和内容参照财政部的相关文件。

第9章 标准规范管理

信息系统工程的标准规范是工程建设活动的基本技术依据和行为规则,是保证和提高工程质量、加快建设速度、合理使用建设资金的重要手段。其中,标准更侧重于技术领域,称为技术标准,规范则侧重于社会行为,称为管理规范。标准规范不同于行政法规,其目的是以科学合理的规定,为人们提供一种最佳选择。标准规范有特定的产生程序、编写原则、体例格式和执行模式。

1997年国际标准化组织ISO/IEC导则中对标准的定义如下:为在一定范围内获得最佳秩序,对活动或其结果规定共同的和重复使用的规则、导则或特性的文件。标准文件经协商一致制订并经一个公认机构批准。标准应以科学、技术和经验的综合成果为基础,以促进社会最佳效益为目的。标准的作用是为获得最佳秩序提供答案,而标准化则是制订这些答案的一系列相关活动。为此,标准的制订必须符合科学性和先进性,必须将科学技术的最新成果与实践中积累的先进经验相互结合,进行总结、提炼和优化,并且在实践中不断修订和完善标准。同时,标准是各方利益协调的产物,是各方协商一致的结果,因此,标准的编制过程特别注重各方意见的征询和处理。

信息系统工程首先应执行相关国家标准,目前我国信息技术领域已颁布国家标准560多项(可以到"全国信息技术标准化网"查询,www.nits.org.cn),涉及中文信息处理、网络通讯、软件工程、信息安全、数据管理与交换、用户界面、面向服务的体系结构、中间件等内容。同时,根据信息系统工程自身的特点和需求,制订工程标准并对相关国家标准进行适当的剪裁,则是信息系统工程项目标准化的主要工作。

信息系统工程的标准规范是工程顺利实施、规范化运行以及后续推广应用的有力支撑和可靠保障,是对国家标准、行业标准的有益补充。首先,通过标准的约束,参与工程建设的单位在信息资源的梳理、信息系统建设等过程中,做到有章可循、一数一源、数据的命名、类型、格式等协调统一,为信息资源的一致性和信息共享以及技术平台的互联互通提供了基本的保证;第二,国家标准中并未包括针对特定领域、特定目的的信息资源分类编码标准,因此,根据工程的需要,编制特定领域信息资源分类编码标准、数据集模型标准等,是对国家标准的有益补充。同时,根据工程的具体情况,在相关国家标准的指导下,编制工程元数据、数据元等相关标准,是对相关国家标准的细化;第三,根据工程管理和运行的需要,编制项目管理规范、运行维护规范、信息安全保密规范等,对加强项目管理,提高项目管理和运行维护效率有重要的促进作用。

9.1 标准规范管理的主要内容与基本要求

实践证明,标准化工作的重点在编制,关键在执行。

1. 标准规范管理的主要内容

(1) 根据信息系统工程的具体需求,研究确定标准规范体系,形成标准规范框架。

(2) 确定标准化原则,包括哪些标准可以直接采标、哪些标准需要对国标或行标进行剪裁、那些标准需要研制等。

(3) 选择标准规范编制单位。

(4) 制订标准规范编制流程,并监督执行。

(5) 审核、发布标准规范。

(6) 监督检查标准规范的执行情况,协调解决执行中的问题。

(7) 适时组织标准规范的修订工作。

(8) 整理标准规范文件,及时进行归档。

2. 标准规范管理的基本要求

(1) 在充分了解和掌握现行国家标准的基础上,依据信息系统工程的实际需求确定标准规范的框架、编制相应的标准规范。信息系统工程项目的标准必须是有针对性的,不能是空泛的。

(2) 要选择既有实践经验,又有较高技术水平的人员参与标准化项目的管理工作。

(3) 对于标准编制的关键问题,尤其是有争议的技术问题,要组织相关各方(建设单位、标准编制单位、监理单位、集成商、开发商、项目专家、领域专家等)在充分的调查研究、试验验证、专题讨论的基础上,通过协商,达成一致。

(4) 在对标准的报批稿进行审核时,要重点关注各标准文本之间在内容、深度、名词、符号等方面是否前后一致,避免标准文本之间出现重复和矛盾。

(5) 要重视标准规范执行的监督管理工作,标准规范作为工程建设的技术法规是必须执行的。要在《信息系统工程标准规范管理办法》中进一步明确各项标准的适用范围和使用方式。对于强制性执行的标准(如指标体系分类编码标准)或强制性执行的标准条文(如项目管理规范中的文件编号规则),一定要作为验收的条件之一,在验收时进行技术认证或确认。

(6) 要安排专人进行标准规范的日常管理工作,包括了解标准的执行情况、协调解决标准使用过程中遇到的问题,审查标准的修改完善和修订工作,整理标准文档,按照项目档案管理的相关要求进行归档等。

9.2 标准规范管理机构与主要职责

根据信息系统工程的建设规模和建设内容,在现有国家标准已基本可以满足工程建设需求,标准化工作的核心内容是适当剪裁和指导执行国家标准或需要少量编制工程标准的情况下,可以不设立专门的标准管理组,由技术组(对应第2章信息系统工程项目管理概述中图2-1信息系统工程项目管理组织结构图)负责标准规范的管理工作。如果工程建设内容复杂、庞大,尤其涉及特定领域的信息资源建设,需要大量专业化的标准规范指导的情况下,应成立专门的标准规范管理组,负责工程建设标准化工作。

标准规范管理机构的主要职责是:

(1) 制订工程建设标准规范管理制度(《信息系统工程标准规范管理办法》)。明确标准化工作目标、标准管理和编制单位的职责、标准发布与修订的流程、标准执行的要求、标准服务的要求等。

(2) 选择确定标准编制单位。通过招标采购或任务委托等方式择优选择标准规范编制单位,并以合同的形式明确标准规范编制的任务和要求。

(3) 协调组织工程建设标准的编制和修订。监督管理标准的编制过程,参与组织标准规范的征求意见活动,对意见处理汇总表进行关注。

(4) 审核、发布和管理工程建设标准。按照标准规范审核程序和发布条件,从形式和内容等方面对标准规范文本进行审核,满足发布条件的及时发布。

(5) 组织标准规范的宣传、培训和咨询服务工作。根据工程建设的需求,组织多种形式的标准规范宣传和培训工作,并要求标准编制单位提供统一的咨询服务窗口,一方面及时解答标准使用过程中的问题,另一方面及时补充完善相关标准,尤其是根据信息资源的现实情况,不断完善信息资源类相关标准规范。

(6) 了解掌握标准的执行情况,及时解决标准执行中的问题,适时组织标准的完善和修订工作。通过定期召开座谈会、现场调研等形式,了解标准的应用情况和标准执行过程中存在的问题,逐渐形成规范化的标准修订流程,确保标准规范对工程建设的指导和优化作用。

9.3 标准规范管理的基本方法

1. 根据工程建设内容确定标准规范的框架

标准规范框架是由信息系统工程的特点、建设内容和需求确定的,一般应包括建设所需的技术标准、管理规范和运行维护要求等。建设所需的技术标准包括总体技术要求、工程术语等总体类标准;信息资源分类编码、数据元、共享数据集模型、元数据、数据交换与服务规范等信息资源类标准；以及网络、安全、软件工程等信息技术类标准。管理规范包括项目管理规范、安全管理规范、信息资源管理规范等。运行维护要求包括运行维护规范、密钥使用规范等。通用的信息系统工程标准规范框架如表 9-1 所示。

表 9-1 信息系统工程通用标准规范框架

信息系统工程标准规范框架	技术标准	总体类标准	工程总体技术要求
			工程术语
			……
		信息资源类标准	信息资源分类编码标准
			数据元标准
			数据集模型
			元数据标准
			目录服务规范
			数据交换格式
			……
		信息技术类标准	网络标准
			安全标准
			软件工程标准
			……
	管理规范	管理规范	项目管理规范
			信息共享管理办法
			数据质量控制要求
			信息安全管理办法
			……
	运行维护要求	运行维护要求	运行维护规范
			密钥使用规范
			……
	……	……	……

2. 根据标准化的目标确定标准规范的编制原则

信息系统工程项目的标准规范编制工作，必须遵循科学性和实用性的原则。

（1）科学性原则。标准规范是科技成果转化为先进生产力的重要途径，因此，信息系统工程项目标准的制订必须体现最新的科学技术成果和最佳的工程实践经验，切实起到提高工程建设水平和保证工程质量的作用。

（2）实用性原则。信息系统工程项目标准规范的制订必须针对工程建设内容和建设方式的实际需求，在各方充分协商的基础上，提出针对性强、可操作的技术标准和管理规范。

3. 通过招标采购确定标准规范编制单位

信息系统工程标准规范的编制是一项专业性很强的工作，涉及信息技术、业务工作、工程实践、标准化研究等多个领域，因此，选择合适的标准编制机构，既对标准化工作有丰富的经验，又对信息系统工程建设和信息技术、业务领域有深刻的理解，才能顺利完成标准规范的编制任务。一般而言，在招标文件中，对标准规范编制单位的资质要求应包括：

（1）具有独立的法人地位和独立承担民事责任及履行合同的能力。

（2）国家或省、部级的标准化专业研究机构、高等院校、有标准编制经验的信息化机构或企业等。

（3）近三年承担过两个以上相应规模的信息系统标准化建设项目，编制的标准规范得到工程项目的应用，并获得用户的好评，并且相应的信息系统项目已经正常运行。

（4）投标人有足够相关项目经验的标准编制人员，能够确保标准的制定满足项目建设、运行维护的需要。

（5）投标人应遵守《中华人民共和国招标投标法》及其他国家有关法律和规章制度。

（6）本项目不接受联合体投标，中标人对本项目不得转让，不得分包。

同时，在招标文件中，对标准规范编制单位的任务要求应包括：

（1）内容要求。针对每一项标准规范，标准编制单位应提交标准文本、编制说明和实施指南等文本，并提供使用培训、现场指导和标准修订等服务。

（2）服务要求。在标准规范执行过程中，标准编制单位应成立专门的咨询服务小组，提供专门的服务电话，为标准使用单位提供分发、培训、咨询、现场指导、电话咨询、电子邮件回复等服务，记录并解决标准使用过程中的问题，适时对标准进行修订和完善。

（3）时间进度要求。标准规范应先行，并且随着工程的进展不断完善。根据工程的总体进度要求，应在本合同签订后5个月内完成标准文本的编制工作。同时，提供标准的培训服务，培训工作应在本合同签订后6个月内全部完成。

（4）质量要求。标准规范的内容必须符合信息系统工程建设的实际需求，并具有可操作性。

（5）编制过程要求。按照需求调研、编制草案、内部评审、征求意见（两轮）、技术验证、专家评审、甲方审核的程序完成标准规范的编制工作。并且在编制过程中，必须与相关单位密切合作，沟通交流，包括建设单位、设计单位、承建单位、运行维护单位等。

（6）项目组织方式要求。要组织一支既懂业务又有专业技术经验、人员相对稳定的技术队伍，包括业务专家、标准专家、信息技术专家、开发商、集成商等，站在整个信息系统工程全局的角度设计、制定各类标准。

（7）标准管理和贯彻实施要求。必须建立标准质量控制和更新维护机制,通过统一的版本控制系统发布统一的标准版本,并组织好标准的试点试用和推广应用工作。

4. 根据工程特点,制订标准编制流程

信息系统工程标准规范的编制流程,一方面应参照标准化领域的通用编制流程,即编制大纲、征求意见、送审和报批 4 个阶段,另一方面,还要考虑信息系统工程的具体特点,以及工程标准对"针对性"的特别要求,建议信息系统工程标准规范的编制流程应包括准备阶段、起草阶段、征求意见阶段、专家论证阶段、审核发布阶段等 5 个阶段。其中,准备阶段包括需求调研和起草编制计划等工作;起草阶段包括编制标准草案、内部审查、标准验证、形成征求意见稿等工作;征求意见阶段包括两轮向专家和相关项目管理、监理、参建单位的征求意见和意见汇总处理工作,并形成标准送审稿;专家论证阶段应组织专家对送审稿的可行性进行论证,并根据专家意见进行修改完善后,形成报批稿;审核发布阶段对报批稿进行形式和内容的审核,审核通过后发布执行。各阶段的具体程序如图 9-1 所示。

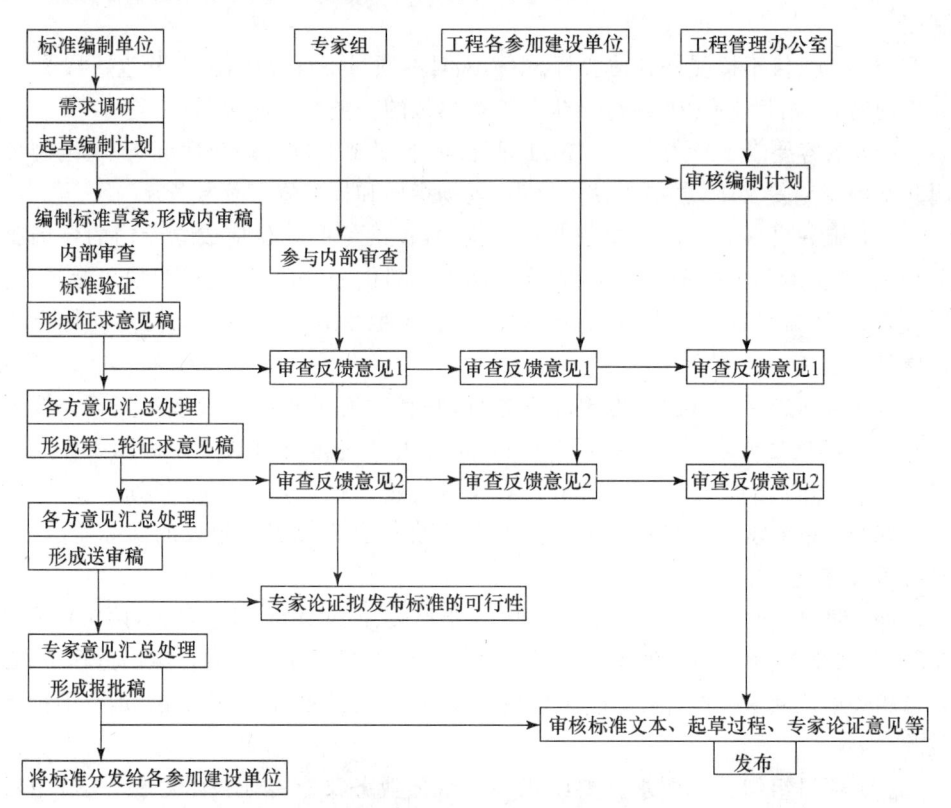

图 9-1 信息系统工程标准规范编制流程

（1）在深入需求调研的基础上，起草《信息系统工程标准化建设项目总体实施方案》，并经工程管理办公室审核后实施。

（2）启动标准草案的编制工作，形成标准规范的初稿（内审稿）。

（3）在标准编制过程中，建立内审机制，由编制单位的内部专家和外聘的业内专家组成专家组，对标准文本进行审查指导。

（4）为保证标准的可操作性和工程的顺利实施，组织标准的验证工作。对于技术类标准，通过搭建验证平台，开发相应的软件进行验证，对于管理和内容类标准，通过召开专家咨询评估会，向专家进行咨询验证，在内部审查和标准验证的基础上，形成标准规范征求意见稿。

（5）向所有的标准相关单位，包括信息系统工程的建设单位、监理单位、集成单位、开发单位、运行维护单位等进行两轮的征求意见和修改完善工作，对收集到的修改意见进行逐条归纳整理，在充分调查研究的基础上提出处理意见。在此过程中应与相关各方进行充分的协商一致，集信息技术的最新成就与工程建设的最佳实践于一体，形成标准规范的送审稿。

（6）组织专家对拟发布标准规范送审稿进行可行性论证，形成专家论证意见，通过可行性论证的标准，按照专家意见修改形成报批稿后上报工程管理办公室审核。

（7）工程管理办公室对拟发布的标准规范报批稿进行形式和内容的审核，审核通过的发布执行，否则，要求标准编制单位进行相关补充完善工作。

5. 标准的审核与发布

工程管理办公室对标准规范的审核包括形式审核和内容审核两部分。

（1）形式审核主要包括：

① 审核标准编制单位提交的相关文字资料是否齐全，如应提交的标准报批报告是否签字齐全以及标准文本、编制说明、征求意见汇总处理表、专家论证会纪要、试点试用报告等是否完整、签字盖章等是否规范。

② 审核标准编制过程规定的所有程序是否被严格执行了，尤其是标准编制单位内部的质量控制措施是否到位。

③ 审核专家论证会的论证意见。专家论证会应对标准送审稿逐条进行审查，形成专家论证会纪要，主要内容应包括会议概况、专家名单及主要参会人员名单、专家对标准内容的具体论证意见、专家对标准的整体评价意见等。

（2）内容审查主要包括：

① 对征求意见汇总处理表进行审核。检查评价标准编制单位是否对各方的修改意见进行了全面的分析、处理，对处理不当的修改意见要求标准编制单位在与意见提出方充分沟通的前提下，进行深入的调研和分析论证，并提出各方认可的修改处理意见。

② 对标准文本和使用指南进行审核。从项目管理的角度，审查其文字描述是否清晰、语言是否精炼、名词术语是否统一、技术指标是否最优、工程建设中需要统一的内容是否都有相应的标准进行约束、标准内容是否符合工程建设和项目管理的实际情况等。

审核通过的标准应及时发布执行。

6. 明确标准编制说明的主要内容

标准规范项目的主要交付物除了标准文本、标准使用指南外，还应包括每一项标准的编制说明。标准编制说明应与标准文本的版本一致，即征求意见稿对应征求意见稿的编制说明，报批稿对应报批稿的编制说明等。标准编制说明应包括标准的主要编制过程、标准的主要内容、标准验证过程及结论、征求意见过程及意见汇总处理表、专家审查论证过程及专家意见、论证结论、标准试点试用情况、标准的技术水平和预期的应用效果、标准中尚存的问题及解决建议、对标准发布执行的建议等。

7. 制订标准规范管理办法

为保证工程建设的标准化和标准实施的规范化，提高工程建设、管理和运行的效率，应及时制订《信息系统工程标准规范管理办法》，明确标准化的目标和标准管理单位、编制单位和执行单位的责任，明确标准的发布和修订流程、明确标准编制单位应提供的咨询服务要求、明确各项标准的使用范围和使用方式、明确标准执行情况的监督检查措施以及项目验收过程中，如何将标准作为验收的依据等。

8. 提出标准编制单位的服务要求

为了保证信息系统工程标准规范实施工作的顺利，标准编制单位应提供优质的培训和咨询服务，便于标准使用单位及时解决执行标准过程中遇到的相关问题。标准编制单位应提供的咨询服务包括：使用咨询服务、标准修订服务和标准分发服务，标准编制单位应提供统一的服务窗口，接收标准使用单位的咨询请求、修订建议、服务投诉等，协调安排相应人员现场解答或通过电话、电子邮件等解答使用中遇到的问题，组织标准的修订和分发工作，并且严格标准修订和发布的版本控制，确保所有参建单位使用版本一致的标准。对标准编制单位的服务要求具体如下：

（1）统一服务窗口。在信息系统工程标准规范执行过程中，为了保证各标准使用单位所遇到的问题能够得到及时的响应，标准规范编制单位应设立统一的服务窗口，安排全职人员，全时值班负责统一服务窗口的日常服务工作，包括记录标准使用单位的服务请求；安排标准服务人员提供相应的标准服务；向标准使用单位分发最新标准版本；进行电话回访，了解问题的解决情况；定期向工程管理办公室提交月度工作报告等。

(2) 标准咨询服务。作为统一服务窗口的后台技术支撑,标准编制单位应成立由核心编制人员组成的咨询服务组,按照统一服务窗口的安排,提供电话咨询、电子邮件回复、现场解答、定期召开专题讨论会等形式的标准使用咨询服务,解答各使用单位在标准试行过程中所遇到的问题。

(3) 标准修订服务。当统一服务窗口接收到标准使用单位的标准修订建议后,应立即启动标准编制单位内部的修订流程,修订完成后,应及时报告工程管理办公室,经工程管理办公室同意后,将修订的内容分发到标准使用单位。

(4) 标准分发服务。标准编制单位通过标准服务统一窗口向各标准使用单位分发标准的最新版本并进行确认,保证各项标准的一致性和有效实施。分发的范围由工程管理办公室确认,分发的方式可以通过电子邮件,也可以通过光盘邮寄。无论哪种方式,必须向接收者确认已经收到。

9. 标准化项目的验收依据

信息系统工程标准化的目标,首先是满足工程建设和管理的需要,因为信息系统工程往往建设周期长、参建单位多、建设内容复杂、业务领域跨度大,必须以统一的标准规范来形成最优化的建设秩序和效益。其次是满足信息共享的需要,即建立信息系统工程特定领域的信息资源目录体系和交换体系,目录体系,如指标分类编码标准、文献分类编码标准等,用于有序的整合和管理信息资源;交换体系,如共享数据集模型、数据格式标准、数据注册与服务标准等,用于提供信息资源使用服务。第三是满足互联互通、业务协同的需要,在信息共享的基础上,提供服务共享,即标准化的服务接口,顺利实现业务数据的传递和业务处理的协同。如果工程建设的实践证明,标准规范确实起到了这三方面的作用,标准规范项目就可以顺利通过验收,否则,标准的制订就只是"纸上谈兵",没有达到标准化的目的,不能通过验收。

第 10 章　信息资源管理

信息资源的开发与应用是信息系统工程建设的重要内容之一,如何根据用户的信息需求,充分整合、挖掘现有的信息资源,进行更有序的组织和管理,实现信息共享,为管理和决策服务,是信息资源管理的核心目标。

10.1　信息资源管理的主要内容与基本要求

信息资源管理不仅仅包括对信息本身(信息内容)的管理,而且包括对信息内容相关环境(网络和计算机设备等基础设施、软件开发技术与系统功能、信息资源建设与维护投资、信息更新与维护人员等)的管理,信息资源管理是保证信息资源的合理开发和有效利用的综合管理。

信息资源管理的主要内容应包括四个方面:信息内容管理、信息技术管理、信息使用与维护管理和信息安全管理。信息内容管理主要涉及信息内容、信息采集范围、信息更新频度和信息质量等;信息技术管理主要涉及信息分类编码技术、信息采集技术、信息存储技术、信息检索技术、信息分析技术、信息挖掘技术和信息安全管理技术等;信息使用与维护管理主要涉及信息使用方式、信息使用规范和信息更新要求等管理制度建设;信息安全管理主要涉及安全策略的制订、安全防护措施的实施以及安全管理制度的建立等。

信息资源管理属于综合管理的范畴,既要建立管理制度,包括信息资源的整合汇集制度、信息共享制度、信息质量保证制度、信息使用与维护制度、信息安全管理制度等,又要通过技术手段,实现信息资源的采集、处理、存储、检索、以及深入的挖掘和模型分析等的信息化,以及实现信息存储、传输和使用安全的防护,同时,还要不断完善信息使用培训和强化信息安全教育,保证用户能够方便灵活的检索信息,高效率的使用信息资源管理软件提供的各项功能,增强用户和维护人员的安全意识和自觉的信息安全使用习惯。

10.2　信息资源管理机构与主要职责

对于不同类型的信息系统工程,其管理机构的设置是不同的。如果信息资源建设任务重,内容复杂,应成立专门的信息资源管理组负责信息资源的管理工作,履行信息资源管理机构的职责。在没有成立信息资源管理组的情况下,应在工程组或综合组(对应第 2 章 信息系统工程项目管理概述中图 2-1 信息系统工程项目管理组织结构图)下设立专门负责信息资源管理工作的岗位,履行信息资源管理的职责。

信息资源管理的基本任务包括：

(1) 参与组织制订信息资源相关标准规范;

(2) 参与组织数据结构的设计,包括面向处理过程的数据结构(事务型)和面向应用的数据结构(决策型);

(3) 提出信息资源质量要求并组织质量检查,保证信息资源的质量满足用户使用的要求;

(4) 研究确定信息资源的展示方式,组织用户提出信息展示的要求,通过公共展示方式和个性化展示方式相结合的途径,满足用户信息使用的需求;

(5) 制订数据更新和维护机制,并监督执行,保证信息更新的及时性;

(6) 提出信息资源使用管理办法,保证信息资源的合理、有效利用;

(7) 组织信息资源安全管理,包括使用安全、存储安全、传输安全等。

信息资源管理机构的主要职责是有效的收集、处理和发布相关信息,最大限度地提高信息资源的质量、可用性和价值,促进信息资源的共享。为此,首先应建立信息资源管理的制度体系,包括信息公开(共享)制度、信息标准制度、信息资源更新和使用制度、信息资源的安全保密制度等;其次,应建立支撑信息资源汇集与共享的技术体系,包括统一的数据结构、统一的信息资源开发规范、统一的数据抽取转换规则、统一的数据质量控制策略、统一的信息资源授权与维护规则等;第三,应建立信息资源服务体系,包括信息资源目录、信息检索服务、计算功能、图表功能、按用户指定方式保存功能、数据集下载功能等数据服务功能;第四,应建立信息资源的安全管理体系,包括统一的身份认证、单点登录、用户权限管理、用户审计与行为跟踪等。

10.3 信息资源管理的基本方法

1. 研究确定信息资源的构成及信息采集的范围

按照全国科学技术名词审定委员会的定义,信息资源是指可供利用并产生效益,并且与社会生产和生活有关的各种文字、数字、音像、图表、语言等一切信息的总称。信息资源广泛存在于经济、社会各个领域和部门,是各种事物形态、内在规律、和其他事物联系等各种条件、关系的反映。例如,政府信息资源是指政府及其相关部门所产生(发布)的信息的集合,一般应包括政府及其相关部门的职能和业务范围、各种法律法规和政策信息、统计数据、出版物(正式出版物和内刊、研究报告等)、最新发布的消息等。从信息技术的角度,一般将信息资源划分为数值型信息、文字型信息、多媒体信息等,分别采用不同的技术手段进行采集、处理、存储和应用。对于数值型信息,多采用数据库技术进行管理,采用相关的技术和标准进行数值型信息资源的开发。对于文字型信息,多采用内容管理和全文检索技术进行管理,采用相关的元数据标准、元数据著录规则、文献数据交换标准等进行文字型信息资源的开发。

信息资源的开发利用应有明确的目标。信息资源开发利用的目标不同,相应的信息内容的构成也不同。例如,政府部门的信息资源开发重点在于为宏观经济管理服务,生产企业的信息资源开发重点在于提高其核心竞争力,因此,服务于政府部门的信息资源主要由统计数据、各政府部门宏观管理信息等构成,服务于生产企业的信息资源主要由市场价格、供求信息等构成。在明确了信息资源开发利用的目标后,应进行全面的需求调查和分析,并充分考虑潜在的信息需求,在领域专家的指导下确定信息资源的构成。

对于数值型信息资源,其构成包括指标体系、数据采集的范围、数据来源以及数据更新频度等。指标体系用来说明指标的内容和相互间的关系;采集范围用来说明数据采集的粒度(或分组)要求,例如全国数据、分省数据、分行业数据等;数据来源用来说明数据的具体生产单位;更新频度用来说明数据更新的周期。对于文字型信息资源,其构成包括文献目录、文献来源、文献更新频度等。文献目录是一种揭示与报道文献的工具,按照一定的类目和次序将一组文献编排起来形成文献目录。文献目录必须按照一定的标准进行著录,主要包括文献类型、文献名称(刊名、书名、论文集名等)、作者、文献题名、年份、卷(期)、起止页码等;文献来源用来说明文献的出版单位或发布单位;文献出版频度主要针对期刊类或定期出版的其他类型文献,用来说明出版的频度。

在明确了信息资源的构成后,必须在深入需求分析的基础上,按照一数一源、权威性、经济性和系统性的原则,研究确定信息资源的采集范围。信息采集的范围,一方面要根据用户的特定需求来确定,另一方面也要考虑信息资源整合的难度和投资量及工期要求。从用户需求的角度,可分为简单的资讯性质的信息需求,即及时获取日常工作中的相关信息,以及复杂的数量分析、模型建立等方面的信息需求,即不仅要求数据的及时性,更要求数据的完整性和更细粒度(或更细分组)的数据,例如分地区数据、分行业数据、分生产企业数据等;从资金投入和工期的角度,应首先考虑整合现有的信息资源,在我国目前的信息化阶段,信息资源的建设资金重点应用于整合现有信息资源、切实提高信息资源的质量、扩大信息资源的使用范围、满足用户使用需求等相关工作。信息资源的采集范围应明确到每一个指标。

2. 编制信息资源指标体系(目录体系)

在明确了信息资源的构成和采集范围后,应采用科学的手段编制信息资源指标体系(目录体系),信息资源的指标体系不仅要明确信息的内容、采集范围和更新频度等与采集量相关的内容,而且要明确信息来源和信息的密级、使用范围等与信息管理相关的内容。指标体系的编制必须根据用户的需求,围绕信息系统工程的建设目标,充分考虑信息资源的未来应用,在专业人员的指导下,采用科学的分类方法进行。根据信息系统工程的建设内容,信息资源指标体系的构成会有比较大的差别,一般应包括基础信息源指标体系、派生信息指标体系(派生信息是指按照一定的计算公式,由基础信息源指标经过计算获得的新指标)、文献信息指标体系、地图信息指标体系、多媒体信息指标体系等。不同类型的指标体系,描述方式也不相同。例如,对于基础信息源指标体系,至少应包括如下描述信息:指标类别、指标编码、1级指标、2级指标(可以划分成多级指标)、指标名称、指标属性(包括本期值、同比、环比、累计值、累计增长率等)、单位、更新频度(年度、季度、月度、日等)、统计范围(包括分省、分行业、分产品、分交易机构等)、密级、使用范围、数据来源等,表10-1给出了一个数值型基础信息源指标体系描述的模板。

表10-1 数值型基础信息源指标体系描述模板环境保护

指标编码	1级指标	2级指标	指标全称	指标属性	单位	更新频度 月	更新频度 季	更新频度 年	统计范围	密级	使用范围	数据来源
11	环境保护											
1101	废水排放											
11010100	废水排放总量		废水排放总量	本年值	万吨			1	全国;分省	无	所有用户	工业废水+生活污水
11010101		工业	工业废水排放总量	本年值	万吨			1	全国;分省	无	所有用户	中国统计年鉴
11010102		生活	生活废水排放总量	本年值	万吨			1	全国;分省	无	所有用户	中国统计年鉴
11010200	化学需氧量排放量		化学需氧量排放量	本年值	万吨			1	全国;分省	无	所有用户	工业化学需氧量排放量+生活化学需氧量排放量
11010201		工业	工业废水中化学需氧量排放量	本年值	万吨			1	全国;分省	无	所有用户	中国统计年鉴
11010202		生活	生活污水中化学需氧量排放量	本年值	万吨			1	全国;分省	无	所有用户	中国统计年鉴
11010300	氨氮排放量		氨氮排放量	本年值	万吨			1	全国;分省	无	所有用户	工业氨氮排放量+生活氨氮排放量

续表

指标编码	1级指标	2级指标	指标全称	指标属性	单位	更新频度 月	更新频度 季	更新频度 年	统计范围	密级	使用范围	数据来源
11010301		工业	工业废水中氨氮排放量	本年值	万吨			1	全国；分省	无	所有用户	中国统计年鉴
11010302		生活	生活污水中氨氮排放量	本年值	万吨			1	全国；分省	无	所有用户	中国统计年鉴
11010400	工业废水排放达标量		工业废水排放达标量	本年值	万吨			1	全国；分省	无	所有用户	中国统计年鉴
11010500	工业废水排放达标率		工业废水排放达标率	本年值	万吨			1	全国；分省	无	所有用户	中国统计年鉴
1102	河流水质											
11020100	河流水质良好率		河流水质良好率	本年值	%			1	全国；流域分区；主要河流	无	所有用户	（Ⅰ类水质河长＋Ⅱ类水质河长＋Ⅲ类水质河长）/总评价河长
11020101	Ⅰ类水质河长占比		Ⅰ类水质河长占评价河长百分比	本年值	%			1	全国；流域分区；主要河流	无	所有用户	中国统计年鉴
11020202	Ⅱ类水质河长占比		Ⅱ类水质河长占评价河长百分比	本年值	%			1	全国；流域分区；主要河流	无	所有用户	中国统计年鉴
11020303	Ⅲ类水质河长占比		Ⅲ类水质河长占评价河长百分比	本年值	%			1	全国；流域分区；主要河流	无	所有用户	中国统计年鉴
11020404	Ⅳ类水质河长占比		Ⅳ类水质河长占评价河长百分比	本年值	%			1	全国；流域分区；主要河流	无	所有用户	中国统计年鉴

续表

指标编码	1级指标	2级指标	指标全称	指标属性	单位	更新频度 月	更新频度 季	更新频度 年	统计范围	密级	使用范围	数据来源
11020505	Ⅴ类水质河长占比		Ⅴ类水质河长占评价河长百分比	本年值	%			1	全国；流域分区；主要河流	无	所有用户	中国统计年鉴
11020505	劣Ⅴ类水质河长占比		劣Ⅴ类水质河长占评价河长百分比	本年值	%			1	全国；流域分区；主要河流	无	所有用户	中国统计年鉴

说明：

(1) 指标编码说明：指标编码为8位，前2位表示指标大类，例如"11"表示环境保护；第3位和第4位表示指标小类，例如"01"表示废水排放、"02"表示主要河流水质；第5位和第6位表示1级指标，例如"110101"表示污水排放总量、"110201"表示河流水质良好率；第7位和第8位表示2级指标，例如"11010101"表示工业废水排放总量、"11010102"表示生活污水排放量；

(2) 有些指标是需要计算的，计算方法在数据来源中进行描述。

对于派生信息指标体系，至少应包括如下描述信息：派生指标名称、含义、计算公式、数据来源与数据处理方式(需明确指出计算时读取的基础信息源中的具体指标名称，如果数据处理过程复杂，需指明中间的数据处理过程，例如，经常项目贷借总额(交易流量)＝(国际收支平衡表中的经常项目贷方额累计＋借方额累积)×年平均汇率；年平均汇率 ＝ 进出口贸易的进出口总额(人民币计价)/进出口总额(美元计价))、数据更新频度等，下面给出了一个派生信息指标体系描述的样例。

指标名称：成本费用利润率。

含义：反映企业投入的生产成本及费用的经济效益，同时也反映企业降低成本所取得的经济效益。

计算公式：成本费用利润率(％)＝利润总额÷成本费用总额×100％

数据来源与数据处理方式：成本费用总额为产品销售成本、销售费用、管理费用、财务费用之和。

频度：年。

对于文献信息指标体系，至少应包括如下描述信息：文献类别、文献编码、文献名称、文章标题、出版频度(年、季、月、旬、日等)、密级、使用范围、来源等。文献类别主要用于文献的导航和检索，可以采用多种分类方法，比如按内容分类、按形式分类、按来源分类等，表10-2给出了一个文献信息指标体系(按内容分类)描述的模板。

表 10-2　文献信息指标体系描述

文献类别	文献编码	文献名称	文章标题	出版频度 月	出版频度 季	出版频度 年	密级	使用范围	数据来源	备注
宏观经济	01									
	010120101201	宏观经济调研	2011年中国宏观经济走势分析	1			无	所有用户	××出版社	每期选择重点论文10篇左右
	010120101202	宏观经济调研	2011年世界经济与中国	1			无	所有用户	××出版社	
	010220100301	宏观经济研究报告	2010年第4季度中国宏观经济形势分析		1		内部	有限用户	××	每季度1期，每期1篇
产业经济	02									
	020120100501	产业经济研究	房地产市场的发展与调整	1			无	所有用户	××出版社	
	020120100501	产业经济研究	环境保护产业投资效果评估	1			无	所有用户	××出版社	
	020220100101	汽车产业发展年度报告	中国汽车发展报告(2010)			1	无	所有用户	××	

说明：

文献编码规则如下：前2位表示文献类别，例如："01"宏观经济类文献、"02"产业经济类文献；第3位和第4位表示文献(杂志或内部刊物)名称，例如："01"表示《宏观经济调研》、"02"表示《宏观经济研究报告》；第5位到第10位表示期号，例如："201012"表示2010年第12期、"201001"表示2010年第1期；第11位和第12位表示本期内的文章序号，按自然顺序编排，最大为"99"，即一期杂志中选中的文章篇数不应超过99篇。

3. 组织编制信息资源管理相关标准规范

标准化是信息资源管理的重要手段，也是信息资源开发利用的基础和保证。

信息资源管理相关的标准规范可以分为技术类标准、设施类标准、术语类标准、管理过程标准等,例如指标体系分类编码标准、数据元素标准、数据集标准、元数据标准、指标解释与统计说明标准、数据审核标准、数据质量标准、数据备份与恢复操作规范等。

其中,信息资源分类编码标准是最重要的信息资源管理标准,是信息资源管理与技术开发的纽带,数据元素标准是对现有信息资源进行规范化处理的依据,所有的信息资源都将以数据元素的形式进行规范化的处理和存储,数据集和元数据标准是进行信息交换的基本单元和语义说明,指标解释与统计说明标准属于名词术语类标准,主要目的是方便不同专业人员对数据的理解和使用,数据审核、质量控制和备份与恢复操作等都属于管理过程标准,用于保证数据的质量和可用性。

4. 发布并执行信息资源管理制度

管理制度建设也是信息资源管理的重要领域,制订信息资源管理制度的目标是保证信息资源管理的各环节能够有序进行,从而保证有效满足用户的各种信息需求。信息资源的管理制度应覆盖信息的采集(更新)、加工、存储、检索、传递和使用的各个环节,信息资源管理制度不仅对信息本身进行管理,而且对信息活动的各要素,包括信息、人员、设备、资金等,均进行管理。主要的信息资源管理制度应包括信息资源的采集与更新制度、信息资源的使用制度、信息资源的管理制度等。

信息资源的采集与更新制度应明确信息资源采集(更新)的内容、质量、时间、方式、以及采集(更新)的安全等内容。信息资源采集(更新)的内容可以通过指标体系等形式进行确定;信息资源采集(更新)的时间应针对不同频度的数据指标或文献信息,规定具体日期,基本原则是应在信息发布后的 1 个工作日内必须采集(更新),如果当期更新的数据量特别大,可适当延长更新时间;信息资源采集(更新)的质量必须由专业人员进行把关,首先,数据源单位必须进行数据的准确性审核,然后,在数据整合汇集的过程中,同样进行技术上的清洗和业务审核与修正;信息资源采集(更新)的方式依信息系统工程的技术设计不同而不同,但必须满足相关的标准规范和技术要求;信息资源采集(更新)过程中的信息安全问题也应该按照相应保密或安全级别的相关要求进行处理;同时,在信息资源采集(更新)过程中,数据源单位的统计制度或管理制度可能发生变化,从而导致可采集的信息资源的变化,因而,应明确相应的变化调整渠道,能够及时调整采集的内容。

信息资源的使用制度应明确信息资源的用户范围、用户授权的方式、使用方式和使用要求等。信息资源的用户范围就是明确什么类型的信息资源可以提供给什么类型的用户使用,因此,首先需要对信息资源按照使用的性质进行分类,比如,不限定用户的信息资源、限定一定领域或身份用户使用的信息资源、只提供给特定用户使用的信息资源等;然后,依据不同的信息资源使用类型,确定其用户授权的方式,但对于用户的特殊需求,应有明确的渠道保证用户顺利进行需求申请并获得所需信息；信息资源的使用方式主要应明确使用的范围和使用时必须标注信息来源等内容；信息资源的使用要求应明确必须安全、保密、合理的使用信息资源，包括不可用于商业目的等。

信息资源的管理制度。应明确信息资源的管理单位和管理单位的职责以及相应的保障条件等。信息资源的管理单位应具有一定数量的技术人员和业务人员，对管理的信息资源本身有一定的业务处理能力，并具有一定的信息资源管理（开发、采集、应用）的经验；信息资源管理单位应保证信息资源的质量（正确性、完整性、及时性和可理解性），保证信息资源的可用性，包括协调用户授权、协调统计制度造成的信息资源内容的变化等，保证信息资源的安全，包括定期备份等工作，同时，信息资源管理单位应提供相应的保障条件，包括人员保障、资金保障、设备保障等，来确保信息资源管理职能的履行。

5. 信息系统架构设计

信息系统是实施信息资源管理的主要工具，从功能上讲，信息系统用于信息的采集、处理、存储、管理、检索和传递，最终为用户提供有用的信息；从构成上讲，信息系统是由网络、计算机软硬件、处理方法、业务规则以及人员组成的联合体。信息系统的架构应与信息系统管理的内容、用户的使用要求等相匹配。逻辑上，用于信息资源管理的信息系统架构可以表示如图10-1所示。

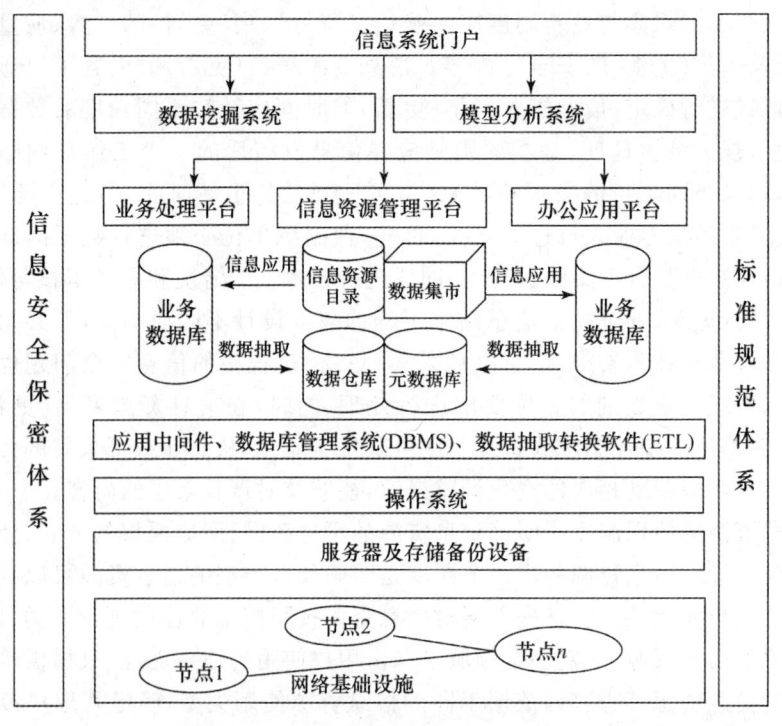

图10-1 信息资源管理系统架构图

6. 信息资源的整合系统设计

信息资源管理的核心任务就是汇集资源和应用资源,信息资源的汇集一般需要设计开发一套信息资源整合系统,一方面要考虑信息资源分布的现状,现有信息系统的技术状况和运行状况;另一方面要考虑信息资源应用的需求,包括应用方式、用户现状、质量要求、运行环境要求等。在对现有信息资源进行整合的信息资源开发项目中,信息资源整合系统的一般架构如图 10-2 所示。

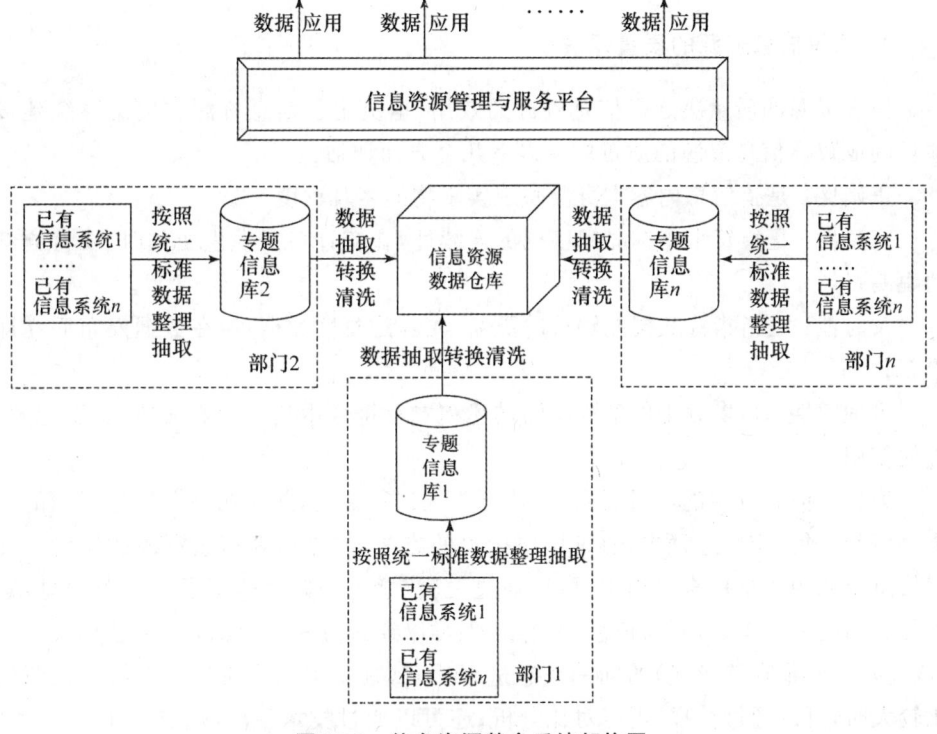

图 10-2　信息资源整合系统架构图

信息资源整合系统设计的核心问题是保证数据抽取转换过程中数据的正确性,这是决定信息资源开发管理成败的关键问题。为此,应设计多道数据正确性检验程序和规则。首先,在信息资源的源头部门,大部分的信息存在于现有的信息系统中,包括 OA 系统、业务系统、决策支持系统以及其他信息系统等,应按照信息资源开发的标准规范对这些信息资源进行整理和抽取,形成专题信息资源库,必须对专题信息资源库进行质量检查,这是保证数据正确性的第一关。检查的主要内容,一是在数据抽取程序方面,必须确保与数据源数据完全一致;二是要由业务人员进行数据质量逻辑检查,将数据源中可能存在的数据质量问题进行过滤和修正,从而保证专题信息资源库中数据的正确性。第二,在形成信息资源数据仓库的过程中,在程序方面,应严把数据抽取转换和清洗关,包括对数据进行合法性检查、正确处理 0 和空值、冗余数据处理、明显逻辑错误数据的处理等,并且根据系统运行情况,不断修改完善数据清洗、转换的处理逻辑。第三,针对数据仓库中的信息资源,要组织有丰富经验的专业人员进行数据质量检查,主要是从逻辑关系的角度,关联检查各项数据的正确性,必要时要与其他介质形式的实物数据进行比对,并对存在质量问题的数据进行修正,以及对缺省的时间序列数据进行必要的补充插值等。第四,在对数据仓库的应用过程中,还需要不断提高数据质量,对发现的数据问题进行修正。

7. 组织信息资源的质量评估

信息资源的质量决定了信息资源的效用,也决定了信息资源类信息系统建设项目的成败。信息资源的质量应从以下几个方面评估:

正确性:是指信息内容本身反映现实事物的客观程度;

完整性:是指每个指标时间序列的连续性,在统计口径发生变化时,要有详细的说明;

及时性:是指指标数据能够按时更新,尤其是月度数据,应在数据发布后立即更新;

可理解性:是指对于信息资源的描述和展示符合用户的专业习惯,易于理解,方便使用。

为满足信息资源的质量要求,应从源头上进行控制,并且在整个信息资源的采集、处理、汇集、应用过程中,通过层层把关的方法,整体提高信息资源的质量。在对信息资源的质量检查过程中,可以通过逻辑(感官)判断法,即通过浏览信息,审查信息间的逻辑关系,判断信息的质量;也可以通过分析对比法,即通过与纸介质(或光盘等其他存储形式)的同一信息进行比较,判断信息的质量。当信息资源量比较大时,可以通过抽样,进行对比分析;还可以通过技术手段,重点对于 0、空值、小数位、测试数据等进行清理。

对信息资源的质量评估,可以采用定性的评估方法,也可以采用定量的评估方法或定性与定量结合的评估方法,但考虑到信息系统工程信息资源的复杂程度,比较适宜采用的是定性评估方法,包括问卷调查法、专家访谈法、同行评议法等,由用户、专家或信息资源开发领域的同行借助专业知识和个人经验,对信息资源的质量进行评估或推断,最终统计汇总各方评估意见,形成信息资源的质量判断。评估的重点应是信息资源的效用,即信息资源满足用户使用要求的程度。

图 10-3 为信息资源质量评估的流程。

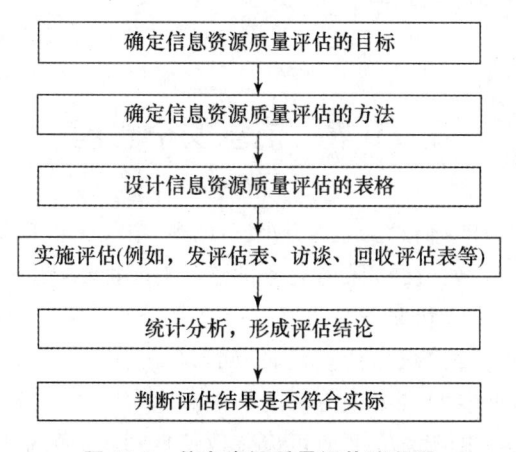

```
┌─────────────────────────────┐
│  确定信息资源质量评估的目标  │
└─────────────┬───────────────┘
              ↓
┌─────────────────────────────┐
│  确定信息资源质量评估的方法  │
└─────────────┬───────────────┘
              ↓
┌─────────────────────────────┐
│  设计信息资源质量评估的表格  │
└─────────────┬───────────────┘
              ↓
┌──────────────────────────────────────────┐
│ 实施评估(例如,发评估表、访谈、回收评估表等) │
└─────────────┬────────────────────────────┘
              ↓
┌─────────────────────────────┐
│   统计分析,形成评估结论     │
└─────────────┬───────────────┘
              ↓
┌─────────────────────────────┐
│   判断评估结果是否符合实际   │
└─────────────────────────────┘
```

图 10-3　信息资源质量评估流程图

8. 积极推动信息资源的应用

信息资源开发的目标是为管理和决策服务,在整合汇集大量的信息资源之后,通过数据挖掘,寻找各种社会和经济现象的统计规律,为管理和决策提供更有价值的信息,是信息资源开发的高级形式,也是信息系统工程建设的难点之一。目前,大部分的信息系统工程在相关领域业务专家的指导下,正在探索数据挖掘、模型建立与分析等方法具体化和实用化的途径。例如,研究消费倾向与收入水平、社会保障水平、利率水平、社会稳定度、国际经济形势、假期安排等相关因素的关系,为扩大消费提出决策支持信息;研究经济数据的可视化技术,为经济数据的多维分析和经济决策提供更有利的支撑环境等;在对信息资源进行深入分析的基础上,定期出版各种运行分析报告、研究报告等,为决策部门提供参考。

第11章 信息安全管理

按照 ISO/IEC17799(信息安全管理操作规则)中关于信息安全的定义,信息安全是指使信息避免一系列威胁,保障业务的连续性,最大限度地减少业务的损失,从而最大限度地获取投资和商务的回报。信息安全的涵义主要体现在三个方面:

(1)保密性:确保信息仅可让授权获取的人士访问;

(2)完整性:保护信息和处理方法的准确和完善;

(3)可用性:确保授权人需要时可以获取信息和相应的资产。

信息安全管理是基于风险管理的思想,通过全面、科学的信息安全风险评估,建立管理制度、技术措施、监测手段相结合的系统化、程序化的信息安全管理体系,使信息风险的发生概率和结果降低到可接受水平,确保信息的保密性、完整性和可用性,保持组织业务运转的持续性。

11.1 信息安全管理的主要内容与基本要求

信息安全管理的范围就是信息系统工程建设和使用的范围,从信息本身的角度讲,包括信息的采集、传输、加工、存储和使用的全过程;从信息系统构成的角度讲,包括网络安全、计算机设备安全、软件安全、数据安全、应用安全等各层次。按照 ISO/IEC17799(信息安全管理操作规则),信息安全管理的主要内容与基本要求包括:

1. 研究确定信息系统工程信息安全的方针和策略

包括信息安全的目标、信息安全管理的范围(边界)、信息安全管理的原则,以及面向特定问题的安全策略和面向特定系统的安全策略等内容,为信息安全提供管理方向和支持。信息系统的总体安全目标可以概括为:实体可信、行为可控、资源可管、事件可查、运行可靠。主要的信息安全策略包括:环境管理策略、介质管理策略、设备管理策略、网络安全策略、密码使用策略、人员管理策略、系统维护策略、防病毒策略、访问控制策略、信息备份策略、审计核查策略、系统开发策略、事件处理策略、业务连续性策略等。

2. 形成信息系统工程信息安全管理的组织机构和办事流程

根据信息安全管理的重要性和复杂程度,可以成立专门的信息安全管理机构(对应第2章信息系统工程项目管理概述中图 2-1 信息系统工程项目管理组织结构图),也可以将信息安全管理的职责分解到工程管理的其他工作组,但信息安全管理的内容和职责必须划分清楚。由于信息安全涉及工程的方方面面,特别需要明确相关管理机构的安全责任、机构之间协同管理的程序、事件处理流程等。

3. 对信息资源的安全等级进行梳理和分类

首先应根据信息资源的类型,列出各类信息资源下的全部文件或指标清单;然后,按照信息安全保密管理的相关规定,确定每一个指标或文件的安全保密级别;第三,对照国家信息安全保密的相关法律法规和标准规范,确定各项信息资源的保护等级。

4. 人员安全管理

由于人员造成的信息安全风险主要包括错误操作、非法窃取信息资源、误用信息资源等,主要可以通过签订保密协议、进行安全保密教育和培训、总结安全事故的教训、制订安全事故惩罚措施等手段,减少人为造成的信息安全风险。

5. 物理环境安全管理

主要通过阻止对工作区和物理设备的非法进入、阻止对业务信息的非法访问、阻止计算机和存储设备的丢失、阻止桌面和屏幕信息的泄露等手段,防止对信息系统工程的未经许可的介入。

6. 软硬件设备安全管理

一方面通过制订严格的操作规范,明确操作步骤等人工操作管理措施,最大限度的减少人员误操作造成的系统安全隐患;另一方面,通过口令管理、系统后门检测、安全漏洞扫描与补丁程序安装、身份认证与访问授权管理、防火墙策略设置、实时入侵检测、安全操作系统设置与安全数据库设置、安全审计、计算机病毒防治等管理措施和技术手段,保证信息系统软硬件设备的安全。

7. 数据安全管理与访问控制

通过用户访问控制来确保信息系统和数据的安全,角色的划分和访问控制的粒度要根据信息资源的特点确定,包括采用技术手段阻止非法访问计算机、阻止非法访问信息系统、阻止非法访问信息资源、阻止非法访问数据指标、检测非法行为等。

8. 系统开发安全管理

在系统开发过程中,一方面要选择有相应资质的开发公司,将保密承诺书作为投标文件的一个附件等方式,在源头上保证系统开发的安全;另一方面,要在系统开发和调试过程中,按照国家的法律法规和标准规范,采取有效措施阻止应用系统中用户数据的丢失、篡改或误用,确保信息的保密性、可靠性和完整性,确保软件开发在安全的环境下进行。

9. 运行维护安全管理

通过确保网络和计算机系统的正确与安全操作,最大限度的降低系统失效的风险、维护信息处理设备和通讯网络的完整性和可用性、确保信息传输的安全保密、防止基于信息系统工程的业务处理被干扰和中断、防止业务信息遭受损坏或篡改等措施,来保证运行维护的安全。

11.2 信息安全管理组织机构的主要职责

在信息系统工程的建设过程中,应高度重视安全系统的建设,由专业的信息安全管理人员组成信息安全组(对应第 2 章 信息系统工程项目管理概述中图 2-1 信息系统工程项目管理组织结构图),研究制定信息系统工程的安全策略,提出信息系统工程建设期间和运行期间的安全操作规范与管理制度,组织信息系统工程的安全系统建设,按照相关政策法规和标准规范组织安全检测检查,组织信息安全管理培训,负责信息系统工程的日常安全管理工作。

11.3 信息安全管理的基本方法

1. 信息安全管理模型

基于风险管理的理念,信息安全管理应从风险分析入手,在充分评估系统面临的外部威胁和内部脆弱性的基础上,确定信息安全的目标和需求;并在充分考虑风险承受能力和所需投资等因素的基础上,明确信息安全管理的策略;针对每一项信息安全管理策略,设计具体的信息安全方案,形成完整的信息系统工程信息安全方案;通过组织安全方案的具体实施,包括建立安全管理制度并严格执行(例如 IP 地址管理办法、电子钥匙管理办法、系统管理员、安全员和审计员管理办法等)、安装部署安全管理设备(例如信息加密设备、防火墙设备、入侵检测设备、安全扫描设备、防病毒软件等)、组织安全管理培训(例如用户、角色与权限管理,安全设备管理,密钥管理等)等,形成完整的信息安全防护体系;并在安全管理体系运行过程中,定期进行评估,不断改进。信息安全管理模型如图 11-1 所示。

2. 定义信息安全管理策略

信息安全策略(信息安全方针)是关于信息安全的行为规范,用于指导信息系

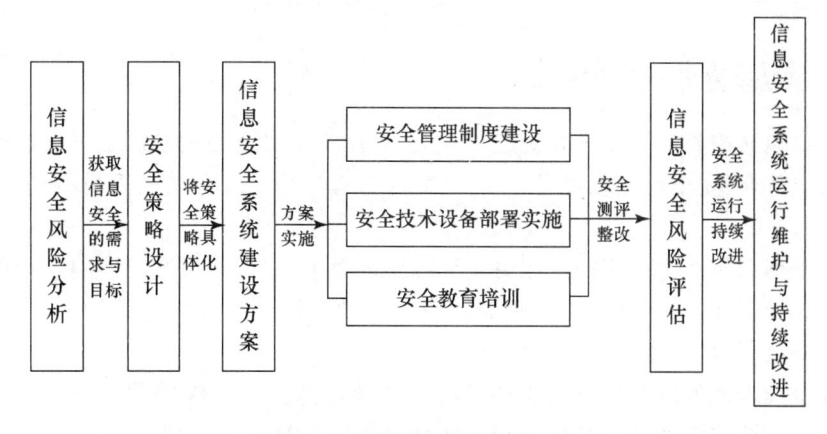

图 11-1 信息安全管理模型

统工程的建设管理单位和运行维护单位如何管理、保护和使用信息资产。制订信息安全策略的目的是建立一套行之有效的安全机制,针对信息安全,明确什么是可以做的,什么是必须做的,什么是不能做的,从而增强信息资产的可用性、完整性和保密性,提高信息系统用户和运行维护人员的安全意识和安全管理水平。可以根据信息系统工程的建设规模,分别制订各项具体的安全管理策略,包括物理安全策略、网络安全策略、数据安全策略、软件安全策略、系统管理策略、备份恢复策略等。制订信息安全策略的基本要求是:第一,安全策略必须与信息系统工程建设管理单位的管理框架保持一致,使每一项安全策略的执行都能落实到具体的组织机构和管理人员;第二,安全策略必须简明可行,不能出现执行上的例外情况;第三,安全策略的内容必须清晰地传达安全管理的目标、安全管理的具体规定、安全责任、违反安全策略所面临的后果等;第四,必须保证安全策略的完整性,一方面,必须针对信息系统工程建设范围内的所有设备、网络、软件、信息资源以及用户等制订安全策略,另一方面,针对信息系统工程建设的全部信息资源按照安全管理的要求进行分类,并明确每一类信息资源的安全管理目标。

3. 划分信息安全域

信息安全域是指具有相同业务要求和安全要求的 IT 系统要素的集合。同一系统内具有相同的安全保护要求、相互信任、具有相同的访问控制策略和边界控制策略的子网就可以定义为一个安全域。安全域的划分应以业务要求为主,辅之以安全要求,并充分考虑管理的现状,达到既满足业务运行的要求,又保障安全的目的。在业务要求方面,应重点考虑业务系统的处理逻辑和关联性,以及对外业务等因素;在安全要求方面,应重点考虑安全要求的相似性、可能遇到的外部威胁的相似性、资产价值的相似性等因素;在与管理现状的结合方面,应重点考虑现在的管理部门和运行维护部门的组织机构划分以及机房的位置等因素。在将全部的信息资产划分到不同的安全域中后,应制订各个安全域的防护措施,并部署相应的安全技术产品。

4. 实施信息安全风险治理活动

主要包括按照信息安全系统建设方案,具体实施安全管理制度建设、安全技术设备安装部署、安全培训教育等工作,建立起管理严格、技术先进、人员精干的安全保障体系。

安全管理制度建设应按照相关主管部门的要求,在国家标准、行业标准或企业标准的指导下,结合信息系统工程的建设内容和建设管理及运行维护单位的管理情况,制订针对性的各项安全管理制度。

安全技术设备的选择依据主要是应对各种信息安全风险的策略,主要的安全技术设备包括传输加密设备、防火墙、入侵检测、安全扫描、防病毒体系、身份认证体系、终端设备防护体系等。

安全培训教育不仅要针对专业的安全管理人员和运行维护人员,而且要进行全员的安全教育,提高全体用户和运行维护人员的安全水平。

5. 组织信息安全风险评估

信息安全风险评估就是从风险管理的角度,运用科学的方法和手段,系统地分析网络与信息系统所面临的威胁及其存在的脆弱性,评估安全事件一旦发生可能造成的危害程度,提出有针对性的抵御威胁的防护对策和整改措施,并为防范和化解信息安全风险、或者将风险控制在可接受的水平,从而最大限度地保障网络和信息安全提供科学依据。信息安全风险评估的主要内容包括分析信息系统的重要程度、评估信息系统面临的安全威胁、存在的脆弱性、已有的安全措施、残余风险的影响等。

6. 持续改进信息安全管理,适应环境的变化

按照ISO/IEC17799(信息安全管理操作规则)的PDCA模型(Plan Do Check Action),将信息安全管理体系的建设分解成风险评估、安全设计与执行、安全管理和再评估与持续改进四个子过程,其中计划(plan)过程的主要工作包括定义信息安全管理体系的范围,鉴别和评估业务风险;实施(do)过程的主要工作包括实施各项风险治理活动以及适当的控制;检查(check)过程的主要工作包括监控各项风险治理活动和控制的绩效,审查风险水平的变化,执行内部信息安全管理体系审计;改进(action)过程的主要工作包括依据检查过程的结果,对控制进行必要的改进,以满足环境的变化。

第12章 档案管理

按照《档案工作基本术语》(DA/T1-2000),档案是"国家机构、社会组织或个人在社会活动中直接形成的有价值的各种形式的历史记录。"档案具有以下几个基本特性,一是档案具有凭证价值,因为档案是直接形成的历史纪录,即档案具有原始性和记录性,因此,档案具有凭证价值的重要属性。二是档案来源于文件。档案是由文件有条件地转化而来的,转化的条件包括:档案是已经办理完毕的文件;档案是办理完毕的文件中具有保存价值的部分;并且档案是把分散状态的文件按一定逻辑规律整理而成的信息单元。三是档案的形式多种多样,多种载体、多种制作手段、多种表现方式等。四是档案具有历史再现性,即档案是再现历史真实面貌的原始文献。

档案对于信息系统工程的作用可以概括为两个方面,一是"凭证作用",档案是自然形成的,这种形成的自然性,决定了档案记录历史情况的客观性,档案是历史的真凭实据,具有一定的法律效用;二是"参考作用",这是因为档案不仅真实的记录和反映了信息系统建设和运行维护的全过程,而且反映了信息系统建设与运行维护活动的深度和广度,为人们深入理解信息系统工程提供了正反两方面的经验,在后续信息系统的建设过程中,遇到问题,可以参考其他信息系统工程的档案,寻找答案。

档案管理包括档案的收集、整理、保管、鉴定、统计和提供利用等工作。按档案管理的层次划分,包括档案实体管理和档案信息开发与管理两个层次。进行档案管理工作,要建立统一的档案管理制度和档案管理标准规范,维护档案的完整与安全,同时,提供便利的档案使用平台。

12.1 档案管理的依据

信息系统工程项目档案建设与管理的主要依据如下:

1.《国家重大建设项目文件归档要求与档案整理规范》(DA/T 28—2002);
2.《科学技术档案案卷构成的一般要求》(GB/T 11822-2000);
3. 计算机软件需求规格说明规范(GB/T 9385-2008);
4. 信息处理数据流程图 程序流程图 系统流程图 程序网络图和系统资源图的文件编制符号及约定(GB/T 1526-1989);
5. 计算机软件文档编制规范(GB/T 8567-2006);
6. 计算机软件测试文档编制规范(GB/T 9386-2008);

7. 软件文档管理指南(GB/T 16680—1996);
8. 信息技术软件工程术语(GB/T 11457—2006);
9. 《电子文件归档与管理规范》(GB/T 18894—2002);
10. 《信息化工程监理规范》(GB/T 19668—2005);
11. 《建设工程监理规范》(GB/T 50319—2000)。

对于国家投资的信息系统工程,其档案管理还应依据:《国家电子政务工程建设项目管理暂行办法》和《国家电子政务工程建设项目档案管理暂行办法》。

12.2 档案管理的主要内容和基本要求

项目档案是项目建设过程和建设成果的真实记录,是项目运行维护、升级改造的参考和依据,通过项目档案的归档过程,可以促进项目管理过程更加规范化,因此,档案管理是信息系统工程管理非常重要的一个专项管理内容。档案管理的目标是规范信息系统工程项目档案的整理工作,保证项目档案的质量,方便项目档案的检索和利用。档案管理的主要内容包括:逐步建立和完善档案管理制度、提出信息系统项目档案管理的质量要求、对档案整理工作进行监督检查、采取保证项目档案质量的相关措施、组织档案专项验收等工作。

1. 制订档案管理文件,逐步建立和完善项目档案管理制度

主要的信息系统工程档案管理文件包括:

(1) 信息系统工程项目档案管理办法。根据《国家电子政务工程建设项目档案管理暂行办法》的要求,以及《计算机软件文档编制规范》(GB/T 8567—2006)、《国家重大建设项目文件归档要求与档案整理规范》(DA/T 28—2002)、《科学技术档案案卷构成的一般要求》(GB/T11822—2000)等相关国家和行业标准,结合信息系统工程的特点,提出信息系统工程档案管理办法,包括①档案的收集与整理,例如归档范围、归档文件分类体系、归档文件保存期限、归档文件整理要求等;②档案的移交与管理,例如归档文件审核要求、档案的保管及移交、电子化档案管理等;③档案的验收,例如验收的阶段划分、验收的主要内容和基本要求、验收专家的作用、验收的组织形式和验收过程等。

(2) 信息系统工程项目验收文档清单。根据信息系统工程的建设内容和特点,并参照相关国家标准,明确规定各类项目应提交的主要文档清单,例如系统集成类项目应提交技术(集成)方案、实施方案、安全保障方案、接口设计说明书、联调测试方案、试运行报告、年度工作计划/总结、专题工作计划/总结以及其他日常管理、技术管理、验收管理、培训等文档;标准规范类项目应提交实施方案、标准文本和使用指南、标准应用试点报告、标准研制报告以及标准研制的过程文档、日常管理文档、验收文档、培训文档等,并要求项目文档应在项目执行过程中自然产生,在相应的里程碑点提交。

（3）信息系统工程归档文件范围和保管期限表。参照《国家电子政务工程建设项目文件归档范围和保管期限表》，并结合信息系统工程的特点，制订具体的《信息系统工程文件归档范围和保管期限表》，逐一列出归档文件的名称和保管期限。对于信息系统工程至少应包括立项阶段文件、项目管理文件、设计阶段文件、实施阶段文件、监理文件、财务管理文件和验收文件等项目全过程的相关文件，对每一阶段的文件内容尽量列出详细的清单，并且要规定各类文件的保管期限。

（4）信息系统工程归档文件分类编码表。应根据信息系统工程的特点，按照信息化工程中各类文档的自然形成规律和相互关联程度，从有利于项目管理和方便档案使用的目标出发，制订《信息系统工程归档文件分类编码表》，明确归档文件的分类体系和编码规则。

（5）在其他项目管理文件中，也应综合考虑对项目档案（文档）的要求。例如，在《信息系统工程项目管理办法》中，应有专门的条款对项目的档案管理提出要求，包括指定专人负责管理和保存项目档案，以及项目档案的收集范围等；在《信息系统工程项目管理规范》中应对工程全过程形成的主要文档提出明确的技术规范要求，包括各类文档的形式、内容和文档形成、审核、发布、归档的流程等；在《合同》中应有专门条款用于规范文档提交工作，明确执行合同必须提交的文档要求，使得所有承建单位在实施项目之初就有文档形成与提交的意识，有效地保证项目的档案管理与建设同步；在《信息系统工程项目验收管理办法》中应明确文档验收是交付物的验收的组成部分，文档验收包括检查文档的完整性、内容的充分性、一致性和易读性等。

2. 提出信息系统工程项目档案质量管理要求

信息系统工程项目档案的质量要求应包括：

（1）档案的完整性要求。归档文件要齐全成套，一方面，就每一个单项（子项）工程的文档而言，应包括该工程全过程中自然形成的所有具有保存价值的工程文件；另一方面，就整个工程的文档而言，应进行系统科学的分类，使工程档案从个体到整体的构成更加合理。

（2）档案的准确性要求。归档文件必须是真实的历史记录，在内容上始终与所反映的实际状况相一致，如实地记录和反映工程建设的状况。

（3）档案的安全性要求。要保证档案实体的安全以及档案信息的安全，保守科技秘密，保护知识产权。

（4）档案的规范性要求。包括以下几点：归档的文件应为原件；工程文件的内容和深度必须符合有关信息系统工程的标准规范；工程文件的签字盖章手续要完备，例如承建单位编制的实施文件等要有承建单位的盖章；对于电子文件，尤其是实施阶段各类技术文档的电子文件，要求是最后版本，与纸介质的版本一致，能运行或可阅读；备考表中，立卷人、审核人都要手工签字。

3. 严格执行保证项目档案质量的措施

保证项目档案质量的主要措施包括：

（1）明确档案管理责任。按照"谁形成谁负责"的原则，由档案（文件）材料的形成单位负责收集、整理工作。信息系统工程的建设管理单位除要做好自身形成的项目管理类文件的收集、整理、归档工作外，还要对各承建单位形成的项目实施文档进行审查、指导。监理单位在审核项目验收申请时，对文档的完整性和规范性等进行审核。

（2）对承建单位提交的文档提出明确要求。在与承建单位签定合同时，设立专门条款，明确文档提交的内容、时间、套数、质量等要求。另外，在项目验收指导意见中明确规定文档验收的质量要求，将文档和系统共同视为承建单位的交付物，在验收时按照相关标准和要求进行审查。

（3）提出档案整理要求。按照分类科学、使用方便和成套性的原则，制订各类文档的组卷方法，并按照软件工程文档形成的客观规律和因果关系，明确卷内文件的系统化排列顺序。

（4）用经济手段进行控制。在承建单位申请资金支付时，项目管理单位应认真核实其资金支付的手续是否齐全，包括是否按要求提交了全部文档。

（5）在技术上进行指导。项目管理单位应在确定归档文件分类体系的同时，对各类具体文件的内容提出要求，并且对文件名称进行统一的考虑，便于承建单位更系统、完整的收集整理文档。同时，可以通过档案管理软件，规范档案的著录过程和著录内容，以及卷内文件目录、备考表和脊背的形式。

（6）形成文档质量审核流程。在项目文档形成过程中，应坚持四级审查制度，首先要求承建单位按照单位内部的质量控制体系进行文档质量的检查，然后由监理单位对文档的质量进行审签，第三，由项目验收专家组在进行项目（单项、子项等）验收时，对文档的质量进行把关，第四，由工程管理办公室对文档的质量进行抽查和确认。

（7）组织专项检查。工程管理办公室应组织专家对项目档案进行全面检查。包括：检查项目实施各个环节形成档案资料的完整性；抽检项目档案中相关技术数据的准确性、签字手续的完备性；抽检项目验收测试记录的规范性；检查组卷的合理性、卷内文件及其排列的规范性等。

（8）邀请档案专家进行业务指导。在初步确定了项目档案整理工作思路后，可以邀请档案专家进行业务指导，以便于进一步完善项目档案的分类体系、组卷方法等。在整理项目档案过程中，遇到的具体问题，也应邀请档案专家进行现场指导。

12.3 归档文件分类编码规则的设计方法

大型信息系统工程项目的归档文件可以采用3级或4级分类体系,第一级(大类)按照项目管理的大门类进行划分,包括项目前期文件、项目管理文件、项目实施文件、财务文件、监理文件和验收文件等。第二级分类,可根据项目规模进行取舍,如果参与项目的建设单位比较多,每个建设单位都进行独立的项目管理,可以按照各个建设单位划分二级类,只有一个建设单位的或多个建设单位联合进行统一的项目组织实施的,可以不划分二级类。第三级分类,主要是对项目管理文件和项目实施文件进行划分,因为这两类文件的数量比较大,如果不进行细分,不利于档案的查找和利用。对于项目管理文件,可以划分成3类,即综合管理类文件、招标投标类文件和合同类文件;对于实施文件,可以按照承建单位或单项合同进行分类,每一个合同是一类。第四级分类(小类)是按照具体内容进行划分的,是最小的分类单元,也是档案的组卷单位。对于项目前期文件,其小类包括项目建议书阶段、可行性研究报告阶段和初步设计阶段3个小类,每一小类下包含该阶段的所有相关工作文件,例如关于报送项目建议书的请示函、审批部门对项目建议书的批复、项目建议书正文及相关附件等;对于综合管理文件,按照文件的内容和文种划分为成立项目管理机构、项目管理制度、项目管理计划、会议文件、工程简报、项目管理月报、通知、签报与请示、图片与视频等9个小类;对于招标投标文件,按照每一项招标任务划分为一个小类,例如监理招标是一个小类、集成招标也是一个小类等,每一小类下包含该项目招标投标过程的所有相关文件记录,例如招标委托协议、招标文件、投标文件、评标报告、中标通知书等;对于合同文件,每一个合同是一个小类,例如监理合同是一个小类,集成合同也是一个小类,每一小类下包含签订该合同过程中的所有相关记录,包括合同谈判纪要、签订合同的请示及领导的批示、合同文本、在合同谈判过程中乙方提交的工作思路等对投标文件的补充文件、合同补充协议等;对于每一个具体的实施项目(以合同为单位),按其承担建设内容的不同实施阶段划分小类,例如系统集成项目,其小类包括设计文档、技术管理文档、日常管理文档、初步验收文档、试运行文档、最终验收文档、用户手册、培训文档等8个小类;再如软件开发项目,其小类包括设计开发文档、技术管理文档、日常管理文档、初步验收文档、试运行文档、最终验收文档、用户手册和培训文档等8个小类;对于大型设备采购项目,其小类包括设计与实施方案、到货验收文档、初步验收文档、最终验收文档、设备维护记录、随机文件、培训文档等7个小类;对于财务文件,按照文件的内容划分为支付手续、财务决算报告和审计报告3个小类;对于监理文件,按照文件内容划分为监理规划、开(停、复、返)工令、审核文件、支付证书、监理报告、会议纪要、验收文档等7个小类;对于验收文件(指工程整体的验收文件,各个单项合同的验收文件属于项目实施文件的范畴),按照验收阶段划分为工程初步验收和工程竣工验收两个小类。

对于上述分类体系的编码，可以采用定长分段式编码方法，如果采用4级分类，编码的总长度可以定义为10位，每2位为一段，对应某一级分类，共5段。头2位表示卷宗，可以用工程名称的首字母表示，例如HJ表示环境保护管理信息系统的卷宗；第3位和第4位对应分类体系的大类，用2位首字母进行编码，例如QQ表示项目前期文件；第5位和第6位对应分类体系的二级分类，用2位首字母进行编码，例如BM表示一个建设单位、TP表示另一个建设单位等，如果没有二级类，就用"00"占位；第7位和第8位对应分类体系的三级分类，用2位首字母进行编码，例如JC表示系统集成项目、PT表示平台开发项目等，如果没有三级类，就用"00"占位；第9位和第10位对应分类体系的小类，用2位首字母进行编码，例如CY表示初步验收、JG表示竣工验收等。每一小类下的具体文件，用自然数表示其排列顺序。表12-1为可供参考的信息系统工程项目档案管理的分类编码体系。

表12-1 信息系统工程项目档案分类编码

编码	大类	第二级分类	第三级分类	第四级分类
HJ-QQ	项目前期文件			
HJ-QQ-00-00-JY				项目建议书阶段
HJ-QQ-00-00-KY				可行性研究报告阶段
HJ-QQ-00-00-SJ				初步设计阶段
HJ-GL	项目管理文件			
HJ-GL-DG		建设单位1		
HJ-GL-DG-ZH			综合管理文件	
HJ-GL-DG-ZH-JG				成立项目管理机构
HJ-GL-DG-ZH-ZD				项目管理制度
HJ-GL-DG-ZH-JH				项目管理计划
HJ-GL-DG-ZH-HY				会议文件
HJ-GL-DG-ZH-JB				工程简报
HJ-GL-DG-ZH-YB				项目管理月报
HJ-GL-DG-ZH-TZ				通知
HJ-GL-DG-ZH-QB				签报与请示
HJ-GL-DG-ZH-TP				图片与视频
HJ-GL-DG-ZB			招标投标文件	
HJ-GL-DG-ZB-JL				监理招标
HJ-GL-DG-ZB-JC				集成招标
HJ-GL-DG-ZB-KF				××开发招标
HJ-GL-DG-ZB-SB				××设备采购招标
HJ-GL-DG-HT			合同文件	
HJ-GL-DG-HT-JL				监理合同
HJ-GL-DG-HT-JC				集成合同
HJ-GL-DG-HT-KF				××开发合同

续表

编码	大类	第二级分类	第三级分类	第四级分类
HJ-GL-DG-HT-SB				××设备采购合同
HJ-GL-WE		建设单位2		
HJ-GL-WE-ZH			综合管理文件	
HJ-GL-WE-ZB			招标投标文件	
HJ-GL-WE-HT			合同文件	
HJ-SS	项目实施文件			
HJ-SS-DG		建设单位1		
HJ-SS-DG-JC			总集成项目	
HJ-SS-DG-JC-SJ				设计文档
HJ-SS-DG-JC-JS				技术管理文档
HJ-SS-DG-JC-RC				日常管理文档
HJ-SS-DG-JC-CY				初步验收文档
HJ-SS-DG-JC-SY				试运行文档
HJ-SS-DG-JC-ZY				最终验收文档
HJ-SS-DG-JC-SC				用户手册
HJ-SS-DG-JC-PX				培训文档
HJ-SS-DG-KF			××系统开发项目	
HJ-SS-DG-KF-SJ				设计开发文档
HJ-SS-DG-KF-JS				技术管理文档
HJ-SS-DG-KF-RC				日常管理文档
HJ-SS-DG-KF-CY				初步验收文档
HJ-SS-DG-KF-SY				试运行文档
HJ-SS-DG-KF-ZY				最终验收文档
HJ-SS-DG-KF-SC				用户手册
HJ-SS-DG-KF-PX				培训文档
HJ-SS-DG-CG			设备采购项目	
HJ-SS-DG-CG-SJ				设计与实施方案
HJ-SS-DG-CG-DH				到货验收文档
HJ-SS-DG-CG-CY				初步验收文档
HJ-SS-DG-CG-ZY				最终验收文档
HJ-SS-DG-CG-WH				设备维护记录
HJ-SS-DG-CG-SJ				随机文件
HJ-SS-DG-CG-PX				培训文档
			……	
HJ-SS-WE		建设单位2		
HJ-SS-WE-JC			集成项目	
HJ-SS-WE-JC-SJ				设计文档
				……
			……	

续表

编码	大类	第二级分类	第三级分类	第四级分类
HJ-CW	财务文件			
HJ-CW-DG		建设单位1		
HJ-CW-DG-JC			集成项目	
HJ-CW-DG-JC-ZF				支付手续
HJ-CW-DG-KF1-ZF			开发项目1	支付手续
			……	
HJ-CW-00-00-JS				财务决算报告
HJ-CW-00-00-SJ				审计报告
HJ-JL	监理文件			
HJ-JL-00-00-GH				监理规划
HJ-JL-00-00-LI				开(停、复、返)工令
HJ-JL-00-00-SH				审核文件
HJ-JL-00-00-ZS				支付证书
HJ-JL-00-00-BG				监理报告
HJ-JL-00-00-HY				会议纪要
HJ-JL-00-00-YS				验收文档
HJ-YS	验收文件			
HJ-YS-00-00-CY				工程初步验收
HJ-YS-00-00-JG				工程竣工验收

12.4 项目档案的组卷方法

1. 组卷的基本原则

以国家档案局等相关主管部门的要求为依据,按照《信息系统工程项目档案管理办法》和信息系统工程各阶段文件(文档)资料的自然形成规律和成套性原则,以信息系统工程建设全过程产生的各类文件(文档)资料为主体,按照文件(文档)资料的内在联系进行科学的分类、组卷,达到便于保管和查询利用的目的。

2. 各类档案组卷方法说明

(1) 项目前期文件组卷方法及案卷编号。

项目前期文件是指项目建议书、可行性研究报告、初步设计等文件。项目前期文件的组卷方法是按照项目前期的工作阶段进行组卷,即分别按项目建议书、可行性研究报告、初步设计阶段进行组卷,案卷号(档号)由归档文件类别编码和流水号组成,流水号按照自然数编排,考虑到如果按照小类编排流水号,很多小类就只有1盒档案,所以,可以按照三级类编排流水号,即每一个三级类下的流水号均从1

开始编排,由于项目前期文件只有大类和小类,就从整个大类开始编流水号,用来表示项目前期文件共有多少卷(盒)。例如:

HJ-QQ-00-00-JY-1　表示项目建议书阶段文件,项目前期文件的第一卷(盒)
HJ-QQ-00-00-JY-2　表示项目建议书阶段文件,项目前期文件的第二卷(盒)
HJ-QQ-00-00-KY-3　表示可行性研究报告阶段文件,项目前期文件的第三卷(盒)
HJ-QQ-00-00-KY-4　表示可行性研究报告阶段文件,项目前期文件的第四卷(盒)
……

(2)项目管理文件组卷方法及案卷编号。

项目管理文件是指项目执行过程中,项目管理单位形成的各类文件,主要包括综合管理文件、合同文件和招标投标文件三类。项目管理文件的组卷原则是,综合管理文件按照问题进行组卷,合同文件按照合同的关联性进行组卷,招标投标文件按照招标项目进行组卷。第三节的归档文件分类编码规则符合上述项目管理文件的组卷原则,在具体组卷时,基本上可以按照小类组卷。案卷号(档号)由归档文件类别编码和流水号组成,流水号按照自然数编排,同样考虑到如果按照小类编排流水号,很多小类就只有1盒档案,所以,可以按照三级类编排流水号,即每一个三级类下的流水号均从1开始编排,用来表示该三级类下共有多少卷(盒)。例如:

HJ-GL-DG-ZH-JG-1　表示建设单位DG成立项目管理机构文件,项目综合管理文件第一卷(盒)
HJ-GL-DG-ZH-HY-5　表示建设单位DG会议文件,项目综合管理文件第五卷(盒)
HJ-GL-DG-ZH-HY-6　表示建设单位DG会议文件,项目综合管理文件第六卷(盒)
HJ-GL-DG-ZB-JL-1　表示建设单位DG监理招标投标文件,招标投标文件第一卷(盒)
……

(3)实施文件组卷方法及案卷编号。

实施文件是指各个承建单位在项目实施过程中的设计、计划、实施、管理、测试、验收、培训等文档。实施文件的组卷原则是按照项目实施阶段进行组卷,也就是按照归档文件分类体系的小类进行组卷。案卷号(档号)由归档文件类别编码和流水号组成,流水号按照自然数编排,同样考虑到如果按照小类编排流水号,很多小类就只有1盒档案,所以,可以按照三级类编排流水号,即每一个项目下的流水号均从1开始编排,用来表示该项目共有多少卷(盒)。例如:

HJ-SS-DG-JC-SJ-1　表示建设单位DG集成项目实施的设计文件,集成项目文件第一卷(盒)
HJ-SS-DG-JC-JS-2　表示建设单位DG集成项目实施的技术管理文件,集成项目文件第二卷(盒)
HJ-SS-DG-JC-JS-3　表示建设单位DG集成项目实施的技术管理文件,集成项目

文件第三卷(盒)

HJ-SS-DG-JC-RC-4　　表示建设单位 DG 集成项目实施的日常管理文件,集成项目文件第四卷(盒)

HJ-SS-DG-JC-CY-5　　表示建设单位 DG 集成项目实施的初步验收文件,集成项目文件第五卷(盒)

……

(4)财务文件组卷方法及案卷编号。

财务管理文件主要包括合同支付手续、财务报告、审计报告等文档。其中,合同支付手续按照合同进行组卷,其余的按照问题进行组卷。案卷号(档号)由归档文件类别编码和流水号组成,流水号按照自然数从 1 开始编排,考虑到财务文件总的案卷数量不大,从整个大类开始编排流水号,用来表示财务文件共有多少卷(盒)。例如:

HJ-CW-DG-JC-ZF-1　　表示建设单位 DG 集成项目的财务支付手续文件,财务文件的第一卷(盒)

HJ-CW-DG-KF1-ZF-2　　表示建设单位 DG 开发项目 1 的财务支付手续文件,财务文件的第二卷(盒)

HJ-CW-00-00-JS-6　　表示财务决算报告文件,财务文件的第六卷(盒)

……

(5)监理文件组卷方法及案卷编号。

监理文件是指在项目执行过程中,监理单位产生的文档,包括监理规划、开工令、审核文件,支付证书、关于工程质量、进度、费用控制等监理报告、监理旁站记录、会议纪要、监理验收文件等。监理文件按照文件类型分别组卷。案卷号(档号)由归档文件类别编码和流水号组成,流水号从大类开始按照自然数从 1 开始编排,用来表示监理文件共有多少卷(盒)。例如:

HJ-JL-DG-00-GH-1　　表示建设单位 DG 监理规划文件,监理文件的第一卷(盒)

HJ-JL-DG-00-LI-2　　表示建设单位 DG 监理开工令文件,监理文件的第二卷(盒)

HJ-JL-DG-00-SH-3　　表示建设单位 DG 监理审核文件,监理文件的第三卷(盒)

HJ-JL-DG-00-SH-4　　表示建设单位 DG 监理审核文件,监理文件的第四卷(盒)

……

(6)验收文件组卷方法及案卷编号。

验收文件包括整个信息系统工程初步验收和竣工验收过程中产生的相关文件。验收文件按照工程初步验收和竣工验收分别组卷。案卷号(档号)由归档文件类别编码和流水号组成,流水号从大类开始按照自然数从 1 开始编排,用来表示验收文件共有多少卷(盒)。例如:

HJ-YS-00-00-CY-1　　表示工程初步验收文件,验收文件的第一卷(盒)

HJ-YS-00-00-CY-2　　　　表示工程初步验收文件,验收文件的第二卷(盒)
HJ-YS-00-00-JG-5　　　　表示工程竣工验收文件,验收文件的第五卷(盒)
……

3. 关于组卷的其他注意事项

(1)归档文件目录。

归档文件目录由序号、责任者、文号、题名、日期、页数和备注组成,如表12-2归档文件目录模板所示。序号按照卷内文件排列顺序,用阿拉伯数字从1起依次标注;责任者表示文件的形成部门;文号是指文件的原始编号(如有);题名是指文件材料标题的全称;日期是指文件材料的形成日期;页数是指每一件文件材料的总页数;备注用于填写一些必要的说明性文字。

归档文件目录排列在卷内文件材料的首页之前,卷内文件材料依次加盖档号章,如表12-2所示为归档文件目录格式模板。

表12-2　归档文件目录格式

归 档 文 件 目 录

HJ	2011	GL-DG-ZH-HY-5	项目综合管理会议文件		10年	
序号	责任者	文号	题名	日期	页数	备注
1	×××办公室	×××办公室[2011]8号	关于××××	20110406	4	
2	×××公司		×××说明	20110406	20	
…						

(2)备考表。

备考表包括立卷说明、立卷人和审核人签名、立卷和审核时间等信息,备考表模板如表12-3所示。

立卷说明包括本案卷(盒)的文件个数、总页数以及其他需要说明的问题。

立卷人指本案卷的组卷者。

审核人指本案卷的审核人员,必须由工程管理办公室档案组的相关同志进行审核。

表12-3　备 考 表

说明:		
本卷内共××件,共××页。		
	立卷人:×××××	
	日期:×××××	
	审核人:×××××	
	日期:×××××	

(3) 脊背。

脊背包括档号(案卷编号)、案卷标题(含分类信息)、保管期限和密级等信息,如表 12-4 案卷脊背模板所示。档号(案卷编号)由全宗号、分类号和案卷流水号组合而成,例如:"HJ-SS-DG-JC-SJ-1",其中,全宗号固定为 HJ(环境管理信息系统的前 2 个首字母),分类号由归档文件分类体系中各级分类的编码组成,案卷流水号是指档案按一定顺序排列后的流水号。案卷标题是立卷人在整理档案时自拟的,用于概括卷内文件材料的内容。例如:"实施文件 DG 建设单位 集成项目 设计文件 详细设计文档",其中,"详细设计文档"为立卷人自拟的案卷标题,"实施文件 DG 建设单位 集成项目 设计文件"为档案管理软件按照档号自动生成的档案分类信息。案卷标题排列在脊背标题区域的最右侧,其左边的几列为分类信息。保管期限根据文件归档范围和保管期限表确定,例如:"10 年"表示保管期限为 10 年。密级依据国家有关保密规定确定,如果一卷中有不同密级的文档,该案卷的密级取所有文档的最高密级,例如:"内部"表示该案卷为内部资料。

脊背格式如表 12-4 所示。

表 12-4 案卷脊背

HJ-SS-DG-JC-SJ-1
实施文件 　 DG建设单位 　 集成项目 　 设计文件 　 详细设计文档
10 年
内部

12.5　各类信息系统工程项目主要文档清单

为保证信息系统工程项目档案的完整性,在合同中应明确项目承担单位应提交的文档清单,并在相应阶段的审核验收过程中,严格检查相应文档的真实性、准确性、完整性和易读性等文档质量,确保归档文件符合档案管理的相关要求。各类信息系统工程项目应提交的主要文档如下。

1. 集成类项目应提交主要文档列表

(1) 设计类报告。

《××子项总体技术方案》

《××子项总体实施方案》

《××子项集成环境及详细集成方案》

《××子项网络与信息安全保障系统设计方案》

《××子项接口设计说明书》

《××子项集成测试方案、测试用例和测试报告》

(2) 试运行报告(终验时)。

《××子项试运行报告》

《××子项试运行期间各类故障和系统错误记录》

《××子项试运行期间系统改进报告》

《××子项试运行期间功能性能改进要求/缺陷记录》

《××子项试运行期间软件修改完善报告》

(3) 运行维护建议(终验时)。

《对××子项运行维护的建议报告》

(4) 用户报告。

《××子项用户使用报告》

《××子项用户对系统满意度综合评价报告》

《××子项用户对服务满意度综合评价报告》

(5) 用户手册。

《××子项用户使用手册》

《××子项运行维护手册》

《××子项程序员开发手册》

(6) 验收报告。

《××子项集成工作总结报告》

《××子项全部软硬件安装、调试、配置、集成工作报告》

《××子项验收计划》

(7) 技术管理文档。

《××子项项目配置管理方案》

《××子项质量控制计划》

《××子项质量保证计划》

《××子项移交清单》

(8) 日常管理文档。

《××系统详细实施计划》

《××系统周报》

《××系统月报》

《××系统会议纪要》

《××系统阶段性评审报告》

《××系统设计变更文件》

(9) 其他。

《培训计划》

《培训材料》

《其他文档》

2. 软件开发类项目应提交主要文档列表

(1) 设计报告。

《××系统总体技术方案》

《××系统实施方案》

《××系统需求分析报告及需求规格说明书》

《××系统详细设计说明书》

《××系统数据库结构设计说明书》

《××系统接口设计说明书》

《××系统软件开发规程》

《××系统测试方案与测试报告》

系统源代码文档(电子版)

(2) 试运行报告(终验时)。

《××系统试运行报告》

《××系统试运行期间错误记录》

《××系统试运行期间系统改进报告》

《××系统试运行期间软件改进要求/缺陷记录》

《××系统试运行期间软件修改完善报告》

(3) 运行维护建议(终验时)。

《对运行维护的建议报告》

(4) 用户报告。

《用户使用报告》

《用户对系统满意度综合评价报告》

《用户对服务满意度综合评价报告》

(5) 用户手册。

《××系统用户使用手册》

《××系统运行维护手册》

《××系统程序员开发手册》

(6) 验收报告。

《××系统开发项目工作总结报告》

《××系统验收计划》

(7) 技术管理文档。

《××系统项目配置管理方案》

《××系统质量控制计划》

《××系统质量保证计划》

《××系统移交清单》

(8) 日常管理文档。

《××系统详细实施计划》

《××系统周报》

《××系统月报》

《××系统会议纪要》

《××系统阶段性评审报告》

《××系统设计变更文件》

(9) 其他。

《培训计划》

《培训材料》

《其他文档》

3. 设备采购项目应提交主要文档列表

(1) 设计与实施方案。

《设备到货和安装调试计划》

《设备配置、使用策略等建议》

(2) 试运行报告(终验时)。

《××设备试运行报告》

《××设备试运行期间问题记录》

《××设备试运行期间改进报告》

(3) 运行维护建议(终验时)。

《对运行维护的建议报告》

(4) 用户报告。

《用户使用报告》

《用户对系统满意度综合评价报告》

《用户对服务满意度综合评价报告》

(5) 验收报告。

《××设备供应及伴随服务工作总结报告》

《××设备验收计划》(初验和终验)
(6) 技术文档。
《测试报告》
《技术文件》
《质量文件》
《安装指南》
《配置计划》
(7) 其他。
《培训计划》
《培训材料》
《其他文档》

4. 监理项目应提交主要文档列表

(1) 设计报告。
《××子项监理规划》
《××项目监理实施细则》
(2) 用户报告。
《用户对监理服务满意度综合评价报告》
(3) 验收报告。
《监理工作总结报告》
《监理工作验收方案》
(4) 日常管理文档。
《工程监理例会会议纪要》
《支付证书》
《审核报告》
《监理周报》
《监理月报》
《专题监理报告》
《各阶段验收监理报告》
(5) 其他。
《其他监理文件》

5. 标准规范项目应提交主要文档列表

(1) 设计报告。
《标准化建设总体实施方案》

(2) 试点工作报告。

《××项目标准应用试点报告》(试点项目的承建单位编写)

(3) 标准执行建议。

《标准推广应用方案》

《标准培训方案》

《标准修订方案》

(4) 用户报告。

《用户对标准规范的应用报告》

《用户对标准满意度综合评价报告》

《用户对标准承建单位服务满意度综合评价报告》

注:此处的用户指标准规范的最终用户,包括工程项目的管理单位(工程管理办公室)和工程项目的承建单位(集成商、开发商等)

(5) 验收报告。

《标准规范项目建设工作总结报告》

《标准规范项目各项标准试行稿修订报告》

《标准规范项目推广阶段咨询服务报告》

《标准规范项目验收计划》

(6) 技术管理文档。

《标准规范项目各项标准征求意见稿》(至少两轮)

《标准规范项目各项标准征求意见汇总处理表》(至少两轮)

《标准规范项目各项标准送审稿》

《标准规范项目各项标准专家审查会会议纪要》

《标准规范项目各项标准专家审查意见汇总处理表》

《审查专家对标准可行的论证报告》

《标准规范项目各项标准报批稿(试行稿草案)》

《标准规范编制过程说明》

《标准规范试点阶段修改意见汇总处理表》

《标准规范项目各项标准试行稿》

《标准规范试点及修改完善过程说明》

《标准规范项目各项标准实施指南》

(7) 日常管理文档。

《标准规范项目详细实施计划》

《标准规范项目双周报》

《标准规范项目月报》

《标准规范项目会议纪要》

《标准规范项目阶段性专家评审报告》
(8) 其他。
《培训计划》
《培训材料》
《其他文档》

12.7 档案专项验收工作报告

根据信息系统工程的实际建设内容和档案管理情况确定档案专项验收工作报告的具体内容，下面的目录结构模板可供参考。

1. 档案专项验收工作报告目录结构

一、引言
二、工程背景及建设目标
（一）建设目标
（二）主要建设内容
（三）项目的组织管理
（四）当前项目完成情况
三、档案管理依据
四、档案管理制度
五、档案管理工作情况
（一）逐步建立和完善了档案管理制度
（二）严格档案管理质量要求
（三）落实保证档案质量的相关措施
（四）分阶段的档案管理工作
（五）项目档案数量
六、立卷说明
（一）立卷基本原则
（二）各类档案立卷说明
（三）其他说明
七、档案的归属与流向
八、项目档案管理的特点
九、总结
十、附件 案卷清单和卷内文件清单

2. 档案专项验收工作报告主要内容

［引言］描述编制档案专项验收工作报告、组织档案专项验收的依据。主要包

括国家的相关政策法规文件以及国家或行业的相关标准规范等。

［工程背景及建设目标］描述项目的批复情况、建设组织情况、工程建设目标、主要建设内容、档案组织管理情况、项目建设完成情况、以及形成的系统能力等。

［档案管理依据］主要的档案管理依据包括《计算机软件文档编制规范》(GB/T 8567—2006)、《国家重大建设项目文件归档要求与档案整理规范》(DA/T28—2002)、《科学技术档案案卷构成的一般要求》(GB/T 11822—2000)、《电子文件归档与管理规范》(GB/T 18894—2002)、《信息化工程监理规范》(GB/T 19668—2005)、《建设工程监理规范》(GB/T 50319—2000)等。

［档案管理制度］列举项目建设期间发布的与档案管理相关的所有文件名称及主要内容,例如项目管理办法、合同条款、验收管理办法及验收条件、验收文档清单、档案管理办法、归档范围及归档文件分类编码表、保管期限表等。

［档案管理工作情况］描述如何逐步建立了档案管理制度、提出的档案质量管理的具体要求、以及保证档案质量的具体措施等。分阶段描述项目建设期间档案整理工作,例如档案收集、整理、立卷、计算机管理、移交等。最后,给出已形成的档案数量。

［立卷说明］说明立卷的基本原则、以及各类档案的立卷方法和案卷号组成、归档文件目录内容、备考表内容、案卷脊背构成等。

［档案的归属与流向］明确档案实体的保存地点和管理单位。

［项目档案管理的特点］根据实际情况总结项目档案管理的特点,例如领导重视、档案工作与工程建设同步进行、严把档案质量关、采用档案管理软件提高档案整理效率、提出完整统一的项目档案列表、在合同中明确各类项目的文档提交要求等。

［档案初步验收情况］如果经过了档案初步验收,应把专家验收意见纳入本报告。

［总结］档案管理是项目管理的一部分,项目档案是项目建设过程和建设成果的真实记录,是项目运行维护、升级改造的参考和依据,同时,通过项目档案的归档过程,也可以促进项目管理过程更加规范化。工程顺利地完成了档案整理、组卷、归档工作,档案收集齐全完整、分类体系科学实用、立卷工作规范合理,达到了相关主管部门关于建设项目档案管理的要求。

3. 案卷清单模板和卷内文件清单模板

案卷清单按照项目档案的分类顺序,列出信息系统工程项目形成的全部案卷,每一类汇总出该类的卷数(盒数)、文件个数和总页数,例如"项目前期文件 11 卷 48 件 5927 页";每一类下,列出该类的所有案卷(盒),每一案卷(盒)一行,包括案卷编号(档号)、案卷标题、该案卷内的文件个数和总页数、保管期限和密级。表12-5为案卷清单的模板。

表 12-5 案卷清单

案卷编号	案卷标题	件数	页数	保管期限	密级
项目前期文件（11 卷 48 件共 5927 页）					
HJ-QQ-00-00-JY-1	项目建议书阶段文件	4	315	永久	内部
...					
项目管理文件（80 卷 984 件共 23008 页）					
HJ-GL-DG-ZH-JG-1	成立项目管理机构文件	8	58	永久	内部
...					
项目实施文件（91 卷 571 件共 36421 页）					
HJ-SS-DG-JC-SJ-1	集成项目设计文件	2	456	30 年	内部
...					

卷内文件清单按照项目档案的分类顺序，列出每一案卷（盒）内的全部文件，包括文件所属的分类体系、文件所属案卷（盒）的标题、文件在本案卷内的编号、文件标题、文件的发布者（责任者）、文件的保管期限和密级，以及文件的页数。表 12-6 为卷内文件清单的模板。

表 12-6 卷内文件清单

文件大类	二级分类	三级分类	文件小类	案卷标题	文件编号	文件标题	责任者	保管期限	密级	页数
项目实施文件	DG建设单位	集成项目	设计文档	详细设计文件	1	需求规格说明书	××公司	10	内部	230
项目实施文件	DG建设单位	集成项目	设计文档	详细设计文件	2	GUI界面设计	××公司	10	内部	124
项目实施文件	DG建设单位	集成项目	设计文档	详细设计文件	3	业务流程设计	××公司	10	内部	153
项目实施文件	DG建设单位	集成项目	设计文档	详细设计文件	4	功能模块设计	××公司	10	内部	260
项目实施文件	DG建设单位	集成项目	设计文档	详细设计文件	5	数据结构设计	××公司	10	内部	187
项目实施文件	DG建设单位	集成项目	设计文档	详细设计文件	6	外部接口设计	××公司	10	内部	55
......										

第13章 验收管理

信息系统工程项目的验收是指按照《信息系统工程项目验收工作大纲》的相关规定开展各种测试、检查、检验工作，并给出验收结论的过程。从验收工作的层次上看，信息系统工程项目的验收可以分为两个层次，一个层次是以单个合同为单位的合同甲方组织的验收(简称合同验收或单项验收)，是以合同的执行情况作为主要依据的验收活动；另一个层次是以整个工程项目为单位的项目管理机构或项目审批机构组织的验收(简称工程验收或整体验收)。从验收工作的过程上看，信息系统工程项目的验收包括初步验收和最终(竣工)验收两个阶段，初步验收是指建设任务完成后的验收，最终验收是指建设任务完成并经过一段时间的试运行后组织的验收。合同验收是工程验收的基础，在工程初步验收之前，各单项合同以及由若干个单项合同组成的子项集成和总集成合同等应通过初步验收；在工程竣工验收之前，各单项合同以及由若干个单项合同组成的子项集成和总集成合同等应通过最终验收。合同验收根据其建设任务的复杂程度，可以划分为初步验收和最终验收两个验收阶段，也可以只有一个验收阶段。例如，软件开发的验收、大型设备采购的验收，都应划分为初步验收和最终验收两个验收阶段；终端设备采购的验收，按照政府采购的标准合同文本，可只组织一次验收。

验收管理就是确定各层次和各阶段的验收标准，并对验收过程进行组织和指导。验收管理的目标是检验工程质量，保证工程建设目标的顺利实现。

13.1 验收管理的主要内容与基本要求

1. 明确验收任务

对于合同验收，主要的验收任务包括：检查合同执行情况、检查工程质量(设备质量、软件功能与性能、易用性等)、检查档案资料、检查用户满意程度、审查监理报告、形成验收意见等。对于工程验收，主要的验收任务包括：对建设目标、建设规模、建设内容、建设质量及资金使用等情况进行全面检查；对形成的固定资产、无形资产、递延资产等情况进行全面审核；对建设项目能否交付使用做出评价；对执行国家法律法规情况进行检查；形成工程验收意见。

2. 确定验收范围

无论是合同验收还是工程验收，信息系统工程验收的主要内容包括交付物验收和服务验收两部分。交付物验收包括交付系统的验收和交付文档的验收。其中,交付系统的验收(设备采购、软件开发、网络及安全系统建设、系统集成等项目均需进行系统验收)包括功能验收和性能验收,是通过技术测试(联合测试、第三方测试)、用户测试(试用)和系统试运行等手段来完成的;文档验收包括检查文档的完备性,内容的充分性、一致性和易读性等。服务验收是通过检查乙方完成合同或协议规定服务内容的情况,通过用户满意度调查了解用户对乙方服务工作的满意程度。

3. 提出验收依据

对于合同验收,主要的验收依据包括:双方签订的合同及补充协议、工程建设中应遵循的标准规范以及相关的法律法规和国家标准。对于工程验收,主要的验收依据包括:国家有关法律、法规和信息工程相关标准;经批准的项目建议书和批复文件;经批准的可行性研究报告和批复文件;经批准的初步设计方案和批复文件;建设项目的合同文件、施工图、设备和软件技术说明书;其他具有法律效力的文件。

4. 确定验收条件

对于合同验收,主要的验收条件包括:合同约定的内容已完成;乙方对工程质量、服务质量、文档质量等进行自查合格;监理对工程质量、服务质量、文档质量等进行复查合格;用户出具了对系统功能满意和服务满意的证明;总集成单位出具了技术符合性认证;提交的工程资料齐全,符合档案管理的相关规定;提交了合同执行情况的总结报告。对于工程验收,主要的验收条件包括:项目确定的网络、应用、安全等主体工程和辅助设施,已按照设计建成,能满足系统运行的需要;项目确定的网络、应用、安全等主体工程和辅助设施,经测试和试运行合格;项目涉及的系统运行环境的保护、安全、消防等设施已按照设计与主体工程同时建成并经试运行合格;项目投入使用的各项准备工作已经完成,即组织管理机构、运行维护人员、需要的外部配套和协作条件等能适应项目正常运行的需要;完成预算执行情况报告和初步的财务决算;档案文件整理齐全,各类工程设计、施工和竣工图完整、准确,软件安装和使用手册等完整、齐备。

5. 提出验收的组织形式

合同验收由合同甲方组织,工程初步验收由建设管理单位组织,工程竣工验收由项目审批单位或其委托的相关单位组织。具体的验收工作由验收专家组或验收专家委员会完成,验收专家组或验收专家委员会由项目审批部门、财政、审计、档案等部门的管理人员、以及项目建设单位和用户单位的代表、有关领域专家组成。

6. 确定验收会的主要议程

验收会的主要议程应包括：验收主持单位宣读验收委员会或验收专家组成员名单；验收委员会主任或专家组组长主持验收会，听取承建单位的工作报告、听取测试报告、用户报告、监理报告、审计报告等工程完成情况的汇报以及工程质量的汇报；现场检查交付系统的功能和性能；现场检查交付文档情况；进行质询和抽查；讨论形成专家验收意见；宣读专家验收意见等。

7. 管理验收档案

对于专家形成的验收意见，要以正式书面的形式由验收专家签字，并与验收报告等相关文档一起归档保存。

13.2 验收管理机构与主要职责

考虑到验收工作对于工程质量的重要性，在进入验收阶段后，无论是合同验收，还是工程验收，全体项目管理人员和相关专家都应积极投入到验收管理的相关工作中去，组织起临时的验收工作组，按照综合与工程、技术、财务、档案专项进行分工，分别负责整体和工程、技术、财务、档案专题的验收组织工作。验收工作组的主要任务是明确验收责任、规范验收行为。验收工作组的主要职责包括：

1. 提出项目验收管理办法

明确验收的层次、内容、条件、流程等，指导各单项合同以及整体工程的初步验收与竣工验收工作。

2. 制订验收工作计划

按照验收的层次关系和工程整体的集成顺序，安排合同验收，关联合同组成的子项验收，工程整体集成验收，档案、财务、机房等专项验收，以及整体工程验收的时间和相关工作。

3. 提出竣工图编制要求

根据信息系统工程的建设内容，提出竣工图的组成及编制要求，并组织相关承建单位编制竣工图，为项目的验收和移交做准备。

4. 研究确定验收会的议程

根据验收工作计划，针对每一次的验收活动，制订验收会的议程，包括会前组织的测试和检查、会上听取的报告和质询、专家验收意见的形成、会后组织承建单位进行整改和完善等。

5. 成立验收专家组(或验收专家委员会),并召集验收专家组成员进行验收准备工作

在召开验收会之前,应组织专家进行现场考察,要求验收专家对建设任务的实际完工情况、工程质量、应用情况、档案整理情况、验收工作报告的编制情况等进行认真检查,形成书面的检查报告,并在现场就发现的问题指导项目管理单位和承建单位进行整改。

6. 起草验收报告

对工程整体的验收,需要提交验收报告,包括初步验收报告和竣工验收报告。初步验收报告的主要内容如下:

(1)初步验收工作的组织情况;

(2)初步验收的时间、范围、方法和主要过程;

(3)初步验收检查的质量指标与评定意见,对施工中重大质量事故处理后的审查意见(如有);

(4)对实际的建设目标、规模、内容、投资和建设工期的检查意见;

(5)对工程档案和所有技术资料的检查意见;

(6)关于项目建设中贯彻国家有关法律、法规和财务规定的检查意见;

(7)对存在的问题提出处理意见;

(8)初步验收意见;

(9)对下一步安排试运行、编写竣工验收报告和竣工决算的意见。

初步验收报告还应包括4个分项验收报告作为附件,分别是工程分项初步验收报告、技术分项初步验收报告、财务分项初步验收报告和档案分项初步验收报告。

工程竣工验收时,应提交竣工验收报告,主要内容如下:

(1)建设依据;

(2)项目概况,包括关键里程碑点、招标投标情况、实际完成情况、形成的系统能力等;

(3)初步验收与试运行情况,包括初步验收的时间和结论、试运行情况、信息安全风险评估情况等;

(4)工程预算执行和决算情况,包括项目概算及调整情况、预算执行情况、初步决算数据等;

(5)项目档案情况,包括各类管理、技术、施工、标准等档案的数量与归档保存情况;

(6)经济技术分析,包括各项工程技术指标的测试值与设计值的对比分析、工程质量分析、成本分析等;

(7) 项目投入运行前的准备情况,包括运行维护机构、人员、环境的准备情况、培训情况、运行规章制度的建立情况等;

(8) 项目建设的经验、教训以及建议;

同样的,要分别组织编写竣工验收的分项验收报告,包括工程分项、技术分项、财务分项和档案分项。分项验收报告作为竣工验收报告的四个附件。

7. 准备验收会资料

为了保证验收会的高效率,会议资料必须真实、齐全和有序,方便验收专家的审查和阅读。验收会的主要资料应包括:

(1) 验收报告(工作总结报告);

(2) 系统功能及应用情况演示材料(在真实环境下演示或与真实环境一致的模拟环境下演示);

(3) 验收会议议程以及会议手册;

(4) 验收专家委员会(专家组)名单;

(5) 会上发言者的所有 PPT 文件;

(6) 测试报告;

(7) 用户报告;

(8) 监理报告;

(9) 所有单项验收或子项、专项验收的专家验收意见;

(10) 审计报告;

(11) 项目管理的相关文件;

(12) 指标体系;

(13) 用户手册;

(14) 应用案例汇编;

(15) 档案案卷清单及档案文件清单;

(16) 以及其他相关资料。

8. 按照验收专家意见,提出整改要求,并监督指导相关单位的整改工作

验收会结束后,应及时整理专家意见,针对存在的问题,提出整改要求,督促承建单位按时完成整改工作,并进行检查指导,必要时请专家进行复查。整改工作完成后,按照合同约定,支付验收通过后的工程款。

验收专家委员会(验收专家组)的主要职责是:贯彻国家法律法规和相关主管部门的规章制度以及工程项目管理机构制订的验收标准和规定;组织审查验收相关资料;从工程、技术、财务、档案以及信息安全等角度现场检查工程的完成情况;对工程质量进行把关;提出验收过程中发现问题的处理原则;明确给出验收结论等。

13.3 验收管理的基本方法

1. 合同验收

合同验收可以划分为3个层次,即单个合同的验收;若干相关联合同组成的子项集成合同的验收;以及总集成合同的验收。单个合同的验收是子项集成验收的基础,子项集成验收是总集成验收的基础。

(1) 单个合同的验收。是指根据合同约定,由合同甲方组织的验收。

① 单个合同的验收依据。合同及相关补充协议、合同附件等。

② 单个合同的验收任务。检查合同执行情况;检查交付的系统和服务的质量;检查交付的文档质量;听取合同执行情况的汇报;听取监理报告和用户意见;形成验收意见等。

③ 单个合同的验收对象。交付物验收;服务验收。

④ 单个合同的验收条件。合同约定的内容完成;承建单位自查交付物和服务质量合格;监理复查交付物和服务质量合格;用户对交付物和服务质量满意;文档资料齐全,符合项目档案管理的规定;验收申请、工作总结等相关验收报告已提交;如果是终验,还需要试运行期满合格。

⑤ 单个合同的验收流程。乙方根据合同中规定的初步验收条件进行自查,确认满足条件后,向甲方和监理机构提交验收申请,并提交合同规定的验收所需的文档资料;监理审查乙方的工作成果和文档后,及时向甲方出具监理报告,如审查合格,经与甲方协商,通知乙方做好验收相关准备工作;甲方组织用户测试,确认系统达到用户使用满意的要求;如果甲方认为该合同的执行与其他合同有接口关系,应先委托总集成商或子项集成商组织联调测试,并出具技术认可证明文件;如果是申请终验,还需要试运行期满合格,用户出具使用报告;甲方在确认满足验收条件后组织验收。

⑥ 单个合同验收专家组成员。根据建设任务的复杂程度,单个合同验收时,验收专家组的成员可以由相关领域的专家以及使用单位、运行维护单位的有关人员组成。

⑦ 单个合同的验收结论。根据验收条件,验收结论可以是通过、基本通过和不通过。

通过是指全面完成合同规定的建设任务,各项质量指标的测试结果达到设计要求,用户使用满意。

基本通过是指建设效果近于通过项目,但存在少量遗留问题需要限期整改。

不通过是指未完成合同规定的建设任务,或者未达到合同规定的质量要求,或者用户不满意,或者建设期间存在重大工程问题尚未解决,或者所提供的验收材料不齐全、不真实，或者存在其他违法违规行为。

（2）子项集成的验收。子项集成的验收是指若干个单项合同的建设任务被集成为一个整体，可以独立运行时，由集成合同的甲方组织的验收。例如信息系统建设合同，可以划分成设备采购、软件开发、与老系统集成等多个单项合同，其中，一定有一个合同承担着系统集成的任务，该合同可视为子项集成合同。

① 子项集成的验收依据。合同及相关补充协议、合同附件，相关技术标准等。

② 子项集成的验收任务。检查合同执行情况，尤其是整个子项集成后联调测试的结果；检查交付的系统和服务的质量，尤其是集成后作为可独立运行的系统，其运行状况和各种功能、性能指标的状况；检查系统集成各接口的信息流及符合标准规范情况；检查交付的文档资料；听取合同执行情况的汇报；听取监理报告和用户意见；形成验收意见等。

③ 子项集成的验收对象。交付物验收，尤其是可独立运行的信息系统情况；服务验收。

④ 子项集成的验收条件。子项下的所有单个合同通过验收，并且验收中遗留的问题全部解决；子项集成合同约定的内容完成，集成后的系统稳定运行；承建单位自查交付物和服务质量合格；监理复查交付物和服务质量合格；监理和集成商共同组织的、所有相关单项合同单位参加的联调测试完成，测试结果显示系统已达到集成目标；用户对交付物和服务质量满意；所有参与集成的合同乙方认可该集成方案，确认集成后的信息流畅通、有效；文档资料齐全，符合项目档案管理的规定；验收申请、工作总结等相关验收报告已提交；如果是终验，还需要试运行期满合格；如果还存在更大规模的总体集成，还需要总集成商出具技术认可证明文件，证明该子项符合工程总体技术要求。

⑤ 子项集成的验收流程。乙方根据合同中规定的验收条件进行自查及联调测试，确认满足条件后，向甲方和监理机构提交验收申请，并提交合同规定的验收所需的文档资料；监理审查乙方的工作成果和文档后，及时向甲方出具监理报告，如审查合格，经与甲方协商，通知乙方做好验收准备工作；甲方组织用户测试，确认项目达到使用满意的要求，同时，征求所有相关乙方单位的意见，确认所有的集成接口有效、畅通后，组织验收；如果甲方认为该子项合同的执行与其他子项合同有接口关系，应先委托总集成商组织联调测试，并出具技术认可证明文件；如果是终验，还需要试运行期满合格后组织验收。

⑥ 子项集成验收专家组成员。根据建设任务的复杂程度，子项集成验收时，验收专家组的成员可以由相关领域的专家、项目建设管理单位、设计单位、使用单位、运行维护单位的有关人员组成。

⑦ 子项集成的验收结论。根据验收条件，验收结论可以是通过、基本通过和不通过。

通过是指全面完成合同规定的建设任务，各项质量指标的测试结果达到设计要求,用户使用满意。

基本通过是指建设效果近于通过项目,但存在少量遗留问题需要限期整改。

不通过是指未完成合同规定的建设任务,或者未达到合同规定的质量要求,或者用户不满意,或者建设期间存在重大工程问题尚未解决,或者所提供的验收材料不齐全、不真实,或者存在其他违法违规行为。

(3) 总集成的验收。当信息系统工程项目规模比较大、参建单位比较多时,可以考虑分三个层次进行项目组织,即单个合同、子项集成和总集成。总集成的任务是进行工程总体技术架构设计、提出工程总体技术要求,在技术上指导各子项及相关单项合同的实施,并在子项集成的基础上,进行工程总体集成,保证工程总体正常运行,信息流畅通有效。总集成的验收是指所有子项合同的建设任务被集成为一个整体,形成完整的信息系统工程可运行实体时,由总集成合同的甲方组织的验收。

① 总集成的验收依据。合同及相关补充协议、合同附件,相关技术标准等。

② 总集成的验收任务。检查合同执行情况,尤其是总体集成后联调测试的结果;检查交付系统和服务的质量,尤其是总体集成后作为工程整体的可运行系统,其运行状况和各种功能、性能指标的状况;检查系统集成各接口的信息流及符合标准规范情况;检查交付的文档资料;听取合同执行情况的汇报;听取监理报告和用户意见;形成验收意见等。

③ 总集成的验收对象。交付物验收,尤其是工程整体可运行系统的情况;服务验收。

④ 总集成的验收条件。所有子项合同均通过验收,并且验收中遗留的问题全部解决;总集成合同约定的内容完成,集成后的系统稳定运行;承建单位自查交付物和服务质量合格;监理复查交付物和服务质量合格;监理和总集成共同组织的、所有子项和单项合同承担单位参加的工程总体联调测试完成,测试结果显示系统已达到集成目标;用户对交付的系统和服务质量满意;所有参与集成的合同乙方认可总集成提出的总体集成框架和总体技术要求,确认集成后的信息流畅通、有效;交付的文档资料齐全,符合项目档案管理的规定;验收申请、工作总结等相关验收报告已提交;如果是终验,还需要试运行期满合格。

⑤ 总集成的验收流程。乙方根据合同中规定的验收条件进行自查及联调测试,确认满足条件后,向甲方和监理机构提交验收申请,并提交合同规定的验收所需的文档资料;监理审查乙方的工作成果和文档后,及时向甲方出具监理报告,如审查合格,经与甲方协商,通知乙方做好验收的准备工作;甲方组织用户测试,确认交付的系统达到使用满意的要求,同时,征求所有相关乙方单位的意见,确认所有的集成接口有效、畅通后组织验收;如果是终验,还需要试运行期满合格。

⑥ 总集成验收专家组成员。根据建设任务的复杂程度,总集成验收时,验收专家组的成员可以由相关领域的专家、建设管理单位、设计单位、使用单位、运行维

护单位的有关人员组成。

⑦ 总集成的验收结论。根据验收条件,验收结论可以是通过、基本通过和不通过。

通过是指全面完成合同规定的建设任务,各项质量指标的测试结果达到设计要求,用户使用满意。

基本通过是指建设效果近于通过项目,但存在少量遗留问题需要限期整改。

不通过是指未完成合同规定的建设任务,或者未达到合同规定的质量要求,或者用户不满意,或者建设期间存在重大工程问题尚未解决,或者所提供的验收材料不齐全、不真实,或者存在其他违法违规行为。

2. 工程验收

(1) 工程初步验收。工程初步验收由项目建设管理单位按照《验收工作大纲》的要求自行组织。项目建设管理单位应在完成项目建设任务后的半年内,组织完成建设项目的信息安全风险评估和初步验收工作。

① 工程初步验收依据。国家有关法律法规以及国家关于信息系统建设项目的相关标准;主管部门的有关规定;经批准的项目建议书和批复文件;经批准的可行性研究报告和批复文件;经批准的项目初步设计方案和投资概算报告和批复文件;财政部有关基本建设财务管理规定;国家档案局有关工程档案或科技档案的管理规定;工程自身编制的标准规范;项目建设的合同文件、施工图、设备和软件技术说明书;其他具有法律效力的文件。

② 工程初步验收任务。对建设项目执行国家法律、法规情况进行检查,主要包括招标投标法、政府采购法、合同法、保守国家秘密法、国家专利法、著作权法以及相关主管部门有关项目管理、财务管理的有关规定等;对照初步设计方案和投资概算,对建设目标、建设规模、建设内容、建设质量及资金使用等情况进行全面审查;对建设项目形成的固定资产、递延资产等情况进行全面审核;对建设项目能否交付使用作出评价;听取工程建设完成情况及形成系统能力的汇报;听取监理报告和用户意见;形成验收意见等。

③ 工程初步验收内容。检查工程是否按批复的初步设计文件建成;检查工程质量是否符合相关信息系统工程的国家标准;检查建设程序执行情况和变更设计管理情况;检查软硬件设备安装、调试情况,以及集成后的联调测试情况;检查概算执行情况,审查财务竣工决算(初步)报告;检查试运行的准备情况;检查机房、消防等基础设施是否按批准的设计文件建成并合格;检查档案整理情况,项目批复文件、设计文件、实施过程管理文件及招标投标文件、合同文件、监理文件、验收文件等资料是否齐全、准确,并按规定归档;检查单个合同验收过程中,专家提出的整改意见的完成情况。

④ 工程初步验收条件。建设项目确定的网络、应用、安全等主体工程和辅助

设施已按照设计建成,基本满足系统运行的需要;建设项目确定的网络、应用、安全等主体工程和配套设施经测试合格;建设项目涉及的系统运行环境的保护、安全、消防等设施已按照设计与主体工程同时建成并经专业机构的检测合格;试运行的各项准备工作已经完成;完成预算执行情况报告和审计报告;各类档案文件整理齐全。

⑤ 工程初步验收流程。成立初步验收专家委员会,并按专业划分为工程、技术、财务、档案4个验收小组;向验收专家委员会布置验收任务,并就工程、技术、财务、档案4个专项进行现场检查、测试;各专家小组对现场检查、测试结果进行评估,形成专家意见,如有需整改的内容,应明确整改要求和期限;如专家组一致认为具备初步验收条件,召开初步验收会。

⑥ 工程初步验收专家组成员。验收专家委员的成员可以由项目审批部门、财政、审计、档案等部门的管理人员、相关领域的专家以及项目建设单位、设计单位、使用单位、运行维护单位的代表组成。

⑦ 工程初步验收结论。根据验收条件,验收结论可以是通过、基本通过和不通过。

通过是指全面完成初步设计规定的建设任务,各项质量指标的测试结果达到设计要求,用户使用满意。

基本通过是指建设效果近于通过项目,但存在少量遗留问题需要限期整改。

不通过是指未完成初步设计规定的建设任务,或者未达到初步设计规定的质量要求,或者用户不满意,或者建设期间存在重大工程问题尚未解决,或者所提供的验收材料不齐全、不真实,或者存在其他违法违规行为。

(2) 工程竣工验收。工程竣工验收由项目审批部门或其组织成立的竣工验收委员会组织。初步验收合格后,项目建设管理单位应向项目审批部门提交竣工验收申请报告,并将项目建设总结(竣工验收报告)、初步验收报告、财务报告、审计报告和信息安全风险评估报告等文件作为附件一并报上。

① 工程竣工验收依据。国家有关法律法规以及国家关于信息系统工程建设项目的相关标准;主管部门的有关规定;经批准的项目建议书和批复文件;经批准的可行性研究报告和批复文件;经批准的项目初步设计方案和投资概算报告和批复文件;财政部有关基本建设财务管理规定;国家档案局有关工程档案或科技档案的管理规定;工程自身编制的标准规范;项目建设的合同文件、施工图、设备和软件技术说明书;其他具有法律效力的文件。

② 工程竣工验收任务。对建设项目执行国家法律、法规情况进行检查,主要包括招标投标法、政府采购法、合同法、保守国家秘密法、国家专利法、著作权法以及相关主管部门有关项目管理、财务管理的有关规定等;对照初步设计方案和投资概算,对建设目标、建设规模、建设内容、建设质量及资金使用等情况进行全面审查;对建设项目形成的固定资产、递延资产等情况进行全面审核;对建设项目能否

交付使用作出评价;听取工程建设完成情况及建设效果的汇报;听取监理报告和用户意见;形成验收意见等。

③ 工程竣工验收内容。检查建设完成情况,主要检查建设目标、建设内容、建设规模是否按批复的设计文件建成;检查设计情况,项目建设中发生重大设计变更的是否按规定办理审批手续;检查施工质量情况,网络系统、应用系统、安全系统等的建设施工、工艺等工程质量;检查招标投标情况,软件开发、设备采购、系统集成、监理等的招标情况是否符合国家相关规定,是否符合核准的招标投标方案;检查执行法律情况,检查项目建设和管理是否符合国家有关招标投标、信息系统建设和电子政务建设的法律、法规;检查预(概)算执行和财务决算情况,主要检查概算、预算执行情况,发生概算调整的是否经项目审批部门批准,各项支出是否符合规定,检查竣工财务初步决算报表和决算说明书内容是否真实、准确;检查档案资料情况,主要检查建设项目批准文件、项目建设实施文件、前期验收文件、项目管理文件和过程控制文件等资料是否齐全,是否按规定归档;检查初步验收时遗留问题是否全部解决。

④ 工程竣工验收条件。建设项目确定的网络、应用、安全等主体工程和辅助设施已按照设计建成,能满足系统运行的需要;建设项目确定的网络、应用、安全等主体工程和配套设施经试运行合格;建设项目涉及的系统运行环境的保护、安全、消防等设施已按照设计与主体工程同时建成并经试运行合格;建设项目投入使用的各项准备工作已经完成,即组织管理机构、运行维护人员、需要的外部配套和协作条件等能适应项目正常运行的需要;资金全部到位,除质量保证金外,与工程各方按合同完成资金结算,并完成预算执行情况报告和初步的财务决算;档案文件整理齐全,各类工程设计、施工和竣工图完整、准确,软件安装和使用手册等完整、齐备。其中,竣工图必须如实反映项目实施的技术状况和工程竣工的现状。

⑤ 工程竣工验收流程。成立竣工验收专家委员会,并按专业划分为工程、技术、财务、档案4个验收专家小组;向验收专家委员会布置竣工验收任务,专家组负责开展竣工验收的先期基础性工作,重点是按照竣工验收的内容,进行工程、技术、财务、档案4个专项的现场检查、测试;根据检查情况,专家组对项目建设做出总体评价,并从工程、技术、财务、档案等方面提出意见和建议;基于专家意见,竣工验收委员会对项目建设情况、设计施工与质量、资金和财务管理、项目档案资料以及执行法律情况等进行验收,对建设项目的各个环节做出评价,形成竣工验收意见。

⑥ 工程竣工验收专家组成员。竣工验收专家委员会的成员可以由项目审批部门、财政、审计、档案等部门的管理人员、相关领域专家以及项目建设单位、设计单位、使用单位、运行维护单位的代表组成。

⑦ 工程竣工验收结论。根据验收条件,验收结论可以是通过、基本通过和不通过。

通过是指全面完成合同规定的建设任务,各项质量指标的测试结果达到设计要求，用户使用满意。

基本通过是指建设效果近于通过项目，但存在少量遗留问题需要限期整改。

不通过是指未完成合同规定的建设任务，或者未达到合同规定的质量要求，或者用户不满意，或者建设期间存在重大工程问题尚未解决，或者所提供的验收材料不齐全、不真实，或者存在其他违法违规行为。

3. 信息系统工程初步验收报告

信息系统工程的初步验收报告应包括以下几方面的主要内容，项目及完成情况的简要介绍；项目的组织管理情况；项目的完成情况及形成的系统能力；项目建设的难点与创新；初步验收的组织管理；初步验收的时间、范围、方法和主要过程；工程质量验收情况；技术实现情况；投资使用情况；档案形成情况；执行相关法律法规情况；初步验收过程中发现的问题及解决建议；初步验收意见；对下一步安排试运行和竣工验收的意见等。表 13-1 是初步验收报告的目录结构，可以作为初步验收报告的参考模板。

表 13-1 初步验收报告目录结构

一、项目简介
二、项目组织管理
（一）管理机构与职责
（二）项目组织管理
  1. 制定项目管理制度和办法
  2. 严格项目招标投标管理
  3. 加强项目计划管理和质量管理
  4. 认真做好财务和资产管理
  5. 建立实施统一标准规范
  6. 加强网络信息安全管理
  7. 规范项目档案管理
  8. 强化项目组织协调
  ……
三、建设任务完成情况
（一）数据库建设完成情况
（二）业务应用系统建设完成情况
（三）辅助决策支持系统建设完成情况
（四）网络和安全保障环境建设完成情况
（五）标准规范建设完成情况
（六）机房环境改造建设完成情况
……

四、建设的技术难点和解决方案
（一）异构数据环境下的信息资源整合
（二）跨平台信息交换与服务体系
（三）信息安全体系建设
（四）组件化应用开发模式
……
五、初步验收的组织管理
（一）初步验收的层次
（二）初步验收的内容
（三）初步验收的条件
（四）初步验收的流程
六、初步验收的时间、范围、方法和过程
（一）初步验收的时间
（二）初步验收的范围和质量指标
（三）初步验收的方法
（四）初步验收的过程
（五）初步验收主要审查意见
七、存在的问题
八、下一步工作安排
（一）做好试运行工作
（二）推进项目应用
（三）开展国家竣工验收准备
（四）有序组织运行维护工作交接
附件一　合同验收的专家验收意见
附件二　工程、技术、财务、档案专项验收的专家验收意见
附件三　初步验收报告—工程分册
附件四　初步验收报告—技术分册
附件五　初步验收报告—档案分册
附件六　初步验收报告—财务分册

4. 信息系统工程竣工验收报告

信息系统工程的竣工验收报告应包括以下几方面的主要内容：① 项目及完成情况的简要介绍；② 项目建设的依据；③ 项目的组织管理情况；④ 项目的完成情况及形成的系统能力；⑤ 初步验收及试运行情况；⑥ 投资概算执行情况；⑦ 项目档案的管理情况；⑧ 项目的技术经济分析；⑨ 投入运行前的工作准备情况；⑩ 项目建设的难点与创新；⑪ 建设经验与建议等。表 13-2 是竣工验收报告的目录结构，可以作为竣工验收报告的参考模板。

表 13-2　竣工验收报告目录结构

一、建设依据
（一）项目批准过程及批准概算
（二）批准概算调整情况
（三）批准的建设目标和主要建设任务
　　1. 制定项目管理制度和办法
　　2. 严格项目招标投标管理
　　3. 加强项目计划管理和质量管理
　　4. 认真做好财务和资产管理
　　5. 建立实施统一标准规范
　　6. 加强网络信息安全管理
　　7. 规范项目档案管理
　　8. 强化项目组织协调
　　……

二、主要项目管理文件列表
三、项目概况
（一）项目前期工作
（二）项目实际开工和完工日期
（三）项目招标投标情况
（四）项目设计、系统集成、监理、主要开发单位
（五）建设任务完成情况
　　1. 数据库建设完成情况
　　2. 业务应用系统建设完成情况
　　3. 辅助决策支持系统建设完成情况
　　4. 网络和安全保障环境建设完成情况
　　5. 标准规范建设完成情况
　　6. 机房环境改造建设完成情况
　　……
（六）形成的系统能力

四、初步验收与试运行情况
（一）初步验收时间与验收的主要结论
（二）试运行情况
　　1. 试运行的组织情况
　　2. 试运行期间主要应用情况
　　3. 试运行期间系统功能完善情况
　　4. 应用效果及典型应用案例情况
　　5. 对初验遗留问题的解决
　　……

五、投资概算执行情况
（一）批准概算

(二) 概算调整情况
(三) 概算执行情况
(四) 资金支付与资产形成情况
六、项目档案情况
(一) 档案管理制度和工作要求
(二) 各类项目档案数量
七、经济技术分析
(一) 主要工程技术指标及测试值
(二) 工程质量分析
(三) 项目成本分析
(四) 项目的经济效益和社会效益
八、投入运行前的准备情况
(一) 确定运行维护机构
(二) 建立运行维护制度
(三) 做好运行维护准备
九、项目建设的经验、教训及建议
(一) 项目管理经验
(二) 项目技术难点与解决方案
(三) 项目建设的有关建议
……
附件
……

第14章 运行维护管理

信息系统工程建成并交付使用后,即进入运行维护期。为了保证建成后的系统能够持续稳定运行,满足用户的使用需求,必须加强运行维护的管理,切实保障日常运行的正常和系统维护、维修的及时。运行维护管理有两层含义,一是行政意义上的运行维护管理,是信息系统拥有者的责任;二是技术层面的运行管理与维护,是运行维护机构的责任。运行维护管理的主要任务是在组织上、制度上和资源上明确系统正常运行的各种安排。

14.1 运行维护管理的主要内容与基本要求

1. 运行维护管理的主要内容

(1)明确运行维护机构。根据信息系统工程的建设内容,选择合适的运行维护机构承担相应的运行维护任务,可以依托建设单位自身的技术力量承担运行维护任务,也可以采用外包的方式,利用专业化运行维护机构来保证系统的正常运行。

(2)组织制订运行维护的规章制度并监督执行。运行维护作为日常操作型业务,必须有明确的、可操作性强的规章制度和行为规范的约束,才能保证运行维护任务的完成,切实保障系统的正常运行,主要的运行维护规章制度包括运行维护管理规定、机房管理规定、各类运行维护对象(设备、软件、数据等)详细的事件处理流程等。运行维护管理规定应明确系统日常开机、关机的流程,值班人员的工作规范,系统日志的查看内容与方法,运行维护人员培训计划,硬件更新与软件升级的条件与周期,安全保密责任,事故处理流程以及应急处理措施等。机房管理规定应明确机房的环境要求、各项安全防护措施、出入机房的登记制度,以及各类随机文件、操作手册、用户资料的保管要求等。各类运行维护对象(设备、软件、数据等)详细的事件处理流程应在技术层面上明确操作步骤和操作规范,包括日常检查、定期巡检、事件处理等的步骤和规范等。

(3)安排培训工作。为推进信息系统的广泛应用,保证系统的稳定运行,应加强信息系统的培训工作,包括对业务人员的应用培训和对运行维护人员的技术培训等。应用培训的对象是信息系统的用户,应由运行管理机构或其委托运行维护机构组织培训,培训的目标是让业务人员更好的理解信息系统的业务处理流程,了解信息系统对传统业务处理模式和流程的改变,认识信息系统对提高工作效率、提高信息质量、提高决策分析水平等方面的重要作用。在应用培训过程中,还应收集和了解使用者对信息系统的改进意见,尤其是应用界面和应用功能上的改进意见,作为下一步系统进行修改完善和升级改造的依据之一;技术培训的对象是运行维护人员,主要由设备供应商或软件开发商提供培训服务,技术培训可由运行维护机构自行组织。培训的方式可以是现场培训、专业培训或技术交流等。现场培训主要是对运行维护人员进行日常管理和日常故障排除的培训,专业培训主要是对运行维护人员有针对性的专项技术培训,例如操作系统培训、数据库培训等,技术交流主要是通过各种展示会、研讨会、产品发布会等形式,推进运行维护人员对专题技术的了解和认识,获得最新的技术资料,跟踪业界的最新动态。

(4) 保障运行维护经费。信息系统的运行维护经费主要包括网络运行经费,例如线路租用费等;硬件维修经费,例如硬件设备的维修、更换、备品备件及耗材等;软件升级经费,例如系统软件的维护、更新与升级,应用软件的维护与升级等;系统管理经费,例如管理人员的工资等;以及技术咨询费用、培训费用、信息采购费用等。只有将信息系统的运行维护费用列入财政预算,才能在费用上保证信息系统的正常运行。

(5) 组织应急预案的编制与实施。明确在各种突发事件发生之前、发生过程中以及系统修复后所采取的各种行动的详细安排,包括运行管理机构和相关支持机构在处理突发事件中的职责分工、任务分配、处理程序以及相应的处理策略、资源准备等。

2. 运行管理与维护的主要工作范围

信息系统运行维护管理的主要内容包括:① 系统运行维护管理,包括机房等基础环境运行维护管理、网络系统的运行维护管理、系统升级管理和用户端计算机管理等;② 信息管理,包括信息的存储、交换、发布、备份与恢复管理等;③ 系统安全管理,包括网络安全设备的运行维护管理、防病毒系统的运行维护管理、漏洞扫描及入侵检测系统的运行维护管理以及信息安全管理等;④ 应用系统运行管理与维护,包括应用系统的升级性开发与维护性开发、应用系统的技术支持等。运行维护内容的划分与运行维护机构的组织结构密切相关,即必须保证所有的运行维护内容都落实到具体的组织机构中。从专业化的角度,可以将信息系统工程的运行维护内容划分为:

(1) 基础运行环境。基础运行环境包括机房、空调设备、电源系统、UPS 不间断电源、机房屏蔽系统和用户终端设备等。

(2) 网络环境。网络环境包括网络设备、综合布线系统、主干网通信线路、接入网连接设备等。

(3) 基础软硬件设备。基础软硬件设备包括存储设备、主机设备、音视频设备、服务器集群与双机设备、操作系统、数据库管理系统、中间件、邮件系统等。

（4）信息资源。主要是信息系统产生、处理和使用的数据信息、文献信息、语音信息、图像信息、视频信息等，以数据库或数据文件的形式存储在信息系统中。

（5）安全系统。包括网络安全设备、安全策略、防病毒软件、漏洞扫描和入侵检测系统以及信息安全等。

（6）应用系统。应用系统是信息系统工程运行维护管理的关键内容，主要包括应用系统的可用性管理；升级性开发，如功能增加、需求变化、流程更改等；维护性开发，如 bug 修复等；应用系统技术支持，如数据录入与修改、操作培训等；应用系统升级改造规划等。

3. 运行管理与维护的主要工作内容

（1）运行基础信息采集。对运行管理与维护范围内的所有设备与环境信息进行采集，包括安装与配置信息、供应商信息、维护与保养信息等。

（2）软硬件设备的日常监控。建立全面、完整的软硬件设备运行状态监控指标体系，并对软硬件设备的运行状态实行全时、全程监控，定期查看软硬件设备的运行日志，建立完整的软硬件设备运行监控记录，并基于运行记录进行软硬件设备健康状况的分析，将运行风险降到最低，切实确保信息系统的安全、顺畅运行。

（3）故障处理。对监控中发现的故障隐患或突发的系统故障，要进行快速处理，并在规定时间内解决故障，保证软硬件设备的性能、安全性和稳定性等都处于最佳状态。

（4）设备更新和基础软件升级。通过对设备运行状态和操作系统、数据库、中间件等基础软件处理效率的评估，提出优化系统结构的方案，包括设备扩容、软件升级等，通过设备更新或基础软件的升级来提升系统的运行效率。

（5）应用软件的完善和升级。要针对应用软件的特点进行有针对性的管理，例如，防病毒软件要定期更新病毒库、业务应用系统要根据用户的要求不断修改完善和版本升级、要加强应用软件的版本管理和配置管理，在进行应用软件升级过程中，加大测试力度，保证升级后的应用软件运行稳定。

（6）为用户提供技术支持。在操作上协助用户利用系统功能完成相关的业务处理，并记录用户使用过程中遇到的技术问题，及时给予解答。

（7）网络安全管理。网络安全是信息系统运行维护的重点内容之一，一方面要加强网络安全的监控，制订网络安全事件的应急处理预案，另一方面要加强与网络基础设施运营商运行维护工作的衔接，共同保障网络的畅通和安全。

（8）信息资源管理。包括信息资源的采集与更新管理、质量管理、存储管理、交换管理、发布管理、备份管理和恢复管理等。尤其是通过采集与更新管理，保证信息的及时更新。通过质量管理，保证信息资源的正确性、完整性和易读性。通过定期备份等手段,保护信息系统产生的有效数据。在业务部门授权的情况下,对各类数据进行有效的分类整理、统计和发布,为管理决策提供有用的信息。

(9)容灾管理。通过制定信息系统的应急处理措施,确保在发生系统故障或突发事件的情况下,快速恢复系统的正常使用。根据信息系统的使用特点、重要程度、使用范围制定相应的容灾策略,包括异地备份策略、双机策略、系统备份策略、数据备份策略等,并对数据备份情况进行跟踪,确保必要时可全部恢复。

(10)运行维护机构能力建设。通过建立运行维护知识库,记录故障解决方法、相关运行维护知识与技能等,实现运行维护知识的积累与共享,提高运行维护工作人员整体的工作效率。同时通过规范和明确运行维护人员的岗位职责,为绩效考核提供量化依据,从管理制度上调动运行维护人员的工作积极性。

14.2 运行维护机构与主要职责

信息系统工程建成后,应纳入建设单位信息化业务统一的运行维护管理体系中,没有必要独立于其他的信息化业务,专门成立一个为本项工程提供运行维护服务的机构,但应在现有的运行维护机构中,组建一个专门的运行管理与维护队伍,负责本项信息系统工程的运行工作。主要工作内容为:① 组织协调信息系统工程运行管理与维护的日常事务;② 保障基础设施与网络环境的正常运行;③ 保障基础软硬件设备的正常运行;④ 保障应用系统各项功能的实现;⑤ 提供必要的技术支持服务。运行维护机构的主要职责及各项运行维护工作的层次关系,如图 14-1 所示。

日常业务	应用系统正常运行	技术支持
	基础软硬件设备正常运行	
	基础设施与网络环境正常运行	

图 14-1 运行维护机构主要职责

14.3 信息系统运行维护的工作模式

为了做好信息系统的运行维护工作,必须依据运行维护的工作目标建立起合理的工作模式和流程,保障运行维护工作的顺利进行。信息系统运行维护的范围和基本要求如表 14-1 所示。

表 14-1　信息系统运行维护的范围和基本要求

运行维护的范围	主要运行维护任务	基本要求
基础设施层（机房及相关环境）	监控机房相关的供电、空调、屏蔽及温度、湿度等环境；解决机房环境出现的问题	保证机房环境的正常，及时排除机房故障
网络层	监控网络的连通性；排除网络故障；优化网络性能	保证网络畅通，信息传输顺畅，及时排除网络故障
设备层	监控设备的运行状况；排除设备故障；优化设备性能	保证设备正常运行，及时排除设备故障
基础软件层	监控基础软件的运行状况；排除故障；优化基础软件性能	保证基础软件正常运行，及时排除基础软件故障
应用软件层	监控应用软件的运行状况；排除应用软件故障；组织应用软件的完善	保证应用软件正常运行，满足用户使用要求，及时解决应用中的问题
数据层	数据加载、检查、修改；指标体系的调整	保证数据的正确、及时和完整
终端用户层	用户终端的正确配置	及时解决用户设备配置问题
安全体系	监控网络防护设备、CA 系统等的运行状况；更新病毒库；发放和维护用户电子钥匙；监控和指导终端设备安全	保证安全体系正常运行，及时排除安全隐患

信息系统的运行维护可以采用多种组织模式，例如完全外包或托管模式、完全自主维护模式、自主管理技术外包模式等。以下介绍一种自主管理、购买专业维修服务的运行维护组织模式，即由信息中心承担运行维护的管理和日常监控以及数据层、应用层的相关工作，为设备和基础软件等购买专业的维修服务，应用软件由开发商提供保修服务。在这种运行维护模式下，根据信息系统运行维护的范围设立相应的运行维护工作岗位，建立岗位工作任务和工作流程，主要工作岗位和工作任务如表 14-2 所示。

表 14-2　信息系统运行维护工作岗位和主要工作任务

岗位名称	主要工作任务
运行监控岗位（值班员）	监控信息系统的运行状况，及时发现问题，协调解决；分配问题（事件、故障等）编号、记录问题及解决情况；接听用户电话，通知应用支持岗位解决用户问题
应用支持岗位	向用户提供信息系统使用的技术支持；检查应用系统的运行状况；管理应用程序的更新；组织应用程序故障的排除；督促开发商完善应用系统的功能、提高性能

续表

岗位名称	主要工作任务
数据管理岗位	监督共享信息的更新情况,督促数据源单位及时更新; 承担外部数据的加载、审核任务; 联系相关软件的保修单位解决技术问题; 检查数据质量,对错误数据进行更正; 组织指标体系的修订工作
设备及基础软件管理岗位	检查设备及基础软件的运行状况; 及时组织解决设备及基础软件运行故障; 联系设备及基础软件的保修单位解决技术问题; 组织系统软件和基础软件的软件升级; 组织设备和基础软件的性能调优
网络管理岗位	检查网络的连通性; 及时组织解决网络故障; 联系网络系统的保修单位解决技术问题; 与安全系统管理岗位密切配合、协调工作; 与机房环境管理岗位密切配合、协调工作
安全系统管理岗位	检查安全系统的运行状况; 及时组织解决安全系统的运行故障; 联系安全系统的保修单位解决运行中的问题; 及时更新病毒库; 签发、更新CA证书; 评估信息系统的安全状况; 根据需要调整安全策略
机房环境管理岗位	检查机房环境; 及时组织解决供电、空调等故障; 定期进行机房屏蔽检测
综合管理岗位	对于复杂的运行故障组织相关单位进行会商; 协调解决涉及多个岗位的运行维护问题; 负责将严重的运行故障或重大事件向上级领导汇报; 负责组织涉及多个岗位的运行维护解决方案的编制和实施; 负责运行维护岗位人员的日常管理

各个工作岗位的调度关系如图14-2所示。

各个岗位的日常工作由工作表单进行规范和记录,工作表单一方面用来记录信息系统的运行状况及升级、调优、故障解决等相关信息,另一方面用来检查岗位工作人员的工作情况。因此,工作表单的设计必须结合信息系统的内容和特点,并

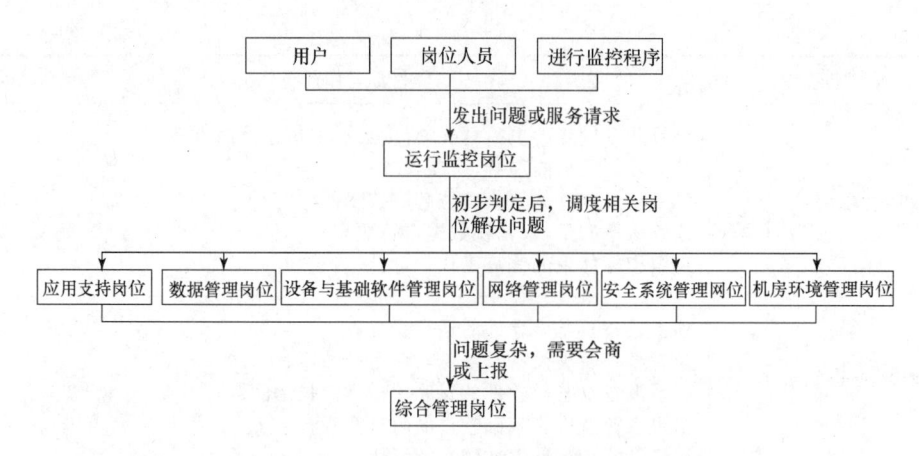

```
用户 → 岗位人员    进行监控程序
         ↓
      发出问题或服务请求
         ↓
      运行监控岗位
         ↓
      初步判定后，调度相关岗位解决问题
   ↙    ↙    ↓    ↘    ↘
应用支持岗位  数据管理岗位  设备与基础软件管理岗位  网络管理岗位  安全系统管理网位  机房环境管理岗位
         ↓
      问题复杂，需要会商或上报
         ↓
      综合管理岗位
```

图 14-2　运行维护岗位之间的调度关系

在实践中逐渐完善。表 14-3 是应用支持岗位检查应用系统运行状况的表单，要求岗位人员进入信息系统的各项主要功能，以便确认系统的可用性。表 14-4 设备及基础软件管理岗位检查设备运行状况的表单，要求岗位人员详细查看并记录设备的各项基本运行状况。

表 14-3　应用支持岗位检查应用系统运行状况的表单模板

检查内容	检查时间	检查人员	
	运行状况	问题描述	解决情况
进入主页			
进入文献系统，浏览文献			
进入数据查询系统，查询指标数据			
进入图表系统，将查询出的数据制作图表			
进入报表查询系统，查询固定报表			
进入主题查询系统，查询与分析主题数据			
……			

表 14-4　设备及基础软件管理岗位检查设备运行状况的表单模板

检查内容	检查时间	检查人	
	运行状况	问题描述	解决情况
设备指示灯			
设备日志			
硬盘空间使用率			
CPU 使用率			
……			

同时，为了积累信息系统运行维护的经验，应将运行维护中遇到的问题和解决

方案进行梳理,逐渐形成知识库。

各个岗位的工作流程如图 14-3～14-10 所示。

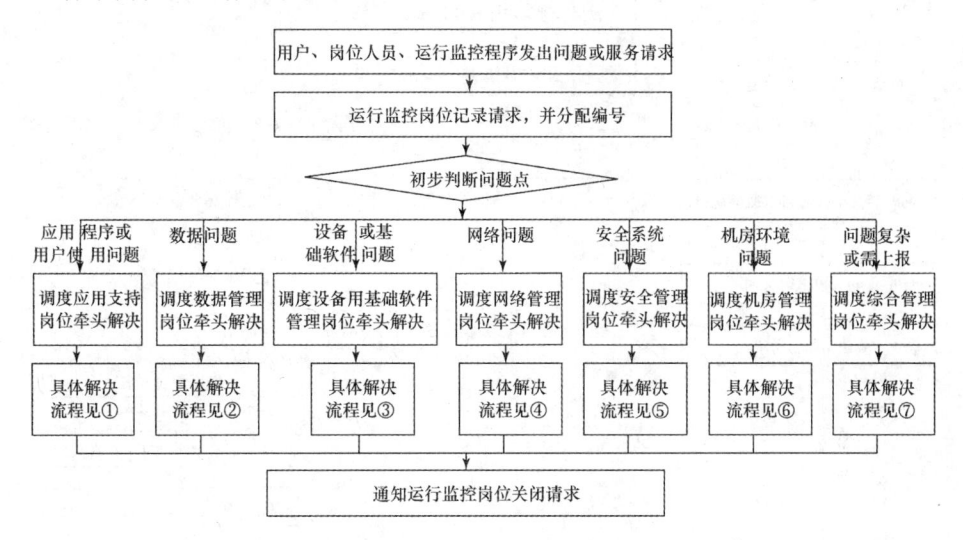

图 14-3 运行维护工作流程

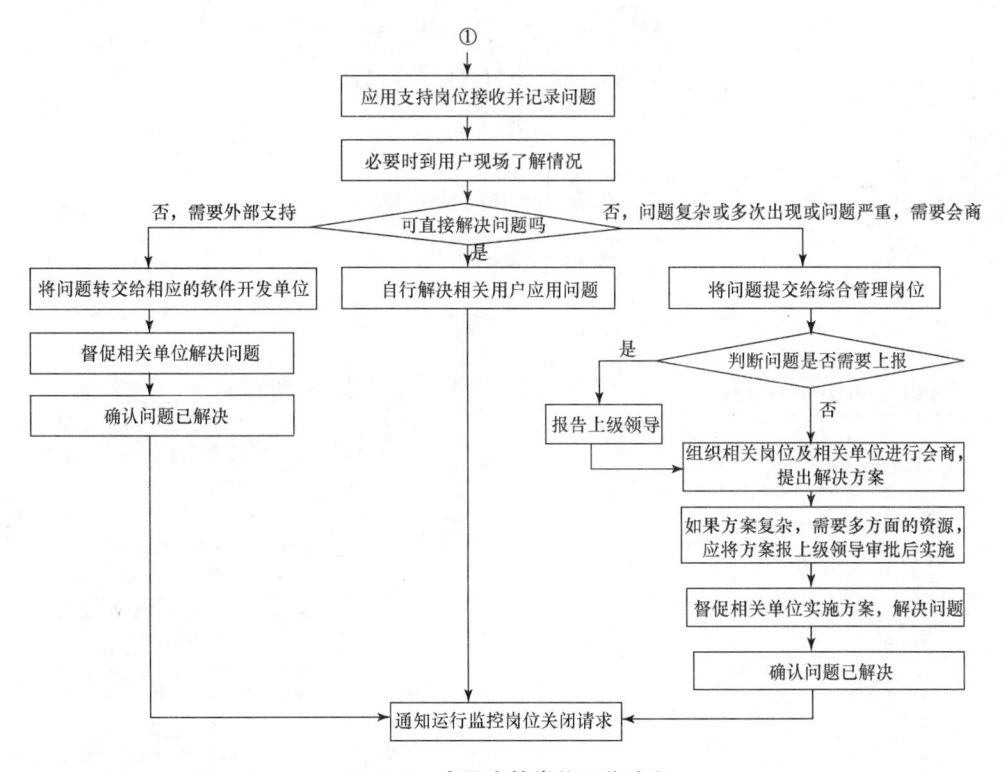

图 14-4 应用支持岗位工作流程

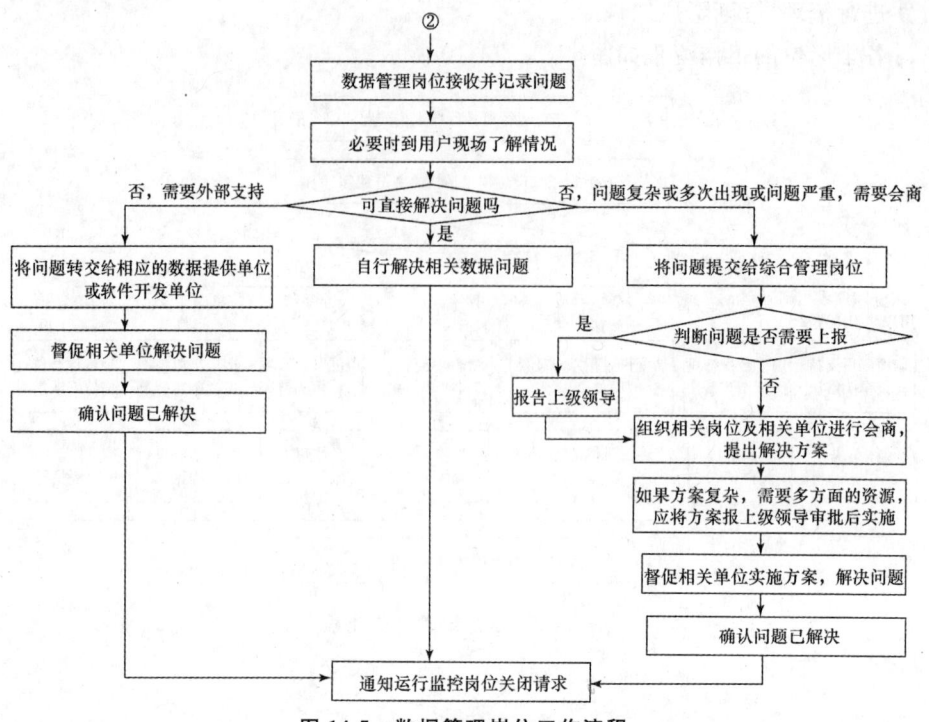

图 14-5　数据管理岗位工作流程

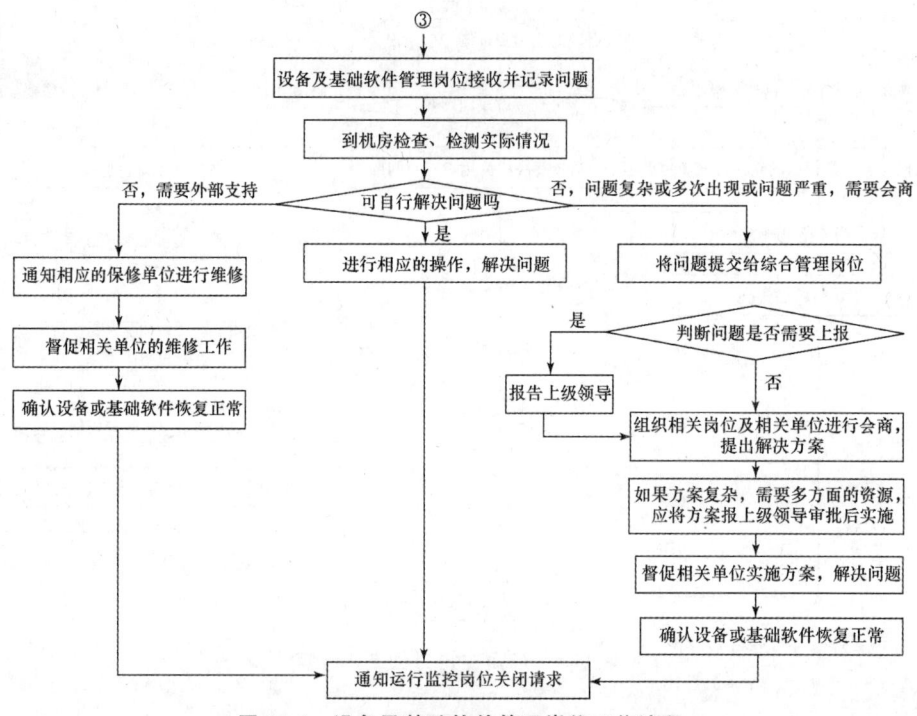

图 14-6　设备及基础软件管理岗位工作流程

第14章 运行维护管理

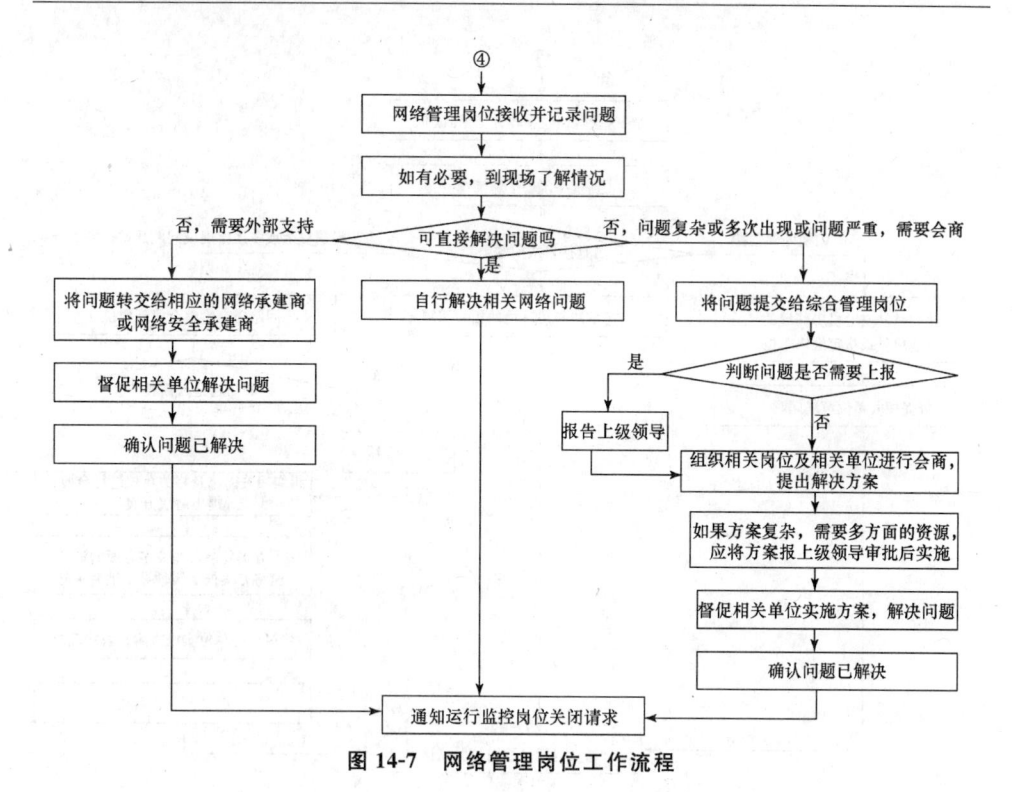

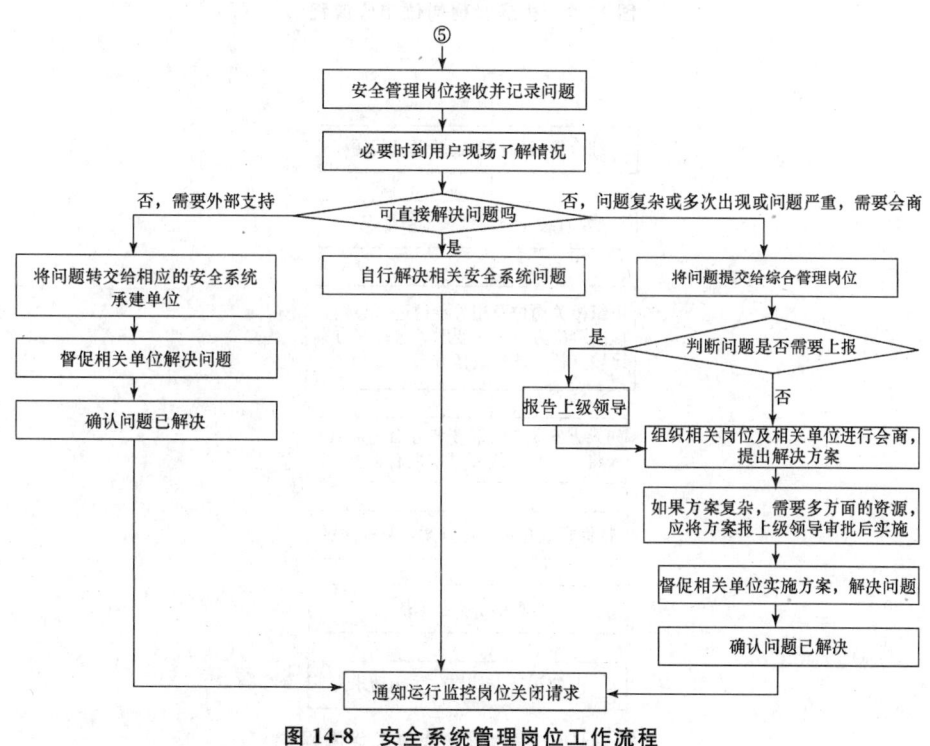

图14-7 网络管理岗位工作流程

图14-8 安全系统管理岗位工作流程

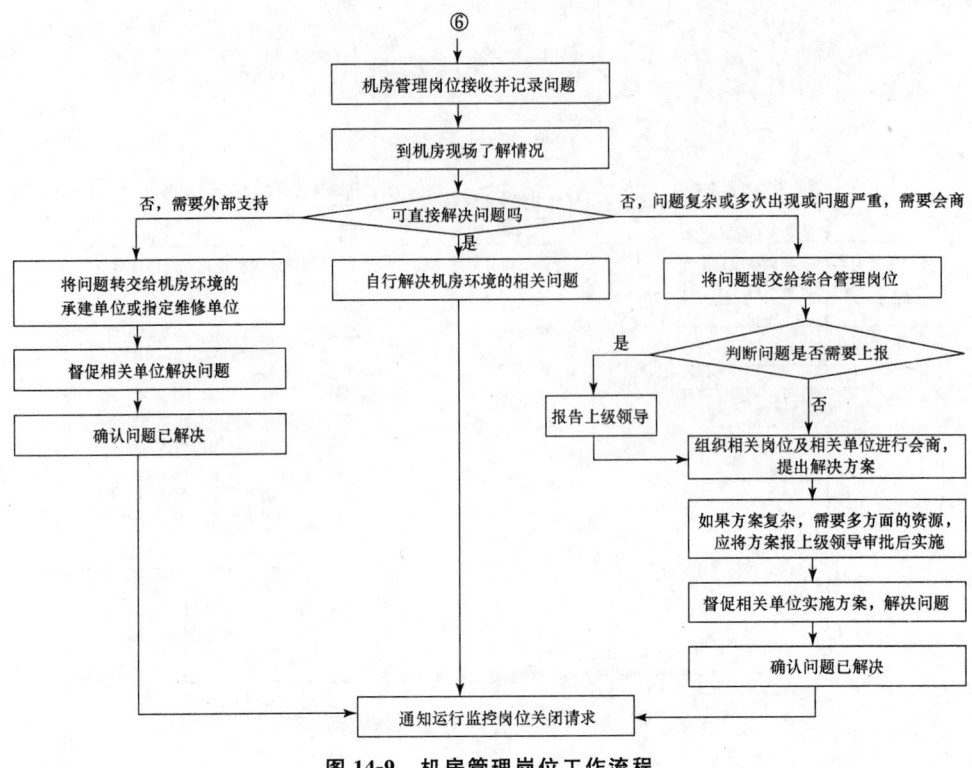

图 14-9　机房管理岗位工作流程

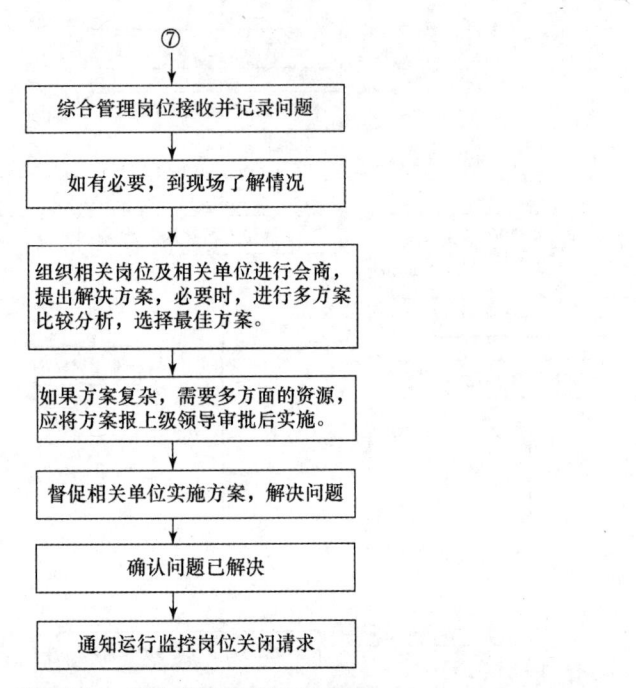

图 14-10　综合管理岗位工作流程

14.4 基于 ITIL 的运行维护模型

基于信息技术基础设施架构(information technology infrastructure lisrary, ITIL)的运行维护模型用来描述用户、IT 服务及 IT 组织机构之间的关系,如图 14-11 所示。

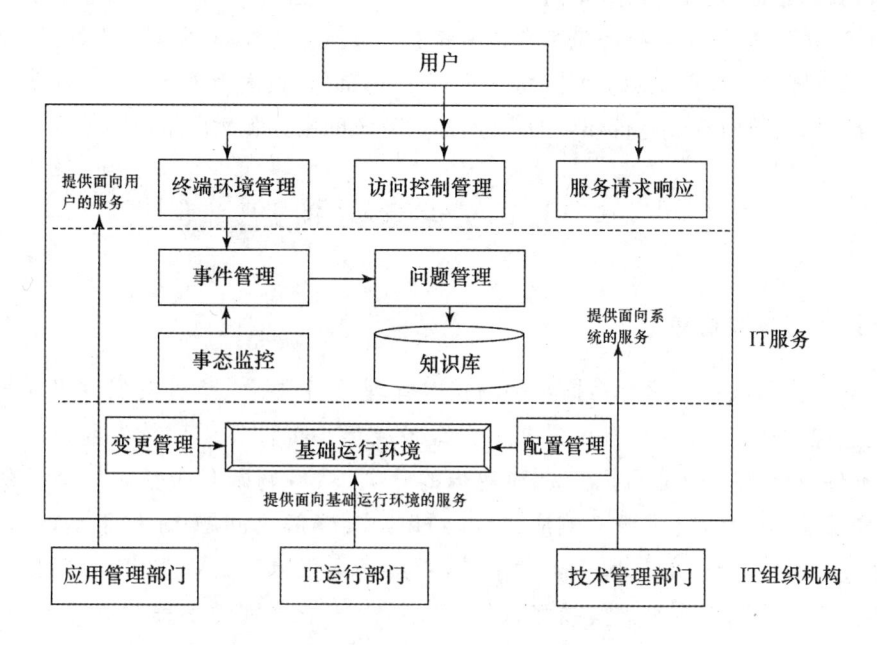

图 14-11 基于 ITIL 的运行维护模型

运行维护工作应提供 3 方面的 IT 服务,包括面向用户的服务、面向系统的服务以及面向基础运行环境的服务。

面向用户的服务包括终端环境管理,例如电脑维修、杀毒、客户端配置、客户端软件安装与升级等;访问控制管理,例如用户管理、用户权限设置等;服务请求响应,例如数据更新、操作指导、软件完善、需求更新等。

面向系统的服务包括事态监控、事件管理、问题管理、知识库管理等。其中,事态(event)是指一个对于配置项或 IT 服务管理有意义的状态改变,具体的事态内容往往依赖于系统监控软件,事态可以表示正常运行的信息、也可以表示一种警告,例如一个阈值已经达到,或者表示一个故障已经发生,例如服务请求没有应答。大部分的事态不需要人工介入,但是警告需要关注,故障需要立即排除。事件(incident)表示服务的意外中断或服务质量的明显下降或任何一个配置项故障,即使没有影响到应用,也视为事件。事件可以包括故障(failures)、问题或者由用户、技术人员、监控软件报告的一些疑问。事件管理的目标是尽快恢复系统的正常运行。问题(problem)是指一个或多个事件的未知原因,问题管理的目标是找到问题的根本原因,防止事件的再次发生,或者将事件的影响最小化。问题管理将创建并不断丰富知识库。

面向基础运行环境的服务包括基础运行环境管理、配置管理、变更管理等。基础运行环境管理包括机房、供电、供水、消防、安防等基础环境的管理,也包括网络、存储、服务器、中间件、数据库等基础设施的管理,还包括应用系统、信息资源等运行环境的管理。基础运行环境管理的主要手段包括配置管理、变更管理等。

运行维护机构在职能上可以划分成IT运行部门、技术管理部门和应用管理部门,分别提供面向基础运行环境的服务、面向系统的服务和面向用户的服务。

14.5 基于ITIL的运行维护的主要流程

1. 事件管理流程

事件管理流程由运行维护机构的技术管理部门执行。事件的发现可能来自系统监控软件,也可能来自用户或运行维护人员。事件发生后首先要进行标识(给事件一个唯一的编号)、记录和初步的分类,然后判断是否是用户请求的服务,如果是,就进入请求服务响应流程,到用户现场解决问题;如果不是,就进行事件优先级的确认,如果属于重大事件,要进入重大事件处理程序,否则根据事件的复杂程度判断是否需要技术升级,然后,由相应级别的工程师进行调查、诊断,并判断是否需要管理升级,如果需要,就向更高级别的管理层汇报。最终,形成事件的解决方案并恢复系统的正常运行,最后记录相关信息后关闭事件。图14-12为事件处理流程。

其中,事件优先级的确认是根据其影响程度和紧急程度来决定的,可以利用事件优先级矩阵进行判断,如表14-5所示。

表14-5 事件优先级矩阵

紧急程度	事件优先级	影响程度 高	中	低
	高	1	2	3
	中	2	3	4
	低	3	4	5

其中,1级事件即为重大事件,必须在尽可能短的时间内解决;5级事件的处理时间要求可以放长一些。

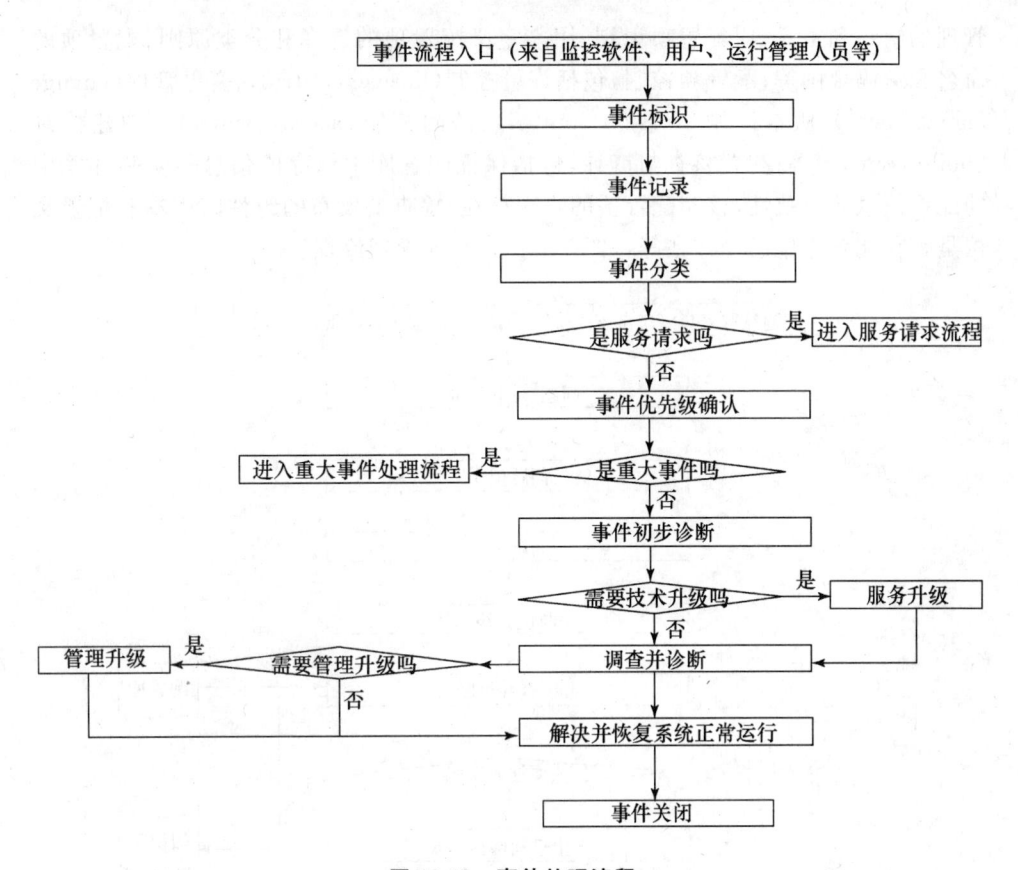

图 14-12　事件处理流程

2. 问题管理流程

问题管理流程由运行维护机构的技术管理部门执行。问题管理与事件管理的区别在于前者必须找出故障的根本原因,进而消除故障,后者以尽快恢复系统正常运行为目标。因此,问题是需要检测、判断的,一般将影响比较大、频繁出现的事件作为问题进行处理。问题的发现可能来自系统监控软件、事件管理流程、问题报告或供应商等,并且是否作为问题处理,需要根据实际情况进行判断,确定作为问题处理时,要对问题进行记录、分类和确定优先级,并在配置库的支持下,由技术人员进行调查和判断,找出完全的解决方案或变通的解决方案来解决问题,将解决问题的方法记录在知识库中。如果涉及到变更,需要进入变更管理流程,如果是重大问题,还需进行重大问题评审。最后,关闭问题流程,图 14-13 为问题处理流程。

3. 配置管理流程

配置管理流程由运行维护机构的运行管理部门执行。配置管理流程的主要流程活动包括：配置规划,用来确定配置管理的范围、需求、可用的策略和标准、配置管理的组织和工具等；配置项识别，用来定义配置项的选择和分类原则、配置项的命名和编码规则等；配置项控制，包括许可控制(license control)、变更管理(change management)、版本控制(version control)、访问控制(access control)、构建控制(build control)等；配置核查与审计，包括保证配置库中保存的信息与实际环境中的配置信息的一致性，核实配置项的物理存在，检查要发布的组件的版本和配置文档是否在配置库中已经存在等。图 14-14 为配置管理流程。

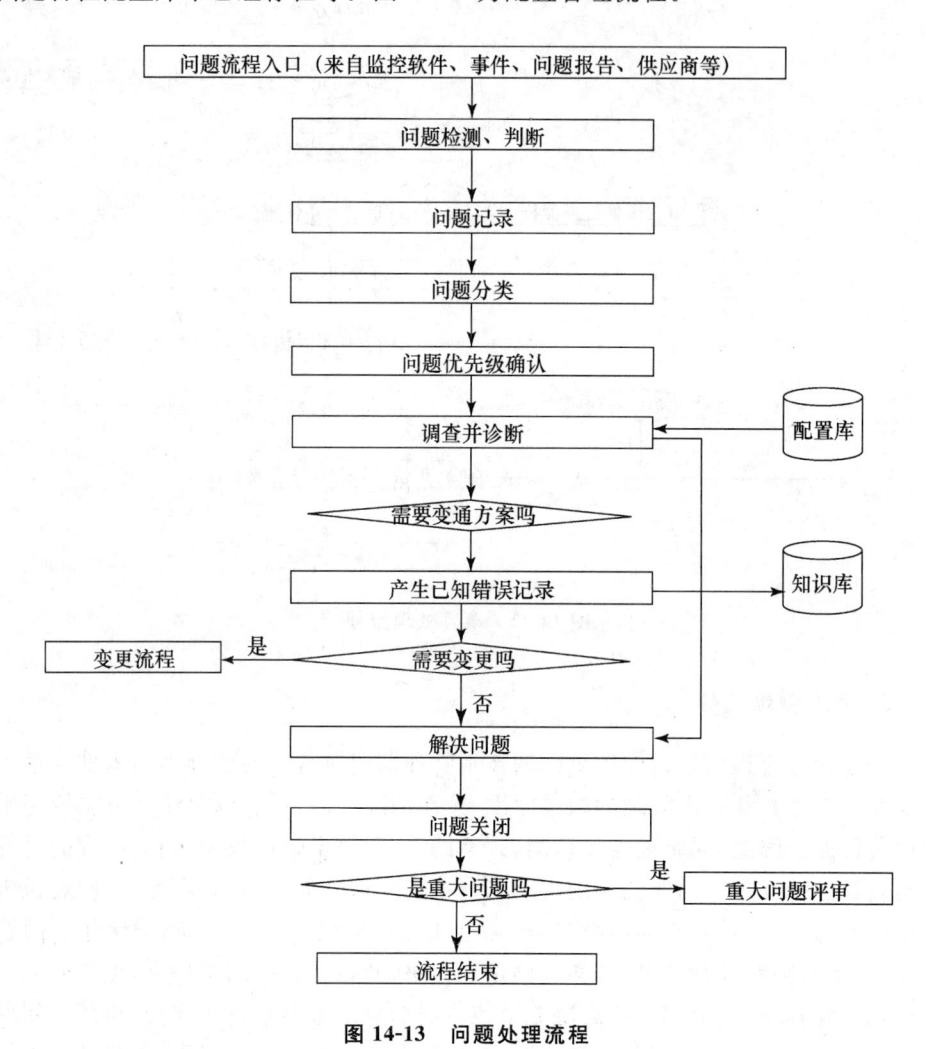

图 14-13　问题处理流程

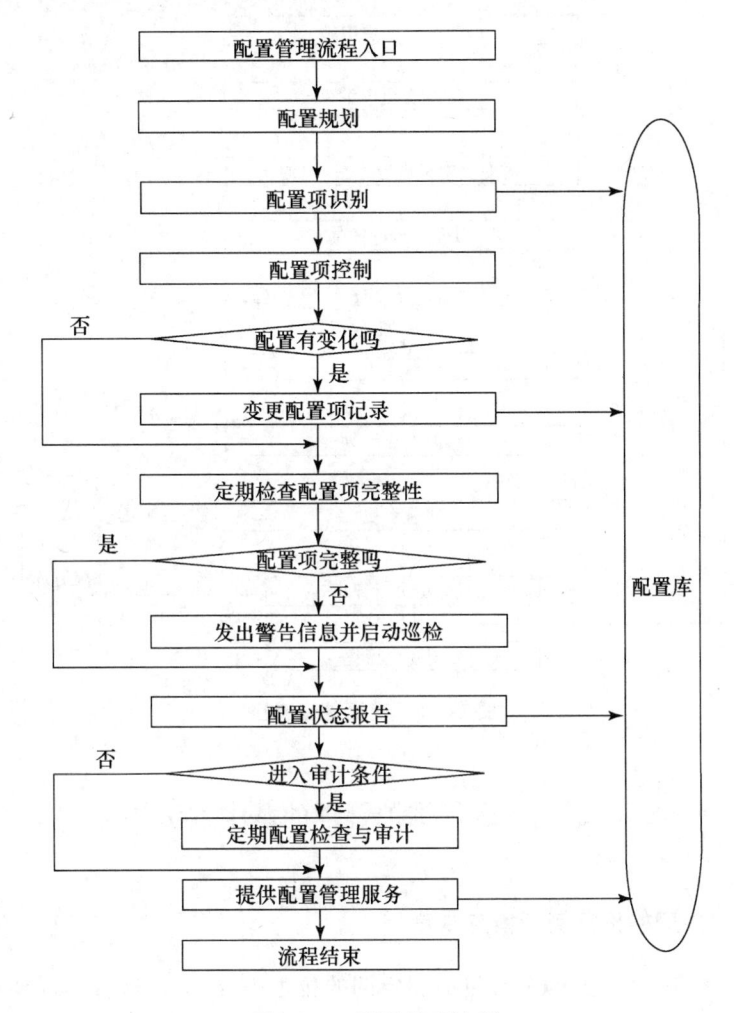

图 14-14　配置管理流程

4. 变更管理流程

变更管理流程由运行维护机构的运行管理部门执行。变更管理的目标是确保采用有效的方式处理变更,将变更的风险降到最低。变更往往要影响到配置项,进而影响系统的稳定运行,因此,要进行科学的评估后才能决定是否实施变更。在实施变更前,要有全面的变更实施计划,包括变更操作的步骤、步骤之间的关联、具体操作的责任人,变更操作的开始时间和预计的结束时间、结束时的交付物,以及意外的处理等。图 14-15 为变更管理流程。

```
┌─────────────────────┐
│   产生一个变更申请   │
└──────────┬──────────┘
           │
┌──────────▼──────────┐
│    记录变更申请     │
└──────────┬──────────┘
           │
┌──────────▼──────────┐
│ 对变更申请进行判断/过滤 │
└──────────┬──────────┘
           │
┌──────────▼──────────┐
│    对变更进行评估    │
└──────────┬──────────┘
           │
      ◇通过评估吗◇ ── 否 ──┐
           │是             │
┌──────────▼──────────┐    │
│      授权变更       │    │
└──────────┬──────────┘    │
           │               │
┌──────────▼──────────┐    │
│    编制变更计划     │    │
└──────────┬──────────┘    │
           │               │
┌──────────▼──────────┐    │
│      实施变更       │───→│  配置库
└──────────┬──────────┘    │
           │               │
┌──────────▼──────────┐    │
│   对变更进行评审    │───→│
└──────────┬──────────┘    │
           │               │
┌──────────▼──────────┐    │
│    关闭变更流程     │←───┘
└─────────────────────┘
```

图 14-15 变更管理流程

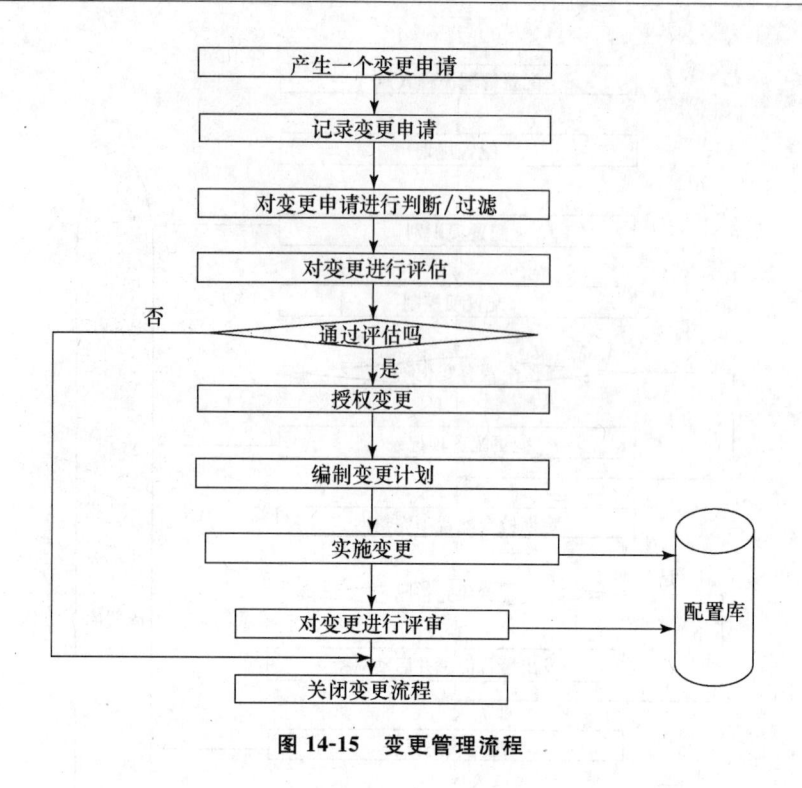

14.6 运行维护管理的基本方法

1. 制定并严格执行例行检查制度

例行检查是一种有计划、有目的和定期的技术检查，例行检查的周期可以是几个小时一次，也可以是一个月、一个季度或半年一次，但最长不宜超过半年。不同周期下的例行检查内容不同，例行检查是对系统进行的定期保养维护，对于消除系统存在的隐患，减少系统宕机时间等有重要意义。例行检查主要包括如下的检查内容：一是系统运行环境检查，主要包括机房环境和电源环境等，电源环境检查主要包括设备供电线路检查、地线及接地性能检查、供电系统稳定性检查等；机房环境检查主要包括温度湿度检查、防静电设施检查、防尘设施检查、防雷设施检查、防电磁辐射检查、防水设施检查等。二是网络及硬件设备检查，主要包括设备基本信息检查和设备运行状况检查，设备基本信息检查包括按照设备清单或竣工图表核实设备信息的变化，如序列号、版本、安放位置等，确定所有设备的保修服务范围等；运行状况检查主要是通过运行设备厂商提供的诊断程序来检查设备可能存在的隐患和故障，同时，通过检查系统配置参数来分析判断系统能否满足应用的需要，提出可能的改进方案。三是操作系统检查，主要包括按照设备清单或竣工图表核实操作系统的变化,如版本号、许可证等;检查操作系统的参数设置并修改不合理的参数;检查系统运行时内存和硬盘的使用情况并提出相应配置改进意见;检查启动盘,保证系统有备份的启动盘。四是应用程序检查,主要包括检查应用系统的运行状况;进行应用系统的升级并对升级后的应用系统进行测试,保证系统能够正常运行;检查应用系统适应运行环境逐渐变化的能力,并对应用程序做出适当的调整。

2. 制定并严格执行应急事件处理流程

要建立应急事件的处理流程,并与供应商或厂商签订现场服务的协议,在运行维护部门无法独立解决应急事件或者运行维护部门协同供应商或厂商技术人员通过电话不能排除故障时,供应商或厂商必须立即派遣工程师并携带所需的备品备件和维修工具到现场进行故障排除。

3. 系统升级与更新服务

在运行维护过程中,如果硬件设备或基础软件系统发布了新的硬件控制程序或新的补丁软件,运行维护机构应选择对系统性能有改善或可以减少系统故障的硬件控制程序和补丁软件,有计划地对相应系统进行升级或更新,但在升级或更新之前,必须全面的评估其对系统运行的影响,通过周密的部署安排,确保系统的稳定运行。

4. 零部件的维修、更换服务

对于实时性要求比较强的信息系统,应采用如下两种零部件维修、更换的方式,一是预先更换服务,根据零部件的使用寿命和运行状况,定期更换零部件;二是立即更换服务,当发生运行故障后,立即更换问题部件,在最短的时间内恢复系统正常运行。对于实时性要求不是很高的信息系统,其零部件的维修更换可以采用立即更换的形式,即当发生故障之后,根据故障排查的结果,在规定的时间内,更换零部件。

5. 机房管理

机房应建立完善的运行维护责任制度。机房应具有出入机房控制设施(门禁系统),并严格执行出入机房管理规定;机房内的各种设备必须严格按照设计要求和相关部门的规定进行布置和安装;机房内的各项设备应有专人负责管理,未经机房主管人员许可,他人不得随意进行操作;要按照国家和相关主管部门的要求,确保机房的用电安全和消防安全。

6. 网络环境的运行管理与维护

网络环境运行管理和维护包括网络运行情况监控及事件处理和网络设备维护

等方面。网络运行维护的目标是保证网络的安全、畅通。网络运行维护的具体要求包括实行 7×24 小时的网络全面监控,并对发现的问题立即进行排查,消除任何可能造成网络瘫痪的安全隐患,安排专业技术人员定期对所有网络设备进行检修,做好检修记录等。

7. 服务器的运行管理与维护

服务器运行管理与维护包括服务器操作系统管理、磁盘检查、开关机管理、杀毒与补丁管理、故障应急处理,以及服务器集群管理、双机管理等方面。服务器运行维护的目标是确保服务器高效、安全、正常运行。服务器运行维护的具体要求包括对服务器进行 7×24 小时的全面监控,适时对服务器软件环境的配置进行优化和磁盘管理,定期检查病毒,进行补丁升级,并及时进行故障处理等。

8. 存储备份系统的运行管理与维护

存储备份系统运行管理与维护包括运行状态监控及事件处理、磁盘和磁带检查、开关机管理、数据存储备份策略的调优、软件的升级、故障应急处理等方面。运行维护的目标是确保存储备份系统高效、安全、正常运行。存储备份系统运行维护的具体要求包括进行 7×24 小时的全面监控,严格遵循系统的运行维护手册和用户手册进行维护,做好数据备份工作。

9. 基础软件的运行管理与维护

基础软件运行管理与维护的目标是保证基础软件的正常运行,并及时进行相应的更新升级等工作。基础软件运行维护的具体要求包括进行软件运行状态的 7×24 小时全面监控,及时解决发现的问题,定期进行软件升级,适时进行软件配置环境及数据的备份,按使用要求进行软件配置的调优工作等。

10. 应用系统的运行管理与维护

应用系统运行管理与维护的目标是保证应用系统的正常运行,满足用户使用的要求。应用系统运行维护的具体要求包括熟悉应用系统的设计思路和软件功能,对用户使用中的常见问题能够及时解决,督促开发商在合同范围内按用户要求不断改进和完善系统,做好版本控制工作,能够对用户更好的使用软件提供技术支持。

11. 信息资源的运行管理与维护

信息资源运行管理与维护的目标是保证信息资源的正确性、及时性及完整性,并保证信息资源数据库的正常运行。信息资源运行维护的具体要求包括监督信息更新情况,协助信息源单位进行信息的整理、入库工作,设计信息资源备份策略并做好数据备份工作。严格遵守信息保密制度等。

12. 运行维护人员管理

运行维护机构应明确规定运行维护人员的任务和职责,加强运行维护人员的安全保密教育和技术技能培训,对运行维护人员的工作进行定期检查和评价,逐步建立运行维护工作的绩效评价体系,充分调动运行维护人员的积极性。

14.7 基于ITIL的运行维护工作的量化管理

1. 服务级别协议(SLA)

(1) SLA的核心组成要素。

服务级别协议(service-level agreement,SLA)是指提供服务的企业与客户之间就服务的品质、水准、性能等方面所达成的双方共同认可的协议。SLA有四个核心组成要素,分别是服务目录、服务日历、可用率和解决时间。

服务目录用来定义服务范围,服务范围可以按照基础环境(机房、供电等)、基础设施(网络、存储、服务器、中间件等)、应用系统和信息资源4个层面进行划分,服务范围越细越好。比如,"服务器维护"是很宽泛的服务目录,应进一步细化为:"① 服务器定期巡检、每季度一次,提供检查报告及相关建议";"② 服务器故障排除,应在4小时内排除故障,包括为排除故障所需更换的零部件";"③ 性能调优,每季度一次,根据巡检的结果调整参数的配置";"④ 升级服务,当服务器的操作系统升级或有新的补丁包时,应及时通知并指导运行维护人员进行升级";"⑤ 免责条款,指出在什么情况下,可以免责"。

服务日历用来定义服务的时间范围,例如7×24表示一年365天全天候提供服务,5×8表示只在工作日和工作时间提供服务,法定节假日不提供服务。

可用率用来定义在约定的服务时间内系统(设备)可用时间占比。用公式表示:

可用率=(约定的服务时间 - 在约定服务时间内宕机(停止服务)时间)/ 约定的服务时间×100%;

以7×24服务日历为例,可用率在99.99%,意味着一年内可以宕机0.87小时。可用率在99.9%,意味着一年内可以宕机8.74小时。

以5×8服务日历为例,可用率在99.99%,意味着一年内在工作日可以宕机0.21小时。可用率在99.9%,意味着一年内在工作日可以宕机2.08小时。可用率在95.0%,意味着一年内在工作日可以宕机104小时(13个工作日)。

解决时间用来定义恢复系统(设备)正常运行所需的修复时间。解决时间的确定依赖于关键业务活动的要求,要根据不同类型的事件、不同级别的事件来确定具体的解决时间要求。可以用矩阵来描述解决时间要求。如表14-6所示,事件类型包括咨询、请求、投诉、故障、问题、新需求等;事件级别,根据其影响程度划分为一级、二级和三级。

表14-6 事件解决时间矩阵表

事件类型 \ 事件级别	一级	二级	三级
咨询	立刻	立刻	立刻
请求	立刻	1个小时	2个小时
投诉	立刻	1个小时	2个小时
故障	1个小时	4个小时	8个小时
问题	4个小时	8个小时	一周
新需求	8个小时	一周	一个月

(2) SLA 的度量。

SLA 用来管理服务的品质,保证和改进 IT 服务的质量。SLA 的核心是把服务水平量化,使得服务可度量、可管理、可控制。量化的核心指标是服务日历、可用率和解决时间,也可以考虑其他的量化指标。为了能够度量 SLA,必须有详细的运行记录。在度量 SLA 时,可用性指标与故障相关联、即当发生故障时,要计算每一次故障对可用性的影响,如果故障不能及时解决,可能造成可用性违约;解决时间指标针对所有的事件都适用,即解决时间记录每一个事件从发生到解决的时间长度。

(3) 确定 SLA 的步骤。

确定 SLA 的关键是获得业务部门对 IT 服务的需求,需求的收集是一个系统化的过程,最主要的办法是沟通交流,但在与业务部门沟通前必须精心设计需求调查的表格,以达到确定服务级别的目的。确定 SLA 的步骤是:

① 设定 IT 服务目录。IT 服务可以划分为客户端服务和系统端服务,客户端服务面向最终用户,提供电脑维修、客户端配置及软件升级、病毒查杀、技术支持与操作指导、信息资源整理等;系统端服务面向软硬件设备,包括网络、服务器、存储、操作系统、数据库、中间件等,提供日常维护、定期巡检、系统升级、故障排除、性能优化等。客户端服务可以采用电话服务、上门服务等服务形式,针对每一种服务形式,要确定具体的服务品质要求,例如,电话接通率、一线解决率、上门时间、故障解决率等。系统端服务基本上要在机房内解决,具体的服务品质要求包括:响应时间、可用性、可靠性、平均故障率等。表14-7是 IT 服务目录和相应的服务品质要求的模板。

表 14-7 IT 服务目录矩阵

服务内容	服务品质要求（服务级别）	
客户端服务	电话服务	上门服务
电脑维修 　　客户端配置及软件升级 　　病毒查杀 　　技术支持与操作指导 　　信息资源整理 　　访问控制与用户权限管理 　　……	1. 电话接通率在99%以上； 2. 一线解决率在99%以上； 3. 用户满意率在99%以上	1. 5分钟内达到用户现场； 2. 一线解决率在95%以上； 3. 用户满意率在99%以上
系统端服务		
机房环境（供电、空调、屏蔽、消防、值班） 　　网络（运行监测、故障排除、性能调优、网络调整） 　　安全设施（运行监测、安全策略完善、性能调优、软件升级、故障排除） 　　服务器（运行监测、性能调优、故障排除） 　　存储备份设备（运行监测、性能调优、软件升级、故障排除） 　　双机环境（运行监测、性能调优、软件升级、故障排除） 　　操作系统（运行监测、性能调优、软件升级、故障排除） 　　数据库管理系统（运行监测、性能调优、软件升级、故障排除） 　　应用中间件（运行监测、性能调优、软件升级、故障排除） 　　数据抽取整合软件（运行监测、性能调优、软件升级、故障排除） 　　应用软件（运行监测、功能完善、性能调优、软件升级、故障排除） 　　信息资源（加载、管理、备份） 　　……		1. 定期检查、监测； 2. 在事故等级规定的时间内达到现场； 3. 在事故等级规定的时间内处置事故，恢复正常运行； 4. 一线解决率在50%以上； 5. 用户满意率在99%以上

在确定服务目录时，必须考虑服务的价值，即服务的效用和保障作用，服务的效用是通过改进任务的性能，或者去除或减少性能上的限制等被用户感受到的，服务的保障作用体现在当用户需要某项服务时可以立即得到，包括容量管理、可用性管理、连续性管理、安全性管理等都用于保障作用。没有效用和保障作用的服务是不需要的。

② 与业务部门和用户广泛讨论，在服务内容和服务级别上达成一致。并讨论每项服务的成本、所需的资源和工具等。

③ 正式确定服务级别协议,并在执行过程中,通过监测和记录,评估服务级别协议的执行情况,作为进一步改进和调整服务级别协议的基础。

(4) 服务级别协议模板。

×××系统运行维护服务级别协议

第一条 服务范围

(1) 服务对象:包括客户端服务和系统端服务。客户端服务指客户在使用系统时遇到的各种问题的解决,包括电脑问题、使用的技能技巧问题、业务模式问题以及用户提出的改进意见和新的需求等;系统端服务指全部IT资产的维护和管理,包括基础环境、基础设施、应用系统、信息资源等。

(2) 服务时间:客户端服务时间为5×8,即只在工作日提供客户端服务;系统端服务时间为7×24,即对IT基础设施为全天候的维护管理。

第二条 服务级别

(1) 可用性:不低于95%。

(2) 容量:支持100人的并发访问。

(3) 可靠性:连续无故障运行时间不低于520小时。

(4) 可维护性:单次故障的修复时间不超过4小时。

第三条 服务双方的职责

第四条 定期报告制度

精细化的详细记录系统运行状况,每月定期向用户提供运行情况报告,对各项服务级别指标进行度量。

第五条 各项服务的流程

(1) 客户端服务流程。

(2) 故障处理流程。

(3) 变更流程。

……

第六条 事件级别的定义及相应的响应时间

(1) 一级事件。

(2) 二级事件。

……

第七条 安全保密条款

第八条 服务终止

第九条 违约条款

第十条 费用及支付方式

第十一条 附件

对服务目录的详细描述,包括:服务名称、服务描述、服务的申请流程、服务的支持团队和工具、服务升级的条件、服务价格等。

2. 衡量运行维护工作成效的主要指标

(1) 衡量监控管理(事态管理)成效的主要指标。

监控的核心任务是检测服务的性能和可用性。衡量监控管理过程成效的主要指标包括：

① 被分类（被捕捉到）的事态个数；

② 被标识（需要关注）的事态个数；

③ 需要人工干预的事态个数；

④ 已完成人工干预的事态个数及占比；

⑤ 导致故障的事态个数及占比；

⑥ 由已经存在的问题或已知的错误导致的事态个数及占比；

⑦ 重复发生的事态个数及占比；

⑧ 预示性能问题的事态个数及占比；

⑨ 预示潜在可用性问题的事态个数及占比；

⑩ 每个应用中各类事态的个数及占比；

⑪ 事态个数与事故个数的比例。

监控管理应每月生成一份月报，对上述各项指标进行统计分析，为进一步的运行管理提供依据。

（2）衡量事故管理（故障管理）成效的主要指标。

事故管理的核心任务是尽快恢复正常服务，将事故造成的业务影响最小化。衡量事故管理过程成效的主要指标包括：

① 本月事故个数；

② 本月各个处理阶段（记录、正在处理、已经关闭）的事故个数；

③ 累计事故个数；

④ 各个事故等级的事故个数及占比；

⑤ 事故解决的平均时间；

⑥ 事故处理时间控制在 SLA 响应时间内的事故个数及占比；

⑦ 事故处理的平均成本；

⑧ 被重新打开的事故个数及占比；

⑨ 未正确标识的事故个数及占比；

⑩ 未正确分类的事故个数及占比；

⑪ 远程解决的事故个数及占比；

⑫ 每种事故模型处理的事故个数；

⑬ 系统的可用性、可靠性和可维护性。

事故管理应每月生成一份月报，对上述各项指标进行统计分析，并计算系统运行以来的可用性、可靠性和可维护性，为进一步的运行管理和事故防范提供依据。

（3）衡量对用户请求响应成效的主要指标。

对用户请求的响应并提供合适的技术支持服务是运行维护的日常工作之一，衡量对用户请求响应成效的主要指标包括：

① 服务请求个数；
② 各阶段(记录、正在处理中、已经关闭)的服务请求个数；
③ 累计的服务请求总数及未完成服务的总数；
④ 未完成服务请求服务的分析、说明；
⑤ 处理服务请求的平均时间；
⑥ 处理服务请求的平均成本；
⑦ 用户满意度。

对用户请求响应的管理应每月生成一份月报，对上述各项指标进行统计分析，为进一步的运行管理和提高服务质量提供依据。

(4) 衡量问题管理成效的主要指标。

问题管理的核心任务是找到事故(故障)或用户反映问题的根本原因，进而消除故障，解决用户问题。衡量问题管理过程成效的主要指标包括：

① 问题记录个数；
② 问题处理时间控制在 SLA 响应时间内的问题个数及占比；
③ 问题处理时间超过 SLA 响应时间的问题个数及占比；
④ 累计的问题个数、累计未解决问题个数、未解决问题个数的变化趋势(平稳、下降、上升)；
⑤ 问题处理的平均成本；
⑥ 重大问题的个数及占比；
⑦ 向知识库中添加问题及解决方法，故障及解决方法、用户请求及解决方法的个数；
⑧ 知识库的正确程度。

问题管理应每月生成一份月报，对上述各项指标进行统计分析，为进一步的运行管理提供依据，同时丰富知识库的内容。

第15章 应急预案管理

对于信息系统的运行管理,应急预案的设计和实施是重要的工作内容之一,因为除日常的运行检查外,运行管理工作必须能够及时、有序、有效的处理各种突发事件,保证信息系统的正常运行。信息系统运行管理的应急预案应明确在各种突发事件发生之前、发生过程中以及系统修复后所采取的各种行动的详细安排,包括运行管理机构和相关支持机构在处理突发事件中的职责分工、任务分配、处理程序以及相应的处理策略、资源准备等,应急预案是应急处理工作的行动指南。

信息系统运行管理应急预案的编制,一方面应充分考虑系统运行所面临的各种风险及其影响程度,另一方面应考虑系统现有资源的情况、参与运行管理的机构情况以及可能接受的成本增加情况等。

信息系统运行管理应急预案的内容非常广泛,各种自然灾害、设备故障、信息安全事件、人为事件等都可能导致系统瘫痪,需要采取相应的应急处理措施。本章以环境影响评价信息系统为例,在分析各种潜在的软硬件故障情况及其影响程度的基础上,针对环境影响评价信息系统故障处理,提出了详细的应急预案。

15.1 基本情况分析

1. 环境影响评价信息系统简介

环境影响评价信息系统是环境影响评价业务的重要支撑手段,不仅能够为环境影响评价业务提供各种政策法规信息、标准信息、技术信息、典型案例信息等辅助信息,而且能够提供多种预测和评价模型,将复杂的模型计算过程计算机化,提高评价工作的效率。

从内容上看,环境影响评价信息系统由数据库、模型库、知识库和地理信息库组成。数据库存储环境影响评价指标体系的监测数据、预测数据以及评价数据等;模型库存储环境影响评价中常用的预测模型、评价模型以及数据分析、计算过程中常用的数学函数;知识库存储国家有关环境影响评价的法律法规、国家标准和行业标准、重点领域的工业技术信息、典型工程项目环境影响评价实例等;地理信息库存储各种自然环境的空间信息,并支持空间分析和建立环境影响评价的空间模型。

从业务功能上看,环境影响评价信息系统支持污染型项目的环境影响评价和生态影响型项目的环境影响评价,系统包括八个主要的业务处理过程,分别是:① 信息采集模块,支持多种环境调查方法的数据录入,例如现场实测法、物料衡算法、经验估算法、遥感遥测法等;② 数据分析模块,能够对采集的信息进行多维分析，制作各种统计分析图形等；③ 环境影响预测模块，能够进行污染物排放量的测算、污染物源强的计算等，包括大气模型、水质模型、噪声模型、固体废弃物模型等；④ 环境影响评价模块，提供多种评价模型，包括单因素模型、多因素模型、指数模型、模糊数学模型等；⑤ 清洁生产评估模块，提供清洁生产指标体系的建立和调整、清洁生产指标数据的采集、清洁生产评价指标的测算等功能，支持指标对比法、分值评定法等清洁生产评价方法；⑥ 专家会商模块，将初步预测或评价的结果展示给专家，并可根据专家意见调整预测或评价模型的参数或权重；⑦ 文献检索模块，提供全文检索功能，支持知识库中各类文献信息的快速检索，包括按照主题词检索、按照文献类型检索、按照发布日期检索等功能；⑧ 系统维护管理模块，实现用户及访问权限管理、环境影响评价指标体系的管理、运行情况统计等功能。

从体系结构上看，环境影响评价信息系统采用多层体系结构，由系统支撑层、数据管理层、业务逻辑层和展示层组成，其中系统支撑层包括网络环境和运行环境，网络环境由网络设备、网络安全设备、CA 认证中心等组成；运行环境层由存储备份设备、服务器设备、操作系统、中间件等组成。数据管理层包括监测数据、地理信息数据、政策文献数据等。业务逻辑层是环境影响评价业务的核心内容，包括各种预测模型、评价模型等。展示层即为环境影响评价信息系统的门户，提供单点登录、访问控制、使用导航等功能。环境影响评价信息系统逻辑结构如图 15-1 所示。

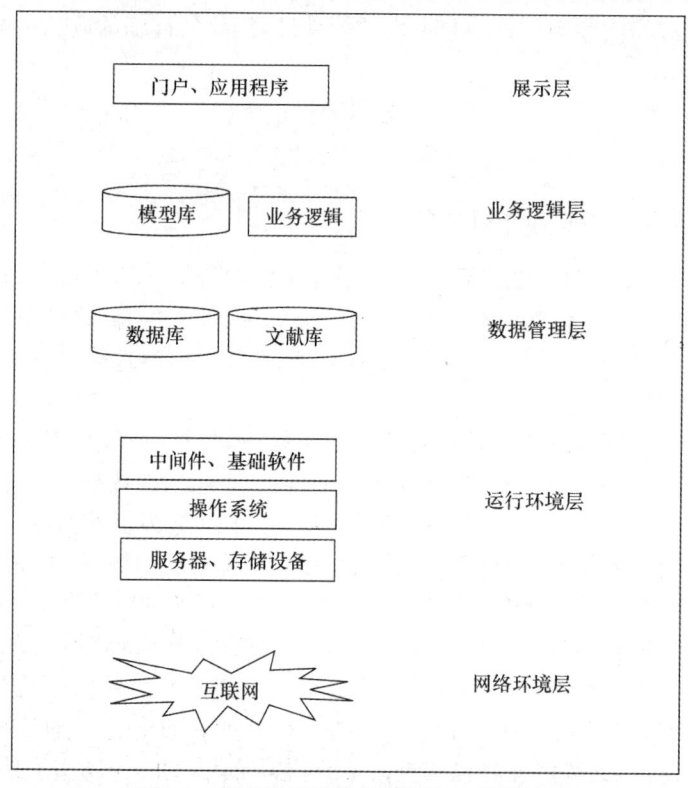

图 15-1　环境影响评价信息系统逻辑结构图

2. 环境影响评价信息系统现有软硬件资源情况

环境影响评价信息系统现有软硬件资源：① 服务器 9 台，其中生产服务器 7 台，备用服务器 2 台；② 存储系统 1 套，光纤交换机 2 台；③ 磁带库 1 套；④ 数据库管理软件 2 套；⑤ 应用中间件软件 4 套；⑥ 数学计算软件 1 套；⑦ 地理信息系统软件 1 套；⑧ 文献库管理软件 1 套；⑨ 备份管理软件 1 套；⑩ 应用程序 4 套，分别是门户应用程序、业务应用程序、文献检索应用程序和地理信息应用程序。

环境影响评价信息系统软硬件资源的安装部署情况如表 15-1 所示。

表 15-1　环境影响评价信息系统现有软硬件资源的配置与安装部署情况

序号	服务器/设备名称	IP 地址	安装软件
1	门户服务器	100.198.1.10	WebLogic Server、定制开发的门户应用程序
2	应用服务器	100.200.1.11	WebLogic Server、DB2、模型库、定制开发的业务应用程序
3	数学计算服务器	100.200.1.12	数学计算软件 SPSS
4	数据库服务器	100.200.1.13	DB2、数据库
5	文献服务器	100.200.1.14	WebLogic Server、KBase、文献库（知识库）、文献检索应用程序
6	地理信息服务器	100.200.1.15	WebLogic Server、ARCView、地理信息、地理信息应用程序
7	存储系统	198.200.1.20 198.200.1.21	有 4 个分区，分别提供给数据库服务器、文献服务器、地理信息服务器和应用服务器使用
8	光纤交换机		2 台
9	备份服务器	100.200.1.16	备份管理软件 NetWorker
10	磁带库		30 盘磁带，循环使用
11	备用服务器 1		应急状态备用
12	备用服务器 2		应急状态备用

15.2　故障点分析

1. 可能存在的故障点分析及应对方针

经分析，环境影响评价信息系统可能的故障点包括硬件故障、软件故障、信息安全事件、人为事故等方面。具体故障点及影响范围如表 15-2 所示。

表 15-2　环境影响评价信息系统可能存在的故障点列表

序号	故障点	影响范围	后果
一	硬件故障		
1	存储故障	4个库（数据库、知识库、模型库、地理信息库）的数据全部或部分无法读写	环境影响评价信息系统全部或部分无法访问
2	服务器故障	利用该服务器的有关应用无法访问	有些全局性的服务器，如门户服务器、数据库服务器等会导致整个环境影响评价信息系统无法访问；局部性的服务器，如地理信息服务器、文献服务器等，将导致特定功能无法实现
3	备份服务器故障	利用磁带库的备份无法完成	不能按计划做备份，一旦系统出问题，无法正常恢复
4	磁带库故障	利用磁带库的备份无法完成	不能按计划做备份，一旦系统出问题，无法正常恢复
5	光纤交换机故障	4个库（数据库、知识库、模型库、地理信息库）的数据全部或部分无法读写	环境影响评价信息系统全部或部分无法访问
二	软件故障		
1	操作系统故障	包括系统资源不足、系统文件或配置文件被破坏等，安装该操作系统的服务器无法工作	该服务器上的服务无法启动
2	基础软件故障	该基础软件支撑的应用无法访问	如果是 DB2 或 WebLogic 出现故障，将导致整个环境影响评价信息系统无法访问；如果是其他基础软件出现故障，将导致其支撑的特定功能无法实现
3	应用软件故障	相应的应用无法访问	如果是门户应用软件或业务应用软件出现故障，可能导致整个环境影响评价信息系统无法访问；如果是文献应用软件或地理信息应用软件出现故障，将导致特定的功能无法实现
三	信息安全事件		
1	病毒感染	严重时影响整个环境影响评价信息系统的运行	严重时导致环境影响评价信息系统瘫痪
2	黑客入侵	严重时影响整个环境影响评价信息系统的运行	严重时导致环境影响评价信息系统瘫痪

续表

序号	故障点	影响范围	后果
四	人为事故		
1	系统管理员误操作	影响被操作设备的正常运行	如果是全局性设备,可能导致整个环境影响评价信息系统无法访问;如果是其他设备,可能导致特定的服务无法实现
2	数据库管理员误操作	影响被操作数据库的正常运行,可能导致数据库的瘫痪	如果导致数据库或模型库瘫痪,整个环境影响评价信息系统将无法进行正常的评价工作;如果导致文献库或地理信息库瘫痪,相应的服务功能无法实现
3	Root口令管理混乱	导致某些操作无法执行	在紧急情况下,可能导致应急响应无法进行

环境影响评价信息系统应对各种故障风险的方针是主动防范风险、启动应急预案、尽快恢复系统。

(1) 主动防范风险。加强对软硬件设备及应用系统运行状况的监测,通过巡检和日志分析,及早发现问题,及时优化系统,消除问题隐患。

(2) 及时启动应急预案。在故障发生后,按照故障处理流程,及时报告故障情况,初步分析判断故障原因及可能造成的危害,按照应急预案,快速调整应用部署,在应急模式下保证服务不间断。

(3) 尽快修复故障,恢复系统。缩短系统在应急模式下的运行时间,减小应急模式运行对资源的需求,节约投资。

2. 故障风险的操作策略

具体应对各项故障风险的操作策略是:

(1) 存储故障。存储出现故障,将导致所有的数据库无法读写,必须有立即响应的应急预案(即数据库迁移预案),在其他磁盘上利用备份文件恢复数据,保证应用不间断。

(2) 服务器故障。服务器出现故障,将导致和该服务器有关的应用无法使用。根据应用的重要程度、使用频率和影响范围,将服务器划分为不同的重要等级,针对不同等级的服务器设计不同的应急预案,将重要的、影响面广的服务迁移到其他服务器上(即系统迁移预案),保证应用不间断,包括门户服务器、应用服务器、数学计算服务器、数据库服务器等;而文献服务器、地理信息服务器等使用频率不是很高,故障级别可低一些。表 15-3 是环境影响评价信息系统服务器重要程度等级表。

表 15-3　目前主要设备重要程度分级表

序号	服务器名称	重要程度等级	对应急预案的要求
1	门户服务器	1	立即响应的应急预案,应用不能停止
2	应用服务器	1	立即响应的应急预案,应用不能停止
3	数学计算服务器	1	立即响应的应急预案,应用不能停止
4	数据库服务器	1	立即响应的应急预案,应用不能停止
5	文献服务器	2	普通应急预案,应用可暂停数小时
6	地理信息服务器	2	普通应急预案,应用可暂停数小时
7	备份服务器	2	普通应急预案,应用可暂停数小时到数天

(3)备份服务器和磁带库故障。利用磁带库的备份无法完成。在设计备份时,应做到无论是备份服务器出现故障,还是磁带库出现故障,都不能停止备份,即除利用磁带库进行备份外,还应有另外一种补充的备份方式(备份迁移预案)。

(4)光纤交换机故障。如果两台光纤交换机同时出现故障,将导致所有的数据库无法读写,必须有立即响应的应急预案,利用备用的光纤交换机替换故障交换机,保证应用不间断。

(5)操作系统故障。操作系统出现故障,相应的服务器无法工作,应立即启动系统级恢复操作,利用备份的操作系统文件迅速恢复,并按照服务器的功能进行后续的恢复操作,尽量减少服务中断的时间。

(6)基础软件故障。基础软件出现故障,相应支撑的应用无法访问,应立即启动文件级恢复操作,利用备份的文件系统迅速恢复基础软件的功能和配置,尽量减少服务中断的时间。尤其是数据库管理系统故障,不仅造成应用无法访问,而且可能导致数据丢失,因此,必要时还须启动数据级恢复操作,利用备份的数据文件恢复数据库的结构和数据。另外,如果 WebLogic Server 出现故障,整个环境影响评价信息系统将无法访问,因此,WebLogic Server 的快速恢复也非常重要。

(7)应用软件故障。应用软件出现故障,相应的应用无法访问。如果是由于软件 BUG 引起的,需要修改软件,更新程序,此时,必须做好应用软件更新后的测试和版本控制工作;如果是设备或操作系统等故障引起的,应立即启动操作系统级或文件级恢复操作,利用备份的文件系统迅速恢复应用软件的功能和配置,尽量减少服务中断的时间。

(8)信息安全事件。出现大范围的病毒感染或黑客攻击等信息安全事件,将导致系统的响应速度降低甚至瘫痪,或导致信息的丢失,应立即请示信息安全主管部门进行相应的处理。

(9)系统管理员的误操作可能导致系统瘫痪,应利用备份的操作系统文件迅速恢复,并按照服务器的功能进行后续的恢复操作。

（10）数据库管理员（DBA）的误操作可能导致数据库瘫痪，应利用备份的文件系统迅速恢复数据库软件的功能和配置，再启动数据级恢复操作，利用备份的数据文件恢复数据库的结构和数据。

（11）系统的超级用户（Root）口令或数据库管理员口令管理不严，造成的混乱或误操作，严重时需要重做系统，并进行相应的恢复工作。

综上所述，环境影响评价信息系统应对各类故障的策略如表 15-4 所示。

表 15-4 环境影响评价信息系统故障应对策略

序号	故障	应对策略
1	存储故障	数据库迁移
2	服务器故障	系统迁移
3	备份服务器或磁带库故障	备份迁移
4	光纤交换机故障	备用交换机替换
5	操作系统故障	系统级恢复，利用操作系统备份快速恢复
6	基础软件故障	文件级恢复，利用文件系统备份快速恢复；如果是 DB2 故障，可能还需要数据级恢复
7	应用软件故障	文件级恢复，应用软件更新或恢复
8	信息安全事件	重做系统并启动相关的恢复工作
9	系统管理员误操作	系统级恢复，利用操作系统备份快速恢复
10	数据库管理员误操作	文件级恢复，利用文件系统备份快速恢复；再进行数据级恢复，利用数据备份恢复数据库
11	root 口令管理混乱	重做系统并启动相关的恢复工作

15.3 应急预案的目标和实施机制

1. 应急预案的目标和范围

建立环境影响评价信息系统故障处理应急预案是为了有效形成环境影响评价信息系统运行管理的应急工作机制，提高环境影响评价信息系统运行管理机构应对突发事件的处理能力，确保环境影响评价信息系统上关键业务的连续性，满足环境影响评价信息系统运行管理的需要，有效保障环境影响评价信息系统的稳定运行。

环境影响评价信息系统故障处理应急预案的设计范围是该系统自身包含的软硬件设备及应用服务，与环境影响评价信息系统相关的互联网系统，包括网络安全设备和 CA 系统等，以及重大信息安全事件的应急处理预案将由信息安全主管部门另行安排。

环境影响评价信息系统故障处理应急预案的编制是在对该系统提供的业务功能进行认真梳理的基础上，针对各项关键业务流程受故障影响的情况，制定相应的应对措施，做好应急工作准备，一旦故障发生，就启动应急预案，保证关键业务的连续性。

环境影响评价信息系统故障处理应急预案是在充分利用现有资源,不增加任何费用的前提下编制的,一旦启动应急预案,系统进入应急模式运行的时间应尽量控制,否则应急模式下的资源有限,可能会造成响应速度慢、信息更新不及时等用户使用问题。

2. 故障分级及处理机制

根据故障的严重程度、影响范围和修复时间等,将环境影响评价信息系统故障划分为四个等级,分别是:一级故障,定义为重要程度高、影响范围大的软硬件发生的故障,例如,导致整个环境影响评价信息系统无法访问的故障;二级故障,定义为重要程度比较高、影响范围比较大的软硬件发生的故障,例如,导致环境影响评估核心工作的数据库和模型库无法访问的故障;三级故障,定义为单点故障,影响范围有限,例如,导致某些应用功能(GIS应用等)或后台维护功能无法访问的故障;四级故障,定义为软硬件设备的一些警告性问题,不影响用户的正常使用。

针对各级故障,其处理机制不同。一级故障的处理机制是故障发生后,立即上报运行维护中心领导并提出应急解决方案的建议,由运行维护中心领导会商决定采取具体的应急解决方案,并具体部署和指导应急工作,直到应急运行模式结束系统进入正常运行状态。二级故障的处理机制是故障发生后,立即上报具体运行维护部门领导并提出应急解决方案的建议,由具体运行维护部门领导会商决定采取具体的应急解决方案并指定主协调处,主协调处具体部署应急工作,直到应急运行模式结束系统进入正常运行状态。三级故障的处理机制是故障发生后,立即上报运行维护处长并提出应急解决方案的建议,由处长具体部署应急工作,直到应急运行模式结束系统进入正常运行状态。四级故障的处理机制是故障发生后,由相应的运行维护工程师直接解决并详细记录解决过程,直到应急运行模式结束系统进入正常运行状态。各级故障及对应的处理机制如表15-5所示。

表15-5 环境影响评价信息系统故障分级及处理机制简表

序号	故障等级	影响范围	处理机制
1	一级	整个环境影响评价信息系统无法访问	上报运行维护中心领导—会商解决方案—运行维护中心领导部署应急工作—直到应急模式结束
2	二级	四个应用数据库中某个库无法访问	上报具体运行维护部门领导—会商解决方案—主协调处部署应急工作—直到应急模式结束
3	三级	某些用户功能或后台维护功能无法访问	上报处长—会商解决方案—处长部署应急工作—直到应急模式结束
4	四级	警告性问题,不影响用户正常使用	运行维护工程师直接解决—记录解决过程—直到应急模式结束

故障处理按照谁主管、谁负责；谁运行，谁负责的工作原则，由具体承担运行维护的相关处室承担应急预案的组织实施工作。故障处理的基本流程是：首先，按照应急预案做好各项准备工作，例如，备用服务器的预安装、系统备份、数据备份等。第二，当故障发生时，立即进行故障的认定和定级，并上报。第三，根据领导批示，启动相应的应急预案，对于一级故障，必须立即恢复服务，并在规定时间内恢复数据；对于二级故障或三级故障，可在规定时间内恢复服务和数据；对于四级故障，可适当延迟。第四，待故障解除后，恢复环境影响评价信息系统正常运行的配置，结束应急运行状态，转为正常运行状态，标志应急任务的结束。第五，对应急任务的完成情况进行评估，对相应的应急预案进行补充完善。环境影响评价信息系统故障处理流程如图15-2所示。

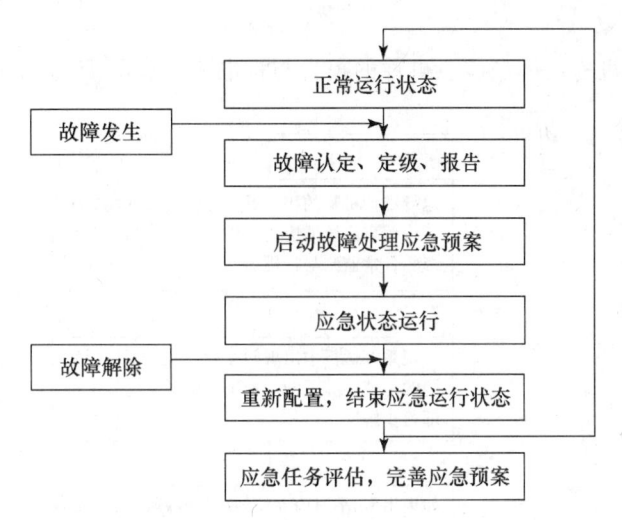

图 15-2 故障处理的基本流程图

3. 应急预案执行的组织分工

环境影响评价信息系统应急预案的总体思路是无论出现什么样的软硬件故障，尽量保证系统服务的不间断。为此，一方面要落实应对紧急情况的组织体系，另一方面要落实应对紧急情况的资源配置，这样，一旦发生设备故障等紧急情况，就可以按照预先设计的行动方案各司其职，迅速调整资源配置，尽快恢复环境影响评价信息系统的服务。

按照现行环境影响评价信息系统运行维护工作的实际情况，参与应急响应的主体可能存在两种不同的情况，一种情况是运行维护机构主体型，即运行维护机构能够掌握应急处理的各项技术，可以独立进行应急事件处理；另一种情况是运行维护机构组织型，即运行维护机构尚未完全掌握应急处理的各项技术和操作，由其组织相关集成商、软件开发商和设备供应商等具体操作处理应急事件。

运行维护机构主体型的应急组织体系如下：

（1）决策层：由运行维护中心领导、具体运行维护部门领导组成。负责根据应急事件发生的环境，对提交的应急处理方案进行会商、审批，决定采取何种应急措施，并对应急工作进行协调指导，向上级领导报告。

（2）组织层：承担具体运行维护任务处室的处长。负责在第一时间组织人员初步判定故障原因、查清问题所在，评估故障可能造成的影响，向决策层提交应急事件发生报告，根据实际情况提出应急处理方案，并根据决策层的批示，组织应急事件处理，表 15-6 为故障报告模板。

（3）执行层：承担具体运行维护任务处室的工程师。负责按照相应的应急处理预案和标准操作程序进行应急事件处理，利用专业的技术手段，修复系统运行中的故障，尽快恢复系统功能，并提交应急事件处理结果报告，表 15-7 为故障处理结果报告模板。

运行维护机构主体型应急事件的报告与批准流程如图 15-3 所示。

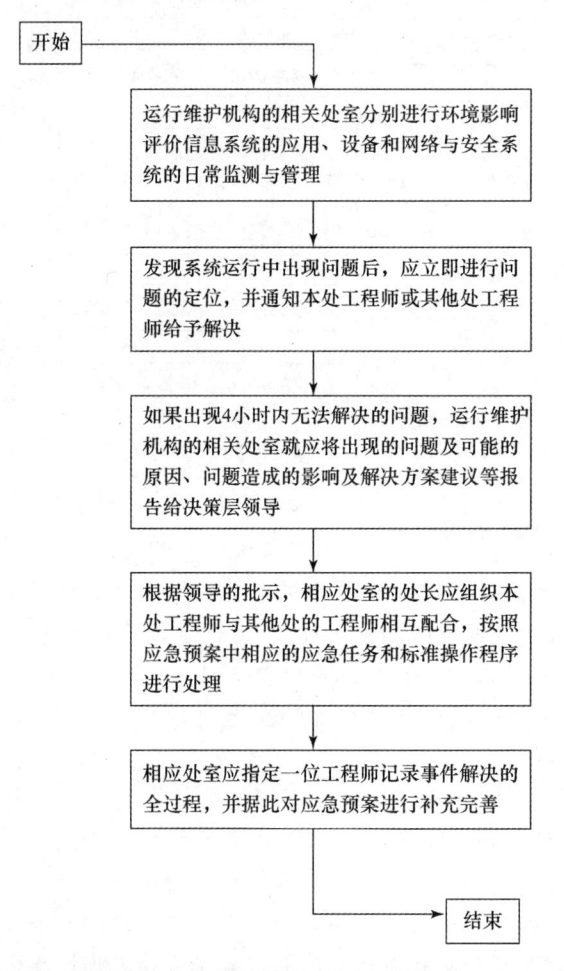

图 15-3 运行维护机构主体型应急事件的报告与批准流程

运行维护机构组织型的应急组织体系如下:

(1) 决策层:由运行维护中心领导、具体运行维护部门领导组成。负责根据应急事件发生的环境,对提交的应急处理方案进行会商、审批,决定采取何种应急措施,并对应急工作进行协调指导,向上级领导报告。

(2) 组织层:由具体运行维护处室组成。负责在第一时间组织集成商、开发商、供货商等初步判定故障原因、查清问题所在,评估故障可能造成的影响,向决策层提交应急事件发生报告,根据实际情况提出应急处理方案,并根据决策层的批示,组织应急事件处理,表 15-6 为故障报告模板。

(3) 执行层:由集成商、开发商、供应商等组成。负责按照相应的应急处理任务和标准操作程序进行应急事件处理,利用专业的技术手段,修复系统运行中的故障,尽快恢复系统功能,并提交应急事件处理结果报告,表 15-7 为故障处理结果报告模板。

运行维护机构组织型应急事件的报告与批准流程如图 15-4 所示。

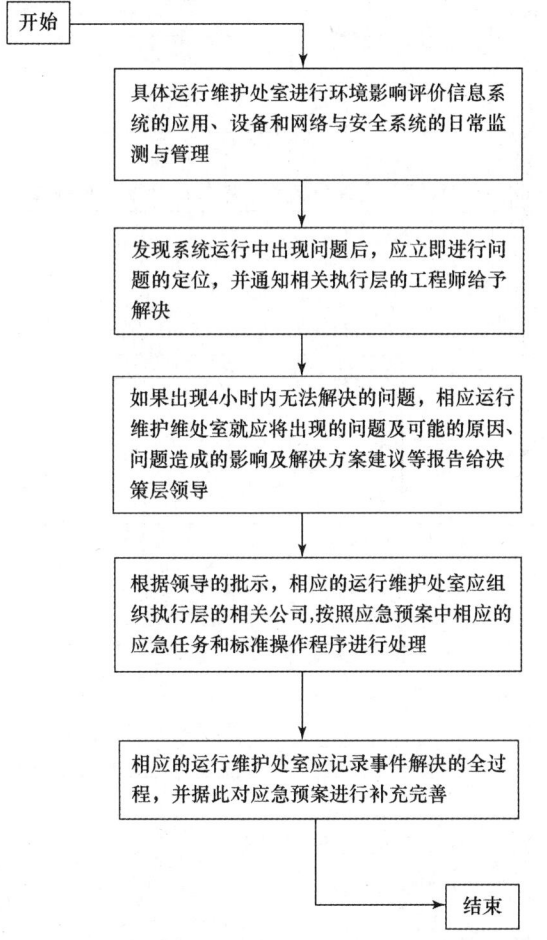

图 15-4 运行维护机构组织型应急事件的报告与批准流程

表 15-6　环境影响评价信息系统故障报告模板

标题：关于　　　　的报告
报告日期：
报告人：联系电话：
故障简要描述：
初步判定的故障原因：
当前采取的应对措施：
初步认定的故障等级：
启动应急预案的建议：

表 15-7　环境影响评价信息系统故障处理结果报告模板

标题：关于　　　事件处理结果的报告
报告日期：
报告人：　　　　　　　　联系电话：
原事件报告时间：　　　　备案编号：
事件的补充描述及最后判定的原因：
事件的影响：
事件的处理过程及结果：
本事件对系统运行管理及应急预案的补充和建议：

15.4 应急措施

1. 应急预案的具体措施

环境影响评价信息系统应急预案设计中能够使用的应急资源非常有限,即在不增加采购任何软硬件设备的情况下,充分利用现有资源进行应急预案的设计。因此,只能在充分考虑现有资源在使用强度上的差异、影响范围上的差异、使用频率上的差异等,一方面设计多种灵活的硬件设备替代方案,以便在设备故障时进行应急响应,另一方面,设计完整的、多层次的备份与恢复计划,方便应用的迁移和恢复。并且,要根据应急预案,进行必要的应急演练,确保在紧急情况发生时,各项应急措施和标准操作程序的有效性。

(1)技术措施。针对各项可能的故障风险,相应的应急措施如下:

① 数据库迁移预案:如果存储设备出问题,应立即启动数据库迁移预案,即在其他可用的存储介质上重建数据库,并迅速恢复数据库数据,保证在尽可能短的时间内恢复环境影响评价信息系统的服务,直到存储设备修复,数据库恢复正常运行模式。目前,存储设备主要提供给监测预测数据库、模型库、文献库(知识库)和地理信息库使用,根据目前的资源情况,并与其他应急预案相结合,数据库迁移的方案如表 15-8 所示。

表 15-8　数据库迁移方案

序号	数据库名称	迁移目标
1	监测预测数据库	备用服务器 1 硬盘
2	模型库	备用服务器 1 硬盘
3	文献库(知识库)	备用服务器 2 硬盘
4	地理信息库	备用服务器 2 硬盘

数据库迁移任务,一方面,启动数据库的异机恢复,在目标服务器上恢复数据,保证环境影响评价信息系统服务的不间断。另一方面,保存好存储设备的分区信息,待存储设备修复后,能够快速复原存储资源的分配,快速将系统运行由应急模式转入日常模式。

数据库迁移的工作步骤是,首先在目标服务器上进行相关运行环境的预安装,包括 DB2、Kbase、ARCView 等数据库管理软件以及数据结构等;第二,每月进行一次数据同步;第三,在故障发生时,启用备用服务器的数据库,进入应急运行模式,保证服务的连续性;第四,故障修复后,数据库迁回,返回正常运行模式。

② 系统迁移预案:如果服务器出问题,应按照服务器的级别,分别启动相应的

系统迁移应急预案,将服务迁移到目标服务器(备用服务器)上,尽量保证环境影响评价信息系统的服务不间断。根据环境影响评价信息系统的资源情况,重要程度高的服务器对应的迁移目标服务器(备用服务器)如表 15-9 所示。

表 15-9　服务器迁移方案

序号	服务器名称	迁移目标服务器	备注
1	门户服务器	备用服务器 1	每个月将门户服务器的程序同步一次,保证在门户服务器故障后能够立即启动本机应用程序、替换门户服务器
2	应用服务器	备用服务器 1	每个月将应用服务器的程序以及模型库同步一次,保证在应用服务器故障后能够立即启动本机应用程序、替换应用服务器
3	数学计算服务器	备用服务器 2	每个月将数学计算软件及其配置同步一次,保证在数学计算服务器故障后能够立即启动本机服务、替换数学计算服务器
4	数据库服务器	备用服务器 1	每个月将监测预测数据库同步一次,保证在数据库服务器故障后能够立即启动本机数据库、替换数据库服务器
5	文献服务器	备用服务器 2	每个月将文献库(知识库)同步一次,保证在文献服务器故障后能够立即启动本机知识库、替换文献服务器
6	地理信息服务器	备用服务器 2	每个月将地理信息库同步一次,保证在地理信息服务器故障后能够立即启动本机 GIS、替换地理信息服务器

为了保证服务不间断,应在备用服务器上进行适当的预安装,例如相应的基础软件和应用软件的安装,并把相应的定期同步工作做好,例如每个月做一次应用程序和数据的同步工作,这样就可以方便在紧急情况下的使用。没有条件进行预安装的,要把备份做好,以便在应急情况下能够在备用的服务器上迅速恢复。另外,服务器修复之后,要能够将数据或应用程序顺利迁移到原服务器,使得系统恢复到正常运行状态。

系统迁移的工作步骤是:首先在目标服务器上进行相关运行环境的预安装,包括中间件、应用程序等;第二,每月进行一次应用程序的同步;第三,在故障发生时,启用备用服务器上的应用,进入应急运行模式,保证服务的连续性;第四,故障修复后,应用迁回,返回正常运行模式。

③备份迁移预案:如果磁带库或备份服务器出问题,应立即启动备份迁移预案,保证备份工作不间断。备份迁移就是将原来由磁带库做的备份临时替换到服务器的硬盘或微机的硬盘上,备份迁移方案如表 15-10 所示。

表 15-10　备份迁移方向

序号	磁带库备份内容	迁移目标
1	数据备份	备用服务器（其中，模型库和监测预测数据库的数据备份到备用服务器 1 的硬盘上，文献库（知识库）和地理信息库的数据备份到备用服务器 2 的硬盘上）
2	文件备份	运行维护微机（在运行维护微机上规划并创建合适的目录结构，将磁带库备份的内容完整转移到微机的相应目录中）
3	操作系统（文件）备份	暂不考虑

备份迁移的工作步骤是：首先在目标服务器上进行硬盘空间的规划，划分出固定的硬盘空间用于应急情况下的备份；第二，按照备份计划进行备份；第三，故障修复后，恢复原备份；第四，定期清理目标服务器或微机上的硬盘空间。

④ 数据恢复：如果数据库出问题，应根据问题的性质，启动不同的应急任务，保证环境影响评价信息系统数据查询服务不间断以及数据更新的及时性。例如，如果数据库管理系统（DBMS）出问题，属于基础软件恢复，需要利用文件备份进行恢复；如果数据或表结构等出问题，可以利用数据备份进行恢复；如果数据库崩溃或数据丢失或无法读取应立即启动对应的备用数据库，启动应急运行模式，保证服务不间断，待修复后迁回正常运行模式。

⑤ 操作系统恢复：如果操作系统出问题，导致服务器无法工作，应利用本机磁带机的系统备份进行恢复或者重装操作系统。为保证操作系统的顺利恢复，本机磁带机对操作系统的备份应在服务器全部基础软件和应用软件安装完毕、系统正常运行之后进行，这样完成的 root vg 备份，即包含了操作系统文件，也包含了程序文件、配置文件等，是系统级的全备份。

⑥ 基础软件恢复：如果基础软件出问题，可以利用文件级的备份进行迅速恢复。基础软件问题可能是因为服务器故障或操作系统故障引起的，也可能是基础软件自身故障引起的，其恢复的路径不同。前者，可以利用 root vg 与操作系统同时恢复，后者需要利用基础软件的单独备份进行恢复。

⑦ 应用软件更新：如果应用软件出问题，可能造成服务无法访问或数据错误，应用软件问题可能是因为服务器故障或操作系统故障引起的，也可能是应用软件自身故障引起的，其恢复的路径不同，前者，可以利用 root vg 与操作系统同时恢复，后者应立即组织开发商进行程序跟踪，限期定位并修改 BUG，更新版本，重启应用。另外，网络不通或网络安全设备的设置不合理等，例如加密机故障、防火墙设置、CA 认证系统故障等，也可能导致应用无法访问，因此，出现应用无法访问的故障，还应关注网络层的问题。应用软件的更新要有版本控制。

环境影响评价信息系统应急预案中相关技术措施汇总如表 15-11 所示。

表 15-11　环境影响评价信息系统主要应急措施汇总表

序号	应急措施	对应的应急事件	简要描述
1	数据库迁移	存储故障	将监测预测数据库和模型库迁移到备用服务器 1 的硬盘上；将文献库(知识库)和地理信息库迁移到备用服务器 2 的硬盘上，创建同构的数据库系统，每月月底完成一次数据同步
2	系统迁移	服务器故障	将门户服务器、应用服务器和数据库服务器的应用迁移到备用服务器 1 上；将数学计算服务器、文献服务器和地理信息服务器的应用迁移到备用服务器 2 上，每月月底完成一次应用程序的同步
3	备份迁移	磁带库或备份服务器故障	将 4 个数据库，包括监测预测数据库、模型库、文献库(知识库)、地理信息库的数据备份迁移到服务器的磁盘上，其他备份迁移到运行维护微机磁盘上
4	操作系统恢复	服务器故障或操作系统故障	利用 root vg 备份文件，恢复操作系统
5	基础软件恢复	服务器故障或基础软件故障	服务器故障利用 root vg 备份文件，在恢复操作系统的同时恢复基础软件安装；基础软件故障利用文件备份恢复软件及其配置
6	应用软件更新	服务器故障或应用软件故障	服务器故障利用 root vg 备份文件，在恢复操作系统的同时恢复应用程序安装；应用软件故障定位 BUG，更新版本，重新安装
7	数据恢复	服务器故障或数据库故障	利用数据库备份文件，恢复数据结构及数据

(2) 管理措施。

① 加强机房管理：加强机房的进出管理，除机房的运行维护人员外，其余各专业技术人员进入机房操作必须有机房运行维护人员陪同；加强机房供电系统、空调系统、屏蔽系统的监测，如出现电力供应问题，应密切关注 UPS 的使用情况，如无法及时恢复电力供应，应安全关闭设备；如出现空调系统问题，应立即启动相应的备用设备，在紧急情况下做到安全关机；如出现屏蔽系统问题，在报告安全保密部门的同时，启动其他的干扰设备保证信息安全。

② 加强用户名和密码管理：系统管理员(SA)和数据库管理员(DBA)的用户名和密码要专人严格管理，不能外泄。并且要经常检查用户列表，对于无用账户、缺省账户等要及时清理。

③ 加强端口管理：建立操作系统、数据库和应用程序之间的端口对应关系，一方面，关闭操作系统上与应用无关的端口，另一方面，保证应用程序能够在相关网络安全设备之间畅通地传递消息。

④ 加强信息安全管理：跟踪操作系统和各基础软件补丁的发布情况，在确保安全的情况下及时打补丁；如果发现安全漏洞，要及时通过补丁加固，如果不能通过补丁加固，要及时在网络边界上采取合适的安全保护措施；当出现病毒大面积感

染或黑客入侵或网页篡改时,应立刻断开网络连接,向安全保密部门报告,在进行相应的安全处理并确认安全隐患消除后,重新恢复系统。

⑤ 加强备份与恢复管理:严格执行备份计划,对备份操作进行认真的记录,对备份结果进行认真核实,备份介质保存到备份环境以外的安全地方,对备份的有效性进行实际检验,必须保证备份的内容能够满足恢复的需要;对恢复的标准操作程序进行详细设计和实际演练。

2. 应急预案的测试、培训与修订

应急预案制定后,对其中的标准操作程序要进行严格的测试和演练,测试认可后,预案方可正式实施。

应急预案经测试认可后,应对运行维护人员进行讲解和培训,使其了解故障发生后,各种情况下应采取的应对措施,及运行维护人员在故障处理过程中的岗位职责。培训的主要内容是:① 数据库迁移预案,包括该预案启动的条件、源数据库与迁移后目标数据库的对应关系、本预案的事前准备工作、迁移过程中的标准操作程序、迁移后的数据更新、故障解除后向日常运行模式回迁的标准操作程序等。② 系统迁移预案,包括该预案启动的条件、故障服务器与迁移后目标服务器的对应关系、本预案的事前准备工作、迁移过程中的标准操作程序、故障解除后向日常运行模式回迁的标准操作程序等。③ 备份迁移预案,包括该预案启动的条件、源备份目的地与迁移后新备份目的地的对应关系、本预案的事前准备工作、迁移过程中的标准操作程序、故障解除后向日常运行模式回迁的标准操作程序等。④ 操作系统恢复、基础软件恢复、应用软件更新、数据库恢复等的标准操作程序。⑤ 故障分级、处理机制与流程、故障处理过程中的组织分工等。⑥ 各项管理制度、管理措施等。

在处理故障的过程中,应不断对应急任务的完成情况和应急预案的完善程度进行评估,并不断修订、完善应急预案。

3. 备份与恢复计划

(1) 备份的内容:根据备份的对象,可将备份分为服务器备份和数据库备份,服务器备份包括操作系统备份(系统级备份)和文件系统备份(文件级备份),数据库备份指对数据库中的数据进行的备份(数据级备份)。

服务器备份是系统管理员(SA)的日常工作,利用 UNIX 实用程序或备份软件完成,备份内容包括操作系统和文件系统。操作系统备份主要是创建可引导的操作系统镜像,用于迅速恢复系统,用本机磁带机进行操作系统备份,可以方便系统的启动和恢复;文件系统备份主要是安装的基础软件及配置信息、应用程序及配置信息以及运行日志文件的备份。

数据库备份是数据库管理员(DBA)的日常工作,利用 DB 2 实用程序或备份软件完成,备份的内容包括环境影响评价信息系统 4 个应用数据库(监测预测数据库、模型库、知识库、地理信息库)的结构和数据。备份的数据文件应存放在异机的独立介质上,保证备份的有效性。

(2) 备份介质:根据环境影响评价信息系统的资源情况,采用磁带和磁盘两种介质进行备份,其中,磁带为常规备份方式,磁盘为补充备份方式。磁带备份可以使用本机磁带机和磁带库两种设备,本机磁带机主要用于操作系统和文件系统(安装在 root vg,随操作系统一同备份)的备份,磁带库主要用于文件系统和数据的备份。磁盘备份作为磁带备份的补充,主要用于 4 个应用数据库的数据结构和数据的备份。

(3) 备份周期:服务器备份应满足服务器恢复的要求,其中,操作系统备份应每月月底做一次全备份,并在操作系统升级或打补丁前后做好备份;文件系统备份应每月月底做一次全备份,并在基础软件或应用程序升级或打补丁前后做好备份,另外,对于已安装在 root vg 中的基础软件和应用程序,随操作系统备份也完成了一次备份;备份介质保留三期;并建立备份日志,记录备份情况等。

数据库备份应满足数据库恢复的要求,例如,数据库数据不能丢失;数据库恢复时间最长不能超过半天;备份应在不影响用户使用的前提下,即在设备比较空闲时(主要是晚上)进行等。考虑到数据库的更新比较快,数据库的备份采用全量备份和增量备份 2 种方式,每周末执行全量备份(脱机备份)、每个工作日执行增量备份(联机备份);备份的数据文件一份保存在磁带上,另一份保存在异机的磁盘上;备份介质保留六期;建立备份日志,记录备份情况等。

表 15-12 是环境影响评价信息系统的备份策略。

为加强备份管理,对备份的完成情况应有详细的记录,表 15-13 是环境影响评价信息系统备份管理日志的样式。

表 15-12 环境影响评价信息系统备份策略汇总表

备份类型	备份内容	操作人员	备份介质	备份周期	介质保存期
服务器					
系统级备份(操作系统备份)	可引导的操作系统镜像	SA	本机磁带机	每月全备、升级时全备	三期
文件级备份(文件系统备份)	安装的基础软件及配置文件、应用程序及配置文件、运行日志文件	SA	磁带库(日常备份)、磁盘(应急备份)	每月全备、升级时全备、日志每日备份	三期
数据库					
数据级备份(数据结构及数据备份)	数据库结构及数据	DBA	磁带库和异机磁盘(日常备份)、本机磁盘(应急备份)	每周全备、每日增量、数据结构调整时全备	六期

表 15-13　备份日志样式

备份内容		介质编号	备份文件名	备份时间	备份人员
服务器备份					
门户服务器	操作系统				
	文件系统				
应用服务器	操作系统				
	文件系统				
数学计算服务器	操作系统				
	文件系统				
文献服务器	操作系统				
	文件系统				
地理信息服务器	操作系统				
	文件系统				
备份服务器	操作系统				
	文件系统				
备份服务器1	操作系统				
	文件系统				
备份服务器2	操作系统				
	文件系统				
数据库备份					
监测预测数据库	磁带库				
	硬盘				
模型库	磁带库				
	硬盘				
文献库(知识库)	磁带库				
	硬盘				
地理信息库	磁带库				
	硬盘				

(4) 恢复策略：操作系统的恢复主要利用本机磁带机的备份，文件系统的恢复，包括各个基础软件(Weblogic、ARCView、SPSS、DB2 等)和应用程序的恢复，可以和操作系统一并恢复，如果需要单独恢复，要通过磁带库的备份，通过备份软件将相应的内容恢复到硬盘上，数据库数据的恢复需要利用 DB2 或 ARCView 等数据库管理软件的实用程序，分两步进行，首先要恢复到最近一次的全量备份数据，然后再按时间点进行增量恢复。

(5) 备份与恢复方案：根据各个服务器的用途、安装配置及数据情况，包括数据(信息)的重要程度、更新频率、存放设备等，设计的具体备份与恢复方案如表 15-14、15-15、15-16、15-17 所示。

表 15-14 环境影响评价信息系统服务器(操作系统和文件系统)备份方案

序号	服务器名称	备份内容	主要安装文件	备份方式	备份周期	主要操作命令
1	门户服务器	① 操作系统：Rootvg；② 文件系统：/、/var、/usr、/tmp、/home、/opt	/opt/bea/weblogic（weblogic 软件）/opt/app/portal（门户应用程序）	操作系统用本机磁带机手工备份 文件系统用磁带库(Legato 软件)定期自动备份	每月一次或系统更新时全备份	Rootvg 备份：smit mksysb /dev/rmt0 备份到本机磁带上，作为启动带 磁带库自动备份
2	应用服务器	① 操作系统：Rootvg；② 文件系统：/、/var、/usr、/tmp、/home、/opt /muser、/mdata	/opt/db2/V9.1（DB2 软件）/muser（模型库用户信息）/mdata（模型库数据）/opt/app/huanping（业务应用程序）	操作系统用本机磁带机手工备份 文件系统用磁带库(Legato 软件)定期自动备份	每月一次或系统更新时备份	Rootvg 备份：smit mksysb /dev/rmt0 备到本机磁带上，作为启动带 磁带库自动备份
3	数学计算服务器	① 操作系统：Rootvg；② 文件系统：/、/var、/usr、/tmp、/home、/opt	/opt/app/spss（SPSS 软件）	操作系统用本机磁带机手工备份 文件系统用磁带库(Legato 软件)定期自动备份	每月一次或系统更新时备份	Rootvg 备份：smit mksysb /dev/rmt0 备到本机磁带上，作为启动带 磁带库自动备份
4	数据库服务器	① 操作系统：Rootvg；文件系统：/、/var、/usr、/tmp、/home、/opt、/duser、/ddata	/opt/db2/V9.1（DB2 软件）/duser（监测预测库用户信息）/ddata（监测预测库数据）	操作系统用本机磁带机手工备份 文件系统用磁带库(Legato 软件)定期自动备份	每月一次或系统更新时备份	Rootvg 备份：smit mksysb /dev/rmt0 备到本机磁带上，作为启动带 磁带库自动备份

续表

序号	服务器名称	备份内容	主要安装文件	备份方式	备份周期	主要操作命令
5	文献服务器	① 操作系统：Rootvg；② 文件系统：/、/var、/usr、/tmp、/home、/opt、/kuser、/kdata	/opt/kbase（文献管理软件）/opt/app/kbase（文献检索应用程序）/kuser（文献库用户信息）/kdata（文献库数据）	操作系统用本机磁带机手工备份 文件系统用磁带库（Legato软件）定期自动备份	每月一次或系统更新时备份	Rootvg备份：smit mksysb /dev/rmt0 备份到本机磁带上，作为启动带 磁带库自动备份
6	地理信息服务器	① 操作系统：Rootvg；② 文件系统：/、/var、/usr、/tmp、/home、/opt、/gdata、/guser	/opt/arcview（ARCView软件）/opt/app/gis（地理信息库应用程序）/gdata（地理信息库数据）/guser（地理信息库应用程序）	操作系统用本机磁带机手工备份 文件系统用磁带库（Legato软件）定期自动备份	每月一次或系统更新时备份	Rootvg备份：smit mksysb /dev/rmt0 备份到本机磁带上，作为启动带 磁带库自动备份
7	备份服务器	① 操作系统：Rootvg；② 文件系统：/、/var、/usr、/tmp、/home、/opt	/opt/networker（备份管理软件）	操作系统用本机磁带机手工备份 文件系统用磁带库（Legato软件）定期自动备份	每月一次或系统更新时备份	Rootvg备份：smit mksysb /dev/rmt0 备份到本机磁带上，作为启动带 磁带库自动备份

续表

序号	服务器名称	备份内容	主要安装文件	备份方式	备份周期	主要操作命令
8	备用服务器1	① 操作系统：Rootvg；② 文件系统：/、/var、/usr、/tmp、/home、/opt、/duser、/ddata、/muser、/mdata	/opt/bea/weblogic（weblogic软件）/opt/app/portal（门户应用程序）/opt/db2/V9.1（DB2软件）/duser（监测预测库用户信息）/ddata（监测预测库数据）/muser（模型库用户信息）/mdata（模型库数据）/opt/app/huanping（业务应用程序）	操作系统用本机磁带机手工备份 文件系统用磁带库（Legato软件）定期自动备份	每月一次或系统更新时备份	Rootvg备份：smit mksysb /dev/rmt0 备份到本机磁带上，作为启动带 磁带库自动备份
9	备用服务器2	① 操作系统：Rootvg ② 文件系统：/、/var、/usr、/tmp、/home、/opt、/kuser、/kdata、/guser、/gdata	/opt/app/spss（SPSS软件）/opt/kbase（文献管理软件）/opt/app/kbase（文献检索应用程序）/opt/arcview（ARCView软件）/opt/app/gis（地理信息库应用程序）/gdata（地理信息库数据）/guser（地理信息库应用程序）	操作系统用本机磁带机手工备份 文件系统用磁带库（Legato软件）定期自动备份	每月一次或系统更新时备份	Rootvg备份：smit mksysb /dev/rmt0 备份到本机磁带上，作为启动带 磁带库自动备份

第15章 应急预案管理

表15-15 环境影响评价信息系统服务器(文件备份)应急备份方案

序号	服务器名称	备份内容	备份方式	备份周期	主要操作命令
1	门户服务器	文件系统：/、/var、/usr、/tmp、/home、/opt	手工拷贝到指定机器的硬盘	每月一次或系统更新时备份	注意 Windows 与 aix 文件格式的统一,保证能够复原回去
2	应用服务器	文件系统：/、/var、/usr、/tmp、/home、/opt /muser、/mdata	手工拷贝到指定机器的硬盘	每月一次或系统更新时备份	注意 Windows 与 aix 文件格式的统一,保证能够复原回去
3	数学计算服务器	文件系统：/、/var、/usr、/tmp、/home、/opt	手工拷贝到指定机器的硬盘	每月一次或系统更新时备份	注意 Windows 与 aix 文件格式的统一,保证能够复原回去
4	数据库服务器	文件系统：/、/var、/usr、/tmp、/home、/opt、/duser、/ddata	手工拷贝到指定机器的硬盘	每月一次或系统更新时备份	注意 Windows 与 aix 文件格式的统一,保证能够复原回去
5	文献服务器	文件系统：/、/var、/usr、/tmp、/home、/opt、/kuser、/kdata	手工拷贝到指定机器的硬盘	每月一次或系统更新时备份	注意 Windows 与 aix 文件格式的统一,保证能够复原回去
6	地理信息服务器	文件系统：/、/var、/usr、/tmp、/home、/opt、/gdata、/guser	手工拷贝到指定机器的硬盘	每月一次或系统更新时备份	注意 windows 与 aix 文件格式的统一,保证能够复原回去
7	备份服务器	文件系统：/、/var、/usr、/tmp、/home、/opt	手工拷贝到指定机器的硬盘	每月一次或系统更新时备份	注意 Windows 与 aix 文件格式的统一,保证能够复原回去
8	备用服务器1	文件系统：/、/var、/usr、/tmp、/home、/opt/、duser、/ddata、/muser、/mdata	手工拷贝到指定机器的硬盘	每月一次或系统更新时备份	注意 Windows 与 aix 文件格式的统一,保证能够复原回去
9	备用服务器2	文件系统：/、/var、/usr、/tmp、/home、/opt、/kuser、/kdata、/guser、/gdata	手工拷贝到指定机器的硬盘	每月一次或系统更新时备份	注意 Windows 与 aix 文件格式的统一,保证能够复原回去

表 15-16　环境影响评价信息系统服务器恢复过程

序号	服务器名称	恢复过程
1	门户服务器	一、整机恢复：利用备份的 Rootvg,通过本机备份磁带启动,在维护模式下,恢复操作系统以及所有安装的基础软件和应用软件后,启动应用； 二、恢复 Weblogic 软件：使用 Legato 恢复/opt/bea/weblogic 目录以恢复 Weblogic 软件及其配置； 三、恢复应用程序：使用 Legato 恢复/opt/app/portal 目录以恢复应用程序； 四、启动应用
2	应用服务器	一、整机恢复：利用备份的 Rootvg,通过本机备份磁带启动,在维护模式下,恢复操作系统以及所有安装的基础软件后,启动 DB2 和应用； 二、恢复 DB2 软件：使用 Legato 恢复/opt/db2/V9.1 目录以恢复 DB2 软件及其配置； 三、恢复数据：使用 Legato 恢复/muser 和/mdata 目录以恢复数据,如果数据恢复后,启动不了,则利用 DB2 实用程序(restore),将备份的数据库文件恢复； 四、恢复应用程序：使用 Legato 恢复/opt/app/huanping 目录以恢复应用程序； 五、启动 DB2：db2start
3	数学计算服务器	一、整机恢复：利用备份的 Rootvg,通过本机备份磁带启动,在维护模式下,恢复操作系统以及所有安装的基础软件后,启动 SPSS； 二、恢复 SPSS 软件：使用 Legato 恢复/opt/app/spss 目录以恢复 SPSS 软件； 三、启动 SPSS
4	数据库服务器	一、整机恢复：利用备份的 Rootvg,通过本机备份磁带启动,在维护模式下,恢复操作系统以及所有安装的基础软件后,启动 DB2 和应用； 二、恢复 DB2 软件：使用 Legato 恢复/opt/db2/V9.1 目录以恢复 DB2 软件及其配置； 三、恢复数据：使用 Legato 恢复/duser 和/ddata 目录以恢复数据。如果数据恢复后,启动不了,则利用 DB2 实用程序(restore),将备份的数据库文件恢复； 四、启动 DB2：db2start

续表

序号	服务器名称	恢复过程
5	文献服务器	一、整机恢复：利用备份的 Rootvg,通过本机备份磁带启动,在维护模式下,恢复操作系统以及所有安装的基础软件后,启动 Kbase 和应用； 二、恢复文献管理软件：使用 Legato 恢复/opt/kbase 目录以恢复文献管理软件及其配置； 三、恢复数据：使用 Legato 恢复/kuser 和/kdata 目录以恢复数据； 四、恢复应用程序：使用 Legato 恢复/opt/app/kbase 目录以恢复应用程序； 五、启动 Kbase
6	地理信息服务器	一、整机恢复：利用备份的 Rootvg,通过本机备份磁带启动,在维护模式下,恢复操作系统以及所有安装的基础软件后,启动 ARCView 和应用； 二、恢复 ARCView 软件：使用 Legato 恢复/opt/arcview 目录以恢复 ARCView 软件及其配置； 三、恢复数据：使用 Legato 恢复/guser 和/gdata 目录以恢复数据； 四、恢复应用程序：使用 Legato 恢复/opt/app/gis 目录以恢复应用程序； 五、启动 ARCView
7	备份服务器	一、整机恢复：利用备份的 Rootvg,通过本机备份磁带启动,在维护模式下,恢复操作系统以及所有安装的基础软件后,启动备份管理软件； 二、恢复备份管理软件：使用 Legato 恢复/opt/networker 目录以恢复备份管理软件及其配置； 三、启动备份管理软件
8	备用服务器1	一、整机恢复：利用备份的 Rootvg,通过本机备份磁带启动,在维护模式下,恢复操作系统以及所有安装的基础软件后,启动应用； 二、恢复 Weblogic 软件：使用 Legato 恢复/opt/bea/weblogic 目录以恢复 Weblogic 软件及其配置； 三、恢复 DB2 软件：使用 Legato 恢复/opt/db2/V9.1 目录以恢复 DB2 软件及其配置； 四、恢复监测预测库数据：使用 Legato 恢复/duser 和/ddata 目录以恢复数据。如果数据恢复后,启动不了,则利用 DB2 实用程序(restore),将备份的数据库文件恢复； 五、恢复模型库数据：使用 Legato 恢复/muser 和/mdata 目录以恢复数据。如果数据恢复后,启动不了,则利用 DB2 实用程序(restore),将备份的数据库文件恢复； 六、恢复应用程序：使用 Legato 恢复/opt/app/portal 目录以恢复门户应用程序,使用 Legato 恢复/opt/app/huanping 目录以恢复业务应用程序； 七、启动 Weblogic、DB2 和应用程序

续表

序号	服务器名称	恢复过程
9	备用服务器2	一、整机恢复：利用备份的 Rootvg，通过本机备份磁带启动，在维护模式下，恢复操作系统以及所有安装的基础软件后，启动应用； 二、恢复 Weblogic 软件：使用 Legato 恢复/opt/bea/weblogic 目录以恢复 Weblogic 软件及其配置； 三、恢复 SPSS 软件：使用 Legato 恢复/opt/app/spss 目录以恢复 SPSS 软件及其配置； 四、恢复文献管理软件：使用 Legato 恢复/opt/kbase 目录以恢复文献管理软件及其配置； 五、恢复文献检索应用程序：使用 Legato 恢复/opt/app/kbase 目录以恢复文献检索应用程序及其配置； 六、恢复知识库（文献库）数据：使用 Legato 恢复/kuser 和/kdata 目录以恢复数据。如果数据恢复后，启动不了，则利用 Kbase 实用程序（restore），将备份的文献文件恢复； 七、恢复 ARCView 软件：使用 Legato 恢复/opt/arcview 目录以恢复 ARCView 软件及其配置； 八、恢复地理信息库应用程序：使用 Legato 恢复/opt/app/gis 目录以恢复地理信息库应用程序及其配置； 九、恢复地理信息库数据：使用 Legato 恢复/guser 和/gdata 目录以恢复数据。如果数据恢复后，启动不了，则利用 ARCView 实用程序（restore），将备份的地理信息文件恢复； 十、启动应用

表15-17 环境影响评价信息系统数据库备份与恢复方案

序号	数据库名称	数据存储位置	备份周期	恢复步骤
1	监测预测数据库（monitordb）	逻辑位置：/ddata（监测预测库数据）、/duser（监测预测库用户管理信息） 物理位置：存储	每周全量备份 每日增量备份	先全量恢复，后增量恢复
2	模型库（modeldb）	逻辑位置：/mdata（模型）、/muser（模型库用户管理信息） 物理位置：存储	每周全量备份 每日增量备份	先全量恢复，后增量恢复
3	文献库（知识库）（knowledgedb）	逻辑位置：/kdata（知识库文献）、/kuser（知识库用户管理信息） 物理位置：存储	每周全量备份 每日增量备份	先全量恢复，后增量恢复
4	地理信息库（geoinfob）	逻辑位置：/gdata（地理信息库数据）、/guser（地理信息库用户管理信息） 物理位置：存储	每周全量备份 每日增量备份	先全量恢复，后增量恢复

参考文献

[1] 冯惠,王宝艾,周明德,石柱,杨根兴,等. 信息技术 软件生存周期过程 GB/T 8566—2007. 国家质量监督检验检疫总局,国家标准化管理委员会. 北京:中国标准出版社.

[2] 朱三元,宗宇伟,陈森芬,冯惠,孔磊. 软件工程 产品质量 第1部分:质量模型 GB/T 16260.1—2006. 国家质量监督检验检疫总局,国家标准化管理委员会. 中国标准出版社.

[3] 王凌,陈森芬,冯惠,韩红强,金荣得,等. 软件工程 产品质量 第2部分:外部度量 GB/T 16260.2—2006. 国家质量监督检验检疫总局,国家标准化管理委员会. 中国标准出版社.

[4] 韩红强,杨根兴,王欣,王凌,冯惠,等. 软件工程 产品质量 第3部分:内部度量 GB/T 16260.3—2006. 国家质量监督检验检疫总局,国家标准化管理委员会. 中国标准出版社.

[5] 杨根兴,葛孝昆,韩良秀,冯惠,王凌,等. 软件工程 产品质量 第4部分:使用质量的度量 GB/T 16260.4—2006. 国家质量监督检验检疫总局,国家标准化管理委员会联合发布. 中国标准出版社.

[6] 高展,吴志刚,王立福,赵文,贾冰媛,等. 电子政务业务流程设计方法通用规范 GB/T 19487—2004. 国家质量监督检验检疫总局,国家标准化管理委员会. 中国标准出版社.

[7] 罗锋盈,黄家英,王宝艾. 信息技术 软件维护 GB/T 20157—2006. 国家质量监督检验检疫总局,国家标准化管理委员会. 中国标准出版社.

[8] 中国工程监理协会. 建设工程监理规范 GB/T 50319—2000. 国家质量技术监督局,中华人民共和国建设部. 中国标准出版社.

[9] 葛乃康,张保栋,夏悦民,包兵,孙江明,等. 信息化工程监理规范 GB/T 19668—2005. 国家质量监督检验检疫总局,国家标准化管理委员会. 中国标准出版社.

[10] 国家档案局. 电子文件归档与管理规范 GB/T 18894—2002. 国家质量监督检验检疫总局. 中国标准出版社.

[11] 科学技术档案案卷构成的一般要求 GB/T11822—2000. 国家质量监督检验检疫总局. 中国标准出版社.

[12] 国家档案局. 国家重点建设项目文件归档要求与档案整理规范 DA/T 28—2002. 国家质量监督检验检疫总局. 中国标准出版社.

[13] 张永良. 管理学基础. 北京:北京理工大学出版社,2009 年.

[14] 周毕文. 2003 年 MBA 联考管理学知识要点. http://edu.sina.com.cn.

[15] 卢国华,亓霞. 建设项目的界面管理. 中国期刊网. www.chinaqking.com《价值工程》2010 年第 2 期.

[16] 龙振华,丁伟,陈义宏,纵岗,刘勇波. 浅谈工程建设监理过程中的组织协调管理. http://www.cnwwp.com 2008 年第 5 期.

[17] 张陇军,赵晓华. 工程项目进度控制与管理研究. 经济研究导刊,2009,30:181—182.

[18] 孙强. 信息安全管理:标准、理解与实施. 百度文库,2004 年.

[19] 北京大学电子政务研究院. 电子政务工程运行维护管理. http://www.hefei.gov.cn. 2007 年.

[20] 英国商务部,ITIL_V3_Service Transition ITIL V3 官方文件,2007 年发布.

[21] 英国商务部,ITIL_V3_Service Operation ITIL V3 官方文件,2007 年发布.